Paul Werner | Richilde Werner | Karl Nißl

Mythos Bier

Geschichte und Geschichten rund ums Bier

Danksagung

Wir danken dem 400 Jahre alten Hofbräuhaus Traunstein für sein wertvolles Bildmaterial.

Ganz besonderer Dank gilt Frau Katharina Pentz und Herrn Bernhard Sailer, der den Abdruck über die heutige Bierbrautechnik und die verschiedenen Biersorten aus seinem „Kleinen Buch vom Bayerischen Bier“ genehmigt hat.

Weiteres Bildmaterial ist folgenden Persönlichkeiten zu verdanken:

- Dr. Ingrid Beinroth-Werner
- Dr. Michael Elsen, ehemaliger Direktor der Schlossbrauerei Stein/Traun
- Fotoarchiv Huber, Garmisch-Partenkirchen
- Kaspar Jocher aus Garmisch-Partenkirchen
- Heinz Strehler, ehemaliger Bauforscher am Bayerischen Landesamt für Denkmalpflege
- Ein ganz besonderes Dankeschön möchten wir hiermit Frau Elisabeth Böhm aussprechen, die in beispielloser Mühe und Hingabe die gesamte Texterfassung übernommen hat und von Anfang an eine gewaltige Triebfeder für dieses Buch war.

Impressum

Herausgeber	Verlag Anton Plenk | Koch-Sternfeld-Str. 5 | D-83471 Berchtesgaden Telefon +49 (0) 86 52 44 74 | Telefax +49 (0) 86 52 66 277 E-Mail: plenk-verlag@t-online.de | www.plenk-verlag.com
Satz und Layout	Valentina Kraus-Plenk, Berchtesgaden
Lektorat	Stefanie Zweckl, Bischofswiesen
Gesamtherstellung	Printer Trento, Italien

ISBN 978-3-944501-00-0
1. Auflage, Herbst 2013

Bibliografische Informationen der Deutschen Bibliothek: Die Deutsche Bibliothek verzeichnet diese Publikation in der Deutschen Nationalbibliografie; detaillierte bibliografische Daten sind im Internet über http://dnb.ddb.de abrufbar.

Inhalt

Zur Einstimmung

„Nur ein Narr, ein krasser, trinkt in Bayern Wasser"

Bier ist in Bayern mehr als ein Nationalgetränk, es gilt als uraltes Kulturgut, es ist ein Stammeszeichen, ein genetischer Fingerabdruck, ein flüssiges Synonym – sozusagen die Muttermilch der Bayern. Bier gehört zu den Inbegriffen, Signaturen und Inkunabeln bayerischer Lebensart und Trinkkultur.
Doch seit wann gibt es sie schon, diese unerklärlich tiefe mystische Beziehung der Bayern zu ihrem Bier? Und lag es am Bier, diesem Zaubersud, oder war es die typisch bayerische Mentalität, die dieses Getränk so unsterblich werden ließ?

Die Geschichte des Bieres ist ein wichtiges Kapitel in der Geschichte der Menschheit, sie ist aber auch ein Blick in die menschliche Seele, ihre Höhen und Tiefen – ihre dunklen Abgründe. Eine abenteuerliche Reise in die Vergangenheit, die uns immer wieder in ihren Bann zieht. Kaum einen Dichter, Denker oder Philosophen hat die Symbiose, die der Bayer von Anfang an mit seinem Bier eingegangen ist, je kalt gelassen. Ob kritisch, spöttisch, zynisch oder mit unverhohlenem Neid bis hin zur echten Bewunderung – ein gewisses Staunen über dieses rätselhafte Phänomen zieht sich immerzu durch all ihre Zeilen.

Den speckigen Trachtenhut lässig ins Genick gerückt, den Bierbauch gravitätisch nach vorne geschoben, den Hosenlatz im Schatten der Tischkante, die Wadlschoner selbstbewusst über dem dünn behaarten Männerbein, den Maßkrug mit seiner magischen Schaumkrone in der Hand – dieses Motiv war es letztlich, das die Maler und vor allem die Karikaturisten aller Zeiten immer wieder aufgegriffen haben. Und damit war das Klischee vom ewig bierselig aufgedunsenen Urbayern unausrottbar in die Welt gesetzt.
Doch wenn man heutzutage mit offenen Augen durch die Wirtshäuser geht und die vielen strammen Mannsbilder und die feschen Weiberleut' in ihren Trachten am Wirtshaustisch sieht, da tut sich ein ganz anderes Bild vom urigen Stamm der Bayern auf: Charakterköpfe aller Altersklassen von Format, beeindruckend und keineswegs vom Suff gezeichnet ...
Mit dem Maßkrug in der Hand, diesem „archaisch-symbolträchtigen Ritualgefäß", lässt sich die Welt anscheinend aus einem völlig anderen Blickwinkel erleben. Er vereint die vermeintlich Gleichgesinnten – zumindest für die Zeit auf der Bierbank – und erklärt manch Andersdenkenden den Krieg. Denn Bier hat seine eigene Philosophie ...
Wenn wir nun aus der medizinischen Topographie von 1860 am Beispiel von Bad Tölz auf die bierseligen Lebensgewohnheiten im gesamten alten Bayern Rückschlüsse ziehen, so kommen wir letztlich aus dem Staunen nicht heraus ...
„Um 7 Uhr morgens schon wird für die Handwerksleute Bier geholt, um 9 Uhr sieht man die Bierkrüge aus allen Häusern zum Füllen tragen, und gehen die Bürger gen 10 Uhr zum ersten Mal zum Bier. Um 3 Uhr hört man ein Glöckchen läuten – ursprünglich in Folge einer Stiftung zum Beten bestimmt – gegenwärtig das Signal zum allgemeinen Aufbruche der Dienstboten zum ‚Dreibier'. Gegen 4 Uhr gehen die Bürger zum zweiten Mal zum Bier und bleiben da bis 6 Uhr, sommers 7 Uhr, worauf sie alle nach Hause gehen und zu Abend essen, da mehrere zu Hause bleiben, viele nochmals ausgehen. Es ist Brauch, mehrere Bräuhäuser

Im Weißen Brauhaus München

Historische Sudpfannen im Paulaner Brauhaus München

Szene aus Garmisch

Szene im Hofbräuhaus München

Volkstrachtenverein Garmisch

zu besuchen, und wird von den Bräuhausbesitzern an die Professionisten, welche Arbeit oder Bestellung haben, sich täglich einmal beim Biere sehen zu lassen, das Verlangen gestellt."[1]

Bier beeinflusste wohl in vielen Ländern, aber besonders in Bayern auch die Geschichte der Politik, der Kultur und Wirtschaft, es wirkte bis hinein in die Klausuren der Klöster und in die Sozial- und Sittengeschichte. Vor allem aber prägte es die Volksmentalität und das Zusammengehörigkeitsgefühl.

Der Dichter und Nobelpreisträger Paul Heyse resümierte über die demokratisierende Wirkung des Bieres in Bayern 1854:

„Der geringste Arbeiter war sich bewusst, dass der hochgeborene Fürst und Graf keinen besseren Trunk sich verschaffen konnte als er. Die Gleichheit vor dem Nationalgetränk milderte den Druck der sozialen Gegensätze. Wenn im Frühling noch der Bock hinzukam, konnte man in manchen Wirtsgärten eine so gemischte Gesellschaft zwanglos beisammen finden, wie sie in Berlin nirgends anzutreffen war." [2]

Die Verbundenheit des Bayern mit seinem Bier ist in vielen Reiseberichten aus der guten alten Zeit teils mit Verwunderung und Bewunderung, teils aber auch mit Befremden geschildert worden. Eine bemerkenswert kritische Kostprobe lesen wir bei dem schlesischen Literaten Heinrich Laube im Jahr 1834: „Als wir auf der Poststation ankamen, hatte ich gehörigen Hunger. In einem gut bayerischen Wirtshause ist aber nichts als Bier zu haben. Die schläfrige Magd kochte uns brummend ein Warmbier und wir aßen trockenes Brot dazu. Es ist unglaublich, wie abgeschlossen fertig die Bayern sind und wie wenig sie von der übrigen Welt verlangen. Wenn sie etwas sprechen, so betrifft es immer Bayern, sie sind ganz verwundert, dass hinter den Bergen auch Menschen wohnen. Sie sind ein streng abgesondertes Völkchen, ihr Nationalheiligtum ist das Bier. Wenn der Bayer draußen in der großen Welt Heimweh empfindet, so ist das nichts als Durst nach bayerischem Bier. Man trinkt hier absolut, an sich, bloß um zu trinken, ohne störende Nebenzwecke."[3]

Schwärmerisch schreibt ein Reisender im Jahr 1912: „Denn dieses Bier ist ein mächtiger politischer und gesellschaftlicher Faktor, der seit undenklichen Zeiten ein starkes Bindeglied zwischen den Stämmen bildet, das Gegensätze ausgleicht, Härten abschleift, die Volksklassen einander nähert und den törichten Kastengeist gründlichst beseitigt. Ich habe in den Münchner Bräus sehr wertvolle und lehrreiche Studien gemacht, ich habe dort Künstler, deren Name durch die Welt hallt, im freundlichsten Gespräch mit Fiakern gesehen, habe hohe Staatsbeamte mit Dienstmännern plaudern gehört und habe dort Originale getroffen, die höchstwahrscheinlich ganz falsch schrieben, aber jedenfalls ganz richtig dachten und fühlten."[4]

Der Schriftsteller Max Halbe (1865 – 1944) bringt in seiner Lebensgeschichte folgenden Hymnus zu Papier:

„Man braucht nur im Hofbräuhaus oder im Mathäser einen Mann des Volks, etwa einen Dienstmann oder Chauffeur, seine Maß einfachen Lagerbiers prüfend an die Nase halten, ihn in den weißen Schaum sich vertiefen, die ersten Tropfen davon wegblasen und das Gefäß an den Mund setzen zu sehen, während seine Blicke sich gen Himmel richten, und man weiß,

dass es die Idee des Bieres an sich ist, der dieser Opferakt gilt ...“[5]
Ein weiteres gewichtiges Bierwort von Max Halbe: „Bier ist für den Münchner von altem Schlag nicht ein beliebiges wohlschmeckendes Genussmittel wie für die Deutschen der andern Gaue; es ist ein hieratischer Begriff für ihn, und wenn er es trinkt, so ist es ein kultischer Akt.“[6]
Ein anderer Schwärmer glaubt zu wissen:
„Der echte katholische Bayer vom alten Schlag hat zu seiner Religion ein recht irdisches Verhältnis, zu seinem Bier aber ein mystisches.“
Wenn man Wolfgang Koeppens Beschreibung Münchens von 1968 liest, kann man die bierselige Atmosphäre dieser Stadt literarisch einatmen:
„München riecht nach Bier. Die weltberühmten Brauereien atmen. Der Dampf der Maische brodelt Tag und Nacht aus den Gärhäusern, steigt in die Luft, senkt sich schwer in die Straßen. Es ist ein kerniger, ein nahrhafter Geruch, im Allgemeinen die Aura eines hausväterlichen, im Besonderen eines dumpf raufhändlerischen Rausches, und erst wenn der Gärgeist sich in Föhnluft klärt, wenn er mit den Glocken aller Kirchen in einen hohen Himmel schwingt, wird er Rom-süchtig oder Rom-hörig, sucht er die christliche Ewigkeit oder den heidnischen Augenblick in einer frommen Verkleidung. Der Geruch lässt an die prallen Bäuche, die wohlbestellten geschmückten Pferde der Bräuwagen denken, an die Münchner Gemütlichkeit und Derbheit, an die Stadtwälder, die Biergärten und die Gemeinschaft und Heerlager bildenden Bierkeller, an die Feiern und Opfer des Gambrinus.“[7]
Authentisch, unnachahmlich und trefflich, vor allem aber amüsant sind auch die im Weiteren von der Expertin Brigitta Roth[8] zusammengetragenen Zitate, die in einem kurzweiligen literarischen Bummel den Bayer mit dem Genuss des Bieres verbinden und München zur Akropolis der Bierkultur erheben:
„München ist die erste Bierfestung der Welt. Ganz im Mittelpunkt ragt die klassische Gambrinus-Zitadelle aus urbayuwarischer Zeit: das königliche Hofbräuhaus.“ (Michael Georg Conrad, 1888)

Postkarte 1902

Personal der Schlossbrauerei Stein/Traun 1913

Augustiner-Bräustübl in Mülln, Salzburg 1942

Bräuwagen auf der Wiesn

Szene aus dem Hofbräuhaus München

„Für den Münchner bedeutet Bier den Gipfel irdischer Glückseligkeit. Dieser Genuss lässt die Freuden des Familienlebens, die Reize des Theaters, der Konzerte, der freundschaftlichen Zusammenkünfte weit hinter sich. Das Bier hat seinen Geschmack, seine Gewohnheiten, seine Vergnügungen, sogar seine Bedürfnisse gemodelt." (Jules Huret, Bericht im „Figaro")

„Die Genusswelt des alten Münchners konzentrierte sich in seinem Nationalgetränk. Das war sein einziger Luxus und Stolz, alle anderen Charakterzüge des alten Münchners treten tief in den Schatten gegenüber dem Malz und dem Hopfen." (Max Haushofer, 1840 – 1907)

„Es ist ein Irrtum zu glauben, man müßte in München Bier trinken. Freilich: bierkundig muß man sein. Über Bier kann man nicht so leicht und so von ungefähr sprechen wie über Kunst. Da muß man in Treue und Ausdauer bei sachverständigen Leuten aus dem Volke in die Lehre gegangen sein. Kunst ist nämlich, worüber man sich streitet. Worüber man einig zu sein hat, das ist Bier." (Peter Scher und Hermann Sinsheimer, 1928)

Den hymnischen Lobpreisungen des Bieres durch Literaten sei eine – ebenfalls authentische – Bierkonversation von „Eingeborenen" gegenübergestellt, die der Preuße Theodor Lessing aus Gütersloh 1969 in einem Wirtshaus erlauscht hat:

„'S Bier is guad", sagte einer. Dann folgten zehn Minuten Schweigen. Nach zehn Minuten entgegnete ein anderer, die Maß ansetzend: „Da feit si nix." Dann schwiegen sie abermals zehn Minuten und es erhob bestätigend ein dritter die Maß: „Guad is scho."

Eine stärkere Verdichtung der Konversation und einen noch kürzeren gemeinsamen Nenner erlauschte Friedrich Hebbel 1913:

„Das Gespräch, wie es nur vom Bier erweckt wird, betrifft auch einzig und allein das Bier; maulfaul und verdrießlich-ernsthaft sitzen sie sich gegenüber und unterhalten sich wie Liebende mit Blicken. Endlich schlägt der eine den zinnernen Deckel des Krugs zurück, nippt, schüttelt mit einer vielsagenden Miene den Kopf, nippt noch einmal und seufzt: ‚Ois werd schlechta.' Der Gevatter legt die Pfeife aus der Hand, räuspert sich, trinkt ebenfalls und brummt zustimmend: ‚Ja, ja ...'"

Solchen Gedankenaustausch unter Gleichgesinnten konnte man ziemlich einsilbig üben, man musste sich nicht geistig überheben, und es genügte auch in dieser undefinierbaren Dunstwolke von katholisch-konservativem Heimatgefühl und traditionsschwangerer Nestwärme, wo man gerade noch wusste, wann die Kirchweih aufhörte und der Parteitag anfing.

Alte Bierfässer der Fassmacherei Schmid München

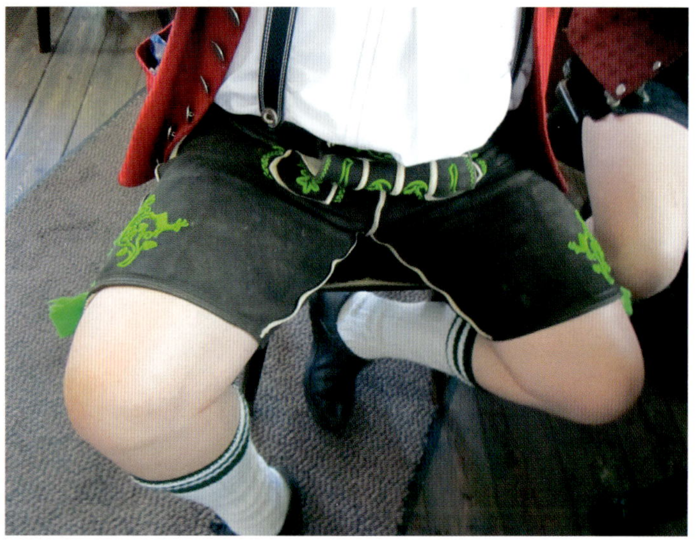

Zugespitzt wie wohl kaum ein anderer Autor aber hat der berühmte bayerische Schriftsteller Oskar Maria Graf vom Starnberger See die verbrüdernde Wunderkraft des Bieres besungen. Er lebte ein Vierteljahrhundert in New York. Auf die Frage, warum er danach noch immer nicht Englisch spreche, entgegnete er: „I brauch ned Englisch kenna, i geh in a Bierboazn, stäht a Neger an der Schenk mit an Bier vor seiner; i stell mi' mit mein' Bier dazua. Mir schaugn uns o, toan an Schluck, schaugn uns wieder o – und verstenga uns ..."

Lassen wir den Lobpreis des Biergenusses mit den erstaunlichen Worten des berühmten Schriftstellers Thomas Mann ausklingen:

„Ich trinke täglich zum Abendbrot ein Glas helles Bier und reagiere auf diese anderthalb Quart so stark, dass sie regelmäßig meine Verfassung dadurch verändern. Sie verschaffen mir Ruhe, Abspannung und Lehnstuhlbehagen, eine Stimmung von ‚Es ist vollbracht' und ‚Oh wie wohl ist mir am Abend!' – ein Zustand, der gelegentlich sogar noch einen brauchbaren Einfall mit sich führt."

Seine Einfälle beim abendlichen Bier mussten wirklich gut gewesen sein, sonst hatte er vielleicht den Literatur-Nobelpreis 1929 nicht erhalten ...

Die bekanntesten vertonten Lobgesänge auf das Bier dürften allerdings kaum nobelpreiswürdig sein: „In München steht ein Hofbräuhaus, oans, zwoa, gsuffa ..." Dieser Hymnus auf den Suff in der berühmtesten Bierburg der Welt ist – man staune – kein altbayerisches Volkslied, es entspringt vielmehr der nostalgischen Laune eines Preußen! Es war der Berliner Komponist Wilhelm Gabriel, der von 1897 bis 1964 lebte und dieses vielleicht bekannteste Bierlied in den 30er Jahren verfasst hat – und zwar am Kurfürstendamm in Berlin! Auch unser „Prosit der Gemütlichkeit" dürfte einem Sachsen eingefallen sein, nämlich Bernhard Dietrich, 1840 in Chemnitz geboren. Seine Beschwörung bayerischer Gemütlichkeit soll erstmals 1899 auf dem Oktoberfest seine Uraufführung erlebt haben.[9]

Noch anspruchsloser sind zwei weitere, wohl waschecht bayerische Bierlieder: „Bier her, Bier her, oder i fall um!" Dass der personifizierte Bilderbuchbayer vom Bier nie genug kriegen kann, geht aus dem Reim vom „Biersee, so groß wie der Schliersee" hervor. Hier musste ein vergleichsweise kleiner See für das musikalische Schmachten nach Bier herhalten, weil sich sein Name halt so gut reimte ...

Lassen wir zum Ausklang einen ausgewiesenen Bayern-Kenner zum Thema Bier zu Wort kommen – den Star-Kabarettisten Bruno Jonas, einen der besten Kenner der Abgründe der bayerischen Seele: „Ob ein Bayer vom bayerischen Bier überhaupt zu viel kriegen kann, ist eine wichtige Frage, die unter Bayern immer eine ausschlaggebende Rolle spielt, weil die Menge getrunkenen Bieres Rückschlüsse auf die Stärke des Trinkers zulässt. ‚Wia viu vertragst denn überhaupts?‘ fragen nicht nur professionelle Gerstenfreunde, sondern auch gelegentliche Biertrinker einander. ‚Zwoa, drei Maß pack i scho‘, antwortet der andere mit hochgezogenen Augenbrauen. Damit ist g'schtorm?“ Der andere: „Ge weida, was hot eam denn g'fehlt?“ „Mei“, antwortet der erste, „z' Toad hot er se g'suffa.“ „Reschpekt!“ So viel zum Thema schwarzer Humor ...

Biergläser für jede Jahreszeit

klar, dass man einen vor sich hat, mit dem man rechnen muss. Das heißt, einer wie der wird nicht gleich gehen, der bleibt hocken. Hockenbleiben können ist eine hochgeschätzte Fähigkeit in Bayern.

Vor allem in der Politik ... Bayerisches Bier ist gut verträglich, und manche schaffen an einem Tag ‚ihre zwanzg Hoibe‘ ... Solche Mengen trinken zu können, setzt selbstverständlich jahrelanges intensives Training voraus. Es gibt Biertrinker, die eine Halbe in einem Zug leeren können. Dieses Können wird mit dem Ausdruck ‚Presshoibe‘ treffend gekennzeichnet. Dabei schütten sich die Könner das Bier in den weit geöffneten Hals. Jeder Ungeübte würde scheitern und müsste das Glas absetzen. Diesen ‚Presshoibe‘-Trinkern gelingt es, den natürlichen Zwang zum Schlucken weitgehend außer Kraft zu setzen, so dass das Bier wie durch einen weit geöffneten Trichter in den Rachen hinabstürzen kann – wie ein imposanter Wasserfall ...“[10]

Bruno Jonas verdanken wir auch das Gschichterl von zwei Bayern, die sich am Stammtisch unterhalten. Sagt der eine: „Hast as scho g'hört, der Sepp is

Die Bindung des Bayern zu seinem Bier reichte buchstäblich von der Wiege bis zur Bahre – alle wichtigen Anlässe und Eckpunkte im Leben und viele Bräuche ließ er im gemeinsamen Trunk ausklingen. Dies gilt größtenteils auch noch heute.

Das Kindel- und Kindstaufbier wurde zu Geburt und Taufe getrunken, das meiste bei der Hochzeit, etliches Tröstelbier beim Leichenmahl.

Dann gab es einst noch das Mistel- und Grasbier zur Wiesmahd, das Fenster- oder Lehmelbier zum Ausbessern der Fenster oder Wände, das Neubauerbier zur Aufnahme eines Neubauern, das Schluss- oder Firstbier beim Richtfest. Dass beim Aufstellen des Maibaums und bei manch anderen Bräuchen ebenso wie bei Wallfahrten und Prozessionen das Bier in Strömen floss und auch weiterhin fließt, bedarf wohl kaum der Bestätigung ...

Wenn wir nun zu guter Letzt in der längst anerkannten Fachliteratur nachschlagen, um uns über den Ursprung des Bieres kundig zu machen, dann ist dies für manchen geradezu ein Schock, ein Schlag ins Gesicht! Aber nur für's Erste:
Bier ist keineswegs eine bayerische Erfindung – steht da geschrieben – es ist in seinen vielfältigen Vor- und Frühformen weit außerhalb von Europa schon vor Tausenden von Jahren nachzuweisen und im Alten Orient erstmals sogar schriftlich bezeugt! Übrigens ist Wein erst viel später urkundlich belegt. Bier ist bedeutend älter als Wein. Die Bayern haben auch den Zusatz von Hopfen ins Bier nicht erfunden. Jedenfalls waren es fremde Völker, die unabhängig voneinander in den verschiedensten Zeiträumen frühe Formen von Bier eher durch einen Zufall entdeckten als erfanden. Historisch gesehen kam das Bier in Bayern als Volksgetränk erst relativ spät zu seiner Vorrangstellung, sogar später als in Norddeutschland! Doch dann holte Bayern schnell auf und entwickelte hierbei seine ganz eigene gewaltige Dynamik. Ein atemberaubender Weg von der Geburtsstunde des Bieres in Bayern, der sich zu einem Siegeszug ohnegleichen um die ganze Welt gestaltete.
Der Einfallsreichtum bei der Gestaltung von Bierreklamen aller Art ist grenzenlos …

Es ist ein interessantes und auf weite Strecken sehr amüsantes Unterfangen, den vielfältigen Aspekten unseres Bieres nachzuspüren – auch ohne grimmigen Bierernst.

Links: Hochzeitsbier für Kate und William von Weissbräu Unertl Mühldorf am Inn. Daneben: „Papstbier" der Brauerei Weideneder in Tann

Adventskalender mit 24 verschiedenen Biersorten

Ein Gebräu geht um die Welt …

Vom Nomaden zum Ackerbauern

So sehr es sich die Bayern in ihrem Nationalstolz auch wünschten, die Urerfindung des göttlichen Gebräus, das wir heute Bier nennen, dürfen sie leider nicht für sich in Anspruch nehmen. Vielleicht hat das aber gerade in unserer multikulturellen Zeit, in der wir immer mehr bewusst versuchen, den Rassenideologien der Vergangenheit abzuschwören, sogar einen äußerst versöhnlichen symbolischen Charakter. So wie einst an den verschiedensten Orten der Welt unsere Märchen mit weitgehend übereinstimmenden Inhalten entstanden sind – und wir dies wissenschaftlich mit dem kollektiv vorhandenen Unbewussten erklären – so müssen wir nun feststellen, dass auch das Bier irgendwann an den verschiedensten Orten der Welt, in den verschiedensten Kulturen unabhängig voneinander erfunden oder – vielleicht richtiger gesagt – „entdeckt" wurde.

„Irgendwann" sind die Menschen in verschiedenen Teilen der Welt durch ihre scharfe Beobachtungsgabe, die für ihr Überleben ausschlaggebend war, auf diese seltsame Wechselwirkung zwischen Getreide und Wasser aufmerksam geworden, die wir Gärung

Tansania

Unberührte Landschaft in Afrika

nennen und die letztlich zu dem wohlschmeckenden Zaubertrank Bier führte. Eine unglaublich faszinierende Tatsache einer Völkerverbindung, die den Rivalitätsgedanken doch recht zweitrangig erscheinen lässt.

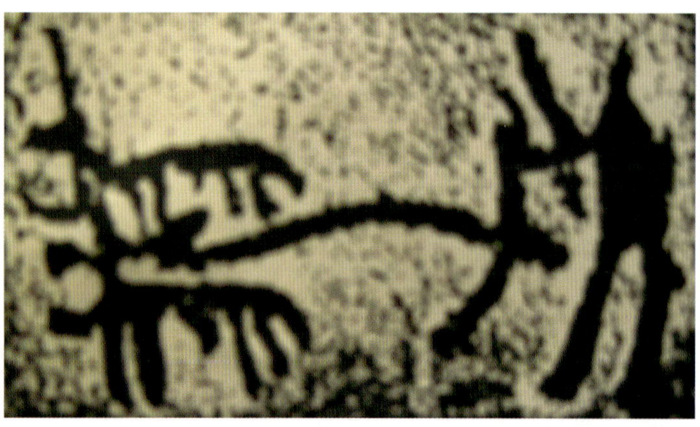

Ackerbau in der Bronzezeit

Mit Rindern bespannter Holzpflug. Felszeichnung aus der Bronzezeit

Ausschlaggebend für dieses „Irgendwann“ ist allerdings eine wesentliche Vorbedingung: Der Beginn der Sesshaftigkeit eines Stammes. Der gewaltige Schritt vom Nomadentum der Jäger und Sammler hin zum Ackerbau – eine Kulturrevolution ohnegleichen! Der Ackerbau mit seiner Getreidekultur als Grundlage dieser süffigen Erfindung, die man später Bier nannte. Und alles nur auf Grund eines nicht zu unterschätzenden Potentials an Intelligenz, die die Evolution dem Menschen sozusagen als Startkapital mitgegeben hatte. Intelligenz, Wachsamkeit, Erfindungsgeist und der abenteuerliche Tatendrang, sich die Erde untertan zu machen.

Doch was trieb die damaligen Jäger und Sammler nun wirklich dazu, sesshaft zu werden? Ein kleiner Ausflug in unsere Vergangenheit gibt uns darüber Aufschluss. Hören wir auf die wissenschaftlichen Ergebnisse eines renommierten Evolutionsbiologen. Professor Dr. Josef H. Reichholf, einer der vielseitigsten Naturwissenschaftler Deutschlands, schreibt in seinem Werk „Warum die Menschen sesshaft wurden“:[1]

„Gegen Ende der letzten Eiszeit verschlechterten sich die Lebensbedingungen für die Jäger in Eurasien. Jahrtausendelang hatten sie Mammuts, Wisente, Hirsche, Wildpferde und andere Großtiere gejagt. Doch nach und nach wurden diese immer seltener. Die Verbesserung der Jagdtechnik konnte lange den Niedergang des Wildes ausgleichen. Aber die verstärkte Bejagung beschleunigte den Rückgang der Wildbestände. Fleisch, von dem sich die Menschen bisher weitgehend ernährt hatten, wurde bald zur raren Köstlichkeit. Es galt, auf Pflanzenkost auszuweichen. Von den Gräsern und Kräutern, die von den Großtieren beweidet wurden, konnten Menschen nicht leben. Auch Pilze und Beeren boten keinen wirklichen Ersatz für das Wildfleisch. Die beginnende Erwärmung zwang deshalb die Eiszeitmenschen immer weiter nach Süden in Regionen, in denen im Sommer recht dürftige Gräser wuchsen. Aus diesen entwickelten sich Körner. Vögel kamen zu Beginn der Reife von weit her geflogen, um sie zu verzehren. Die hungernden Menschen taten es ihnen gleich. Hand für Hand, Stunde um Stunde, tagelang sammelten sie die Körner und zerkauten sie zu einem Brei, der im Mund süßlich zu schmecken anfing und offenbar bekömmlich war ..." Dies war die Geburtsstunde des Ur-Bieres gewesen! Reichholf schreibt weiter:

„Erst mit der Zeit merkten sie, dass sich reife, hart gewordene Körner längere Zeit auch aufbewahren lassen. Man konnte sie als Vorrat für kommende, noch schlechtere Zeiten zurücklegen. Kritisch war vor allem das Frühjahr, wenn das ohnehin spärliche getrocknet gelagerte Fleisch aufgezehrt war. Dann war man froh um die Körner. Einige davon blieben übrig, keimten dort aus, wo die Menschen überwintert hatten und entwickelten dort neue Grasbestände, an denen im Sommer wieder reife Körner abgesammelt werden konnten. Dieses Sammeln, Bevorraten und Wiederaufwachsen neuer Saat verdichtete sich zu Kenntnissen ..."

Doch mittlerweile interessierten sich auch Tiere für diese ersten Kulturen. Das neue schmackhafte Grün zog sie an. Wildziegen, Wildschafe weideten nun genau dort. „Das führte sie in die Falle. Denn in nächster Nähe lauerten gut versteckte Menschen, um ihre Felder zu bewachen und die unerwünschten Gäste fortzujagen oder zu erbeuten."[2] Dies brachte den Menschen nun doppelten Ertrag. Und das reife Korn würde helfen, über die Hungerszeit zu kommen. Einzige Bedingung: Man musste an Ort und Stelle bleiben. Da die Menschen nur an den Körnern, nicht aber an den Wildgräsern interessiert waren, begann man die Jungtiere der Schafe und Ziegen einzufangen und aufzuziehen. Wildtiere wurden nun zu Haustieren.

„So kommt ein klares Ergebnis zustande", schreibt Reichholf weiter. „Die Entwicklung des Ackerbaus ergab die Neolithische Revolution. Aus ihr ist Kultur entstanden."

Zeitlich gesehen dürfte es sich bei dem allmählichen Übergang von der anfangs geringfügigen Nutzung von Wildgetreide bis hin zu dessen ertragreicher Nutzung um etwa 1000 Wildgetreidegenerationen gehandelt haben! Für unser Denken ein sehr langer Zeitraum, mit den Augen der Evolutionsgeschichte eher nur ein kurzer Atemzug.

Die Menschen hatten also wohl schon gewisse Erfahrungen mit dem Entstehen gegorener Getränke, als sie sich noch auf der Stufe der Nahrungssammler bewegten. Ihre gezielte Herstellung war aber sicher erst möglich, als die Menschen sesshaft wurden, Wildtiere domestizierten und Kulturpflanzen anbauten.[3]

Der Mensch hatte sich mit seinem Wandel zum Kulturwesen aus den Zwängen der Natur befreit. Eine andere Menschenart, der Neandertaler, schaffte dies nicht. Er ist ausgestorben.

Gerste – die älteste Kulturgetreidepflanze

Die älteste Getreideart war nicht, wie wir glauben möchten, der Weizen, sondern die Gerste. Sie entstand als Kreuzung aus Hordeum vulgare und Hordeum spontaneum und ist „die älteste nachgewiesene Kulturgetreidepflanze".[4]

Ihr frühestes Vorkommen liegt 12500 Jahre zurück, während Weizen seit 9800 Jahren,

Sommergerste

Weizen, Gerste und Hafer

Roggen seit 8600 Jahren, Mais seit etwa 7000 Jahren nachweisbar ist.

„Gerste gab es schon sechs Jahrtausende bevor Brot hergestellt wurde“, stellt Reichholf fest, denn die Nutzung des Getreides hing anfänglich nicht wesentlich mit der Ernährung zusammen – sondern die gesammelten Körner dienten der Erzeugung von Bier! Eine frappierend überraschende Tatsache! „Denn das Wildgetreide“, argumentiert Reichholf,

Dreschreife Gerste

„bot anfangs weder der Menge noch der Qualität nach eine entsprechend attraktive Alternative zur bis dahin üblichen Ernährung. Um nur kleine Gemeinschaften wirklich zu ernähren, wären Mengen erforderlich gewesen, die unrealistisch erscheinen, und ein Aufwand zu tätigen gewesen, der den zu erwartenden energetischen Gewinn mit an Sicherheit grenzender Wahrscheinlichkeit übertroffen hätte ..." Zudem setzt allein schon die Herstellung von primitivstem Fladenbrot voraus, dass die Getreidekörner sauber entspelzt und wenigstens zu grobem Mehl geschrotet worden sind. Ein Fladen voller stachliger harter Spelzen wäre nicht essbar. „Das Fladenbrot kann daher nicht am Anfang gestanden haben!" Zudem wirken die Hefepilze im flüssigen Zustand besser. „Sie standen dieser Deutung zufolge am Anfang. Die Sauerteigbakterien folgten später! Somit ging meiner Ansicht nach das Bier dem Brot voraus", argumentiert Reichholf, „auch wenn es für lange Zeit noch weit davon entfernt war von dem, was wir unter Bier verstehen!"

Historische Getreideernte

Mähdrescher heute

Mähdreschen beim Erntefest

„Drischl-Dreschen" beim Erntefest

Dreschmaschine

Spuckebier

Irgendwanneinmal entdeckten in südlichen Regionen die prähistorischen Menschen, denen als Getränk nur Wasser zur Verfügung stand, dass sich aus dem

In diesem Ort in Tansania wurde noch um 1980 Spuckebier erzeugt

Gemisch der Körner des wilden Getreides und dem Wasser ein Brei zubereiten ließ, der, wenn man ihn einige Zeit offen stehen ließ, sich ganz von selbst in ein wundersam prickelndes Gebräu verwandelte .... Ursache für diesen Gärungsprozess waren Hefepilze, die in diesen geographischen Breiten praktisch allgegenwärtig sind. Und es war nicht zu übersehen, dass der Genuss dieses Gebräus eine auffallend positive stimmungsaufhellende Wirkung hatte! Sicherlich anfangs eine milde Form von Alkoholisierung, dessen wohltuende Entspanntheit diesen Menschen nicht entging. Ein sanfter Rauschzustand, der das mühselige Arbeitsleben, das wahrhaftig von früh bis spät „im Schweiße ihres Angesichts“ stattfand, für kurze Zeit versüßte und belohnte!

Reichholf berichtet von Indios am Amazonas und an den Hängen der Anden Südamerikas, die bis in unsere Gegenwart auf höchst einfache Art und Weise ihr Bier mit ihrem Speichel erzeugen: Das so genannte „Spuckebier“, Chicha genannt. Das im Speichel enthaltene Enzym Ptylanin wandelt die pflanzliche Stärke der Getreidekörner in Zucker um. Genau aus diesem Grund schmeckt nämlich ungesäuertes Brot nach einigem Kauen allmählich so süß! Auch der Honigwein Met, der schon bei den Germanen sehr beliebt war, ließ sich so erzeugen. Und genau nach diesem Prinzip übten viele Völker in den entferntesten Erdteilen schon in den frühesten Zeiten diese primitiven, archaisch-animalisch anmutenden Verfahren, um den Gärungsprozess in Gang zu setzen oder ihn zu beschleunigen.

Die These Reichholfs bestätigt der amerikanische

Tansania

Fest in Tansania

Forscher Patrick McGovern. Ein Rezensent seines Forschungsberichtes schreibt:

„Lange schon bewegt Archäologen die Frage, ob zuerst Brot oder Bier vorhanden gewesen sei. McGovern vermutet, dass die Urahnen zunächst noch gar nicht in der Lage gewesen waren, das recht komplizierte Verfahren des Bierbrauens zu bewältigen. Das Brotbacken aber misslang ihnen erst recht, denn das wilde Getreide ist dafür denkbar ungeeignet.

3500 Jahre Met

Aufwändig mussten die Hungrigen erst die Spreu von den winzigen Körnern fummeln. Der Ertrag stand in keinem Verhältnis zur dafür nötigen Mühsal. Wenn überhaupt, backten die frühen Bäcker vermutlich kaum genießbare Stachelfladen, in denen als ungewünschte Beigabe reichlich Spelzen steckten.

Zunächst bereicherte deshalb vermutlich ein hybrides und doch nahrhaftes Gesöff – halb Fruchtwein, halb Met – den Speiseplan der Bauern. Hingebungsvoll widmeten sich die steinzeitlichen Saufkumpane der kostbaren Flüssigkeit. Auf nahe einer iranischen Ortschaft gelegenen Feldern ernteten die Urbauern Gerste, die sie mit Basaltgestein zerstampften. Das gemahlene Getreide verbrauten sie zu einer beachtlichen Fülle an Sorten. Die Einwohner Godin Tepes delektierten sich an karamellsüßem Dunkelbier, bernsteinfarbenem Pils und süffigem Export ...

In den Biertrinkern der Frühzeit vollendete sich jenes Menschheitsprojekt, das torkelnde Hominiden auf der Streuobstwiese angestoßen hatten. Für unsere frühen Vorfahren war moderater Alkoholkonsum von Vorteil, und sie haben sich biologisch daran angepasst", spekuliert McGovern.[5]

Ausgerechnet in Gefäßen aus Iran, wo heutzutage der Genuss von Alkohol mit Peitschenhieben geahndet wird, sichtete der amerikanische Forscher McGovern die erste vorzeitliche Bierquelle!

Dieses urtümliche Herstellungsverfahren ist aus einem völlig anderenBlickwinkel als dem unseren zu sehen: Hygiene und Appetitlichkeit waren dieser grauen Vorzeit nun tatsächlich völlig fremd.

Ein Pionier in der Erforschung des indianischen Spuckebiers ist auch Dr. Christian Rätsch, Ethnologe und Ethnopharmakologe. Seit über zwanzig Jahren erforscht er weltweit schamanische Kulturen und deren Gebrauch psychoaktiver Pflanzen und gilt als einer der profundesten Kenner auf diesem Gebiet. Er ist der Überzeugung, dass die ersten Biere schon vor mehr als 10000 Jahren gebraut wurden.

Höchst anschaulich hat Rätsch die „Technologie" des Spuckebiers beschrieben:

„Das Einspeicheln des Gärstoffes war in den verschiedenen indianischen Gesellschaften genau geregelt. Bei manchen Stämmen durften nur alte, möglichst zahnlose Frauen die Maismasse in den Mund nehmen. Bei anderen Völkern war das Einspeicheln allein den jungfräulichen Mädchen vorbehalten, wie überhaupt das Einspeicheln und das Brauen überwiegend Frauensache war. Aber in stark männerbetonten Kulturen sollte die Chicha nur von Männern hergestellt werden. Dort kauten meist Jünglinge, die kurz vor der Initiation standen, den Mais. In seltenen Fällen durfte das magische Einspeicheln nur von heiligen Personen, Schamanen, Zauberern oder Priestern ausgeführt werden. Den indianischen Brauer umgab eine Aura des Mystischen, ähnlich der des orientalischen Alchemisten.

Der eingespeichelte Maisbrei wurde in einen wassergefüllten Bottich gespieen und verrührt. Manchmal musste eine alte Frau noch in das Gärgefäß spucken. Sollte die Chicha mit anderen Stoffen versetzt werden, wurden diese jetzt der Lösung beigegeben. Die Zusatzstoffe sollen entweder Geschmack, Geruch und Farbe oder aber die berauschende und medizinische Wirkung verbessern. Die Gärung, meist durch wilde Hefen bewirkt, setzt gewöhnlich innerhalb weniger Stunden ein. Von Zeit zu Zeit muss der Schaum von dem brodelnden Gebräu abgeschöpft werden. Dadurch werden negative Kräfte aus der Chicha vertrieben. Die Gärung ist nach zwei bis vier

Tagen vollendet, die Chicha ist ‚reif'. Doch bevor sie getrunken wird, bekommt Mutter Erde ein Dankesopfer, denn – so heißt es – ‚die Erde ist durstig'. Die ersten Tropfen der Chicha gehören immer den Göttern. Sie werden in die Luft gen Himmel oder auf die Erde gespritzt. Dieses Opfer gewährt gute Ernten. Getrunken wird meist aus Kalebassen und Kürbisgefäßen."[6]

Die Indios hatten übrigens schon lange vor Kolumbus auf ähnliche Weise Bier gebraut. Die spanischen und portugiesischen Eroberer sahen in Südamerika „zum ersten Mal voller Abscheu, wie die Indianer alkoholische Gärung auslösten ... Geröstete Maiskörner wurden lange gekocht, dann gekaut, dann in Gefäße gespuckt, oft ein weiteres Mal gekocht. Statt Mais kauten sie auch Maniok oder anderes. Das war stets eine weibliche Aufgabe. Alte Frauen in Paraguay, Jungfrauen bei den Tupi-Guarani, jungfräuliche Priesterinnen im alten Peru – sie kauten und spuckten.

Dann fügten sie Wasser hinzu, oft auch Honig und andere Früchte. Anschließend kochten sie die Mischung, nach Abkühlung seihten sie sie durch ein Tuch." So jedenfalls beschrieb es Girolamo Benzoni noch im Jahr 1565.

Ein Autor lässt einen Reisenden aus dieser Zeit erzählen: „Leider wusste er, wie sein Getränk zubereitet worden war, sonst hätte es ihm wohl geschmeckt ..."[7]

Es ist jedoch festzuhalten, dass alle in frühgeschichtlicher Zeit als Bier bezeichneten Getränke unseren heutigen Bieren nur entfernt ähnelten; ihre Zusammensetzung ist heute chemisch nur teilweise feststellbar und regional unterschiedlich. Diese Biere bestanden meist nur aus Wasser und verschiedenen Getreidearten, Beeren oder anderen Früchten. Sie waren nur kurz haltbar und mussten oft innerhalb eines Tages getrunken werden, um nicht sauer zu werden. Auch der Alkoholgehalt war unterschiedlich und reichte von etwa 2 Volumenprozent aufwärts.[8]

Im Gegensatz zu den Beeren waren die Körner der Wildgetreide damals noch frei von Giften. Erst im Spätmittelalter und in den Jahrhunderten danach entwickelten sich die gefährlichen Mutterkornpilze, diese Schmarotzer-Schlauchpilze, an den Ähren. Diese erregten Massenerkrankungen, die zu Halluzinationen und dem so genannten „Veitstanz" führten. Der Veitstanz ist eine Erkrankung des zentralen Nervensystems mit charakteristischen Bewegungsstörungen.

Brot war in dieser Zeit bereits zum Grundnahrungsmittel geworden, mit Mutterkorn-Alkaloiden zu sehr belastetes Brot konnte aber sogar zum Tod führen![9]

Rätsch hält es nicht für ausgeschlossen, dass das Mutterkorn mit seiner LSD-ähnlichen Wirkung bereits im antiken Griechenland ganz bewusst dem Gerstenmalz hinzugefügt wurde, um dem Bier bei der rituellen Einweihungsfeier in Eleusis eine magische visionäre Zauberkraft zu verleihen. Schriftliche Quellen und Nachweise für diese Theorie gibt es dafür allerdings nicht.

„Das Mutterkorn hat wahrscheinlich seit mehr als 4 Jahrtausenden einen Platz in der Volksmedizin. Die mittelalterlichen Hebammen, die noch heidnisches Wissen um die göttliche Kornmutter und ihre Mysterien hüteten, gaben den Niederkommenden drei Mutterkörner zu essen oder zu trinken. Das Mutterkorn wirkte direkt auf den Mutterleib und löste die für die Geburt erforderlichen Wehen aus ... Möglicherweise hat es auch mutterkornverseuchtes Bier, also ein ‚Bier der Träume' gegeben ..."[10]

Am häufigsten von allen Getreidearten wird der Roggen vom Mutterkorn befallen.

Um zusammenfassend einen grob skizzenhaften Überblick über die zeitlichen Ursprünge der ersten Biertrünke zu haben, sollte man sich vor Augen halten, dass die klassischen Getreidearten die Gerste, der Hafer und der Roggen waren. „Von all diesen kennen wir die Wildformen ... Wildgetreidekörner, die von Menschen genutzt wurden, datieren aus der Zeit um 8000 v. Chr.! Historisch gesicherte Getreidekulturen in Mesopotamien und am Nil entstanden erst 5000 Jahre später ..."[11]

Bier aus Reis und Mais

Im südöstlichen Asien gibt es seit jeher Reisbier, in Afrika Hirsebier und in Mittelamerika Maisbier. Die Ursprünge von Reis und Mais, die ebenfalls als Grundlage für einen Biertrank dienten, sind dagegen umstritten: Beim Reis gehen die Meinungen auseinander: „Seine Heimat ist nicht genau bekannt. Wildformen sind in Asien, Afrika und Amerika gefunden worden. Die in Indien existierende Oryza fatua wird als mögliche Stammform des Kulturreises angesehen. Jedenfalls wurde der Reis etwa um 3000 v. Chr. in Kultur genommen, ob in Indien oder China ist noch ungeklärt. Von Südostasien hat sich der Reisanbau einerseits nach Japan und Indonesien und andererseits bis Persien ausgedehnt. Ins Mittelmeergebiet gelangte der Reis erst um 800 v. Chr.!“[12] Doch koreanische Forscher fanden fossile Reiskörner, die auf ein Alter von 15 000 Jahren datiert wurden! Wir sehen also, welch gewaltige Zeitspanne sich teilweise zwischen den ersten Wildformen einer Pflanze bis zu deren Kultivierung auftun kann!

Die Heimat des Maises liegt vermutlich zwischen Mexiko und Peru, seine Wildform wurde jedoch nicht gefunden, „doch Reste eines verwandten primitiven Wildmaises sind in Höhlen Südmexikos gefunden und auf die Zeit von 5000 – 3400 v. Chr. datiert worden.“[13]

„Reis wird heute nur noch selten zum Bierbrauen verwendet. Manchen asiatischen und amerikanischen Bieren wird allerdings Reis als Gärstoff zugesetzt.“[14]

Neueste Funde aus China fügen sich lückenlos in eine Beweiskette. „Rasch verbreitete sich in der Jungsteinzeit demnach das Handwerk der Alkoholmischer an verschiedenen Orten auf der ganzen Welt. Schamanen und Dorfalchemisten verquirlten Obst, Kräuter, Gewürze und Getreide so lange in Kübeln, bis daraus ein süffiges Gebräu entstand.“

Terrassenförmige Reisfelder

Bierbrauen war einst Frauensache

Es mag verwundern, immer wieder zu lesen, dass in früheren Zeiten bis ins Mittelalter Bier überwiegend oder sogar ausschließlich von Frauen gebraut wurde. Da Brot backen und Bier brauen eng zusammenhingen, ist es durchaus plausibel, dass man diese „Küchenarbeit" nicht nach Geschlechtern trennte. Wenn jedoch Männer das Brauen übernahmen, missglückte es häufiger. Die seltsame Verwandlung von Brotteig und Wasser in Bier gelang unerklärlicher Weise Frauen viel öfter und besser als Männern. Erst Jahrtausende später konnten Wissenschaftler dieses Rätsel lösen:

„Jeder Mensch sondert, vor allem bei großer Hitze, Hefezellen über die Haut ab. Frauen scheiden jedoch hormonell bedingt mehr aus als Männer. Beim Kneten des Brotteigs ... übertrugen sich mehr Hefepilze, wenn eine Frau am Werk war und das Gebräu kam leichter zur Gärung. Die Hefezellen lösen den Stoffwechselprozess aus, der Getreidemaische zu Alkohol vergären lässt ..."[15]

Die Entwicklung vom ersten Biergebräu bis hin zu seiner Kultivierung ist ein Gang durch die Jahrtausende ... „und es dämmert allmählich eine Vorgeschichte herauf, die weit vor unserer Vorgeschichte liegt. Noch ist viel zu wenig Konkretes fassbar, um sie deuten zu können. Sicher ist jedoch, dass ‚die Geschichte' nicht erst mit der vorderasiatisch – europäischen Geschichte beginnt. Den Hochkulturen im Großraum des ‚Fruchtbaren Halbmondes' ist eine weit ältere Kultur vorgelagert, über die wir so gut wie nichts wissen. Sie entstand in Asien, die Bevölkerung wuchs und Abwanderungen wurden nötig: Nordostasiaten wanderten nach Amerika aus ... die Vorfahren aller Uramerikaner stehen, und das ist sicher, den Mongolen und Koreanern näher als jeder anderen asiatischen Bevölkerung ..."[16]

Bierbrauerin aus Sakkara in Ägypten, ca. 2400 v. Chr.

Die Geschichte des Bieres ist mit der Entwicklungsgeschichte der Menschheit untrennbar verquickt und gestattet uns einen faszinierenden Einblick auf unsere geheimnisvolle Vergangenheit.

Bier im Gilgamesch-Epos

Die Sumerer, ein Volk unbekannter Herkunft, sind seit über sechs Jahrtausenden nachweisbar. Sie waren die ältesten bekannten Bewohner des späteren südlichen Babylonien, das einen Teil des antiken Mesopotamien bildet – des Landes zwischen Euphrat und Tigris. Dieses Gebiet gehört heute zum Irak.

Die Sumerer schufen im Süden des Landes seit dem späten 4. Jahrtausend v. Chr. eine erste städtisch geprägte Hochkultur. Die religiösen Vorstellungen und die Kunst der Sumerer haben die spätere babylonische Kultur bestimmt. Sie erfanden auch die Keilschrift. Auf ihren Schreibtafeln hinterließen sie auch genaue Aufzeichnungen über viele Vorgänge und Verrichtungen des täglichen Lebens.

Wahrscheinlich entdeckten auch die Sumerer den entscheidenden Gärungsprozess durch Zufall, entwickelten ihn aber zur „Wiege der verfeinerten und systematischen Braukunst". Gut 6000 Jahre alte sumerische Tontafeln in Keilschrift sind jedenfalls die ältesten schriftlichen Nachweise des Bierbrauens. Diese Tontäfelchen – die Wissenschaft nennt sie „Monument Bleu", nach ihrem Entdecker, einem Herrn Blau – sind im Louvre in Paris aufbewahrt.[17]

Aus diesen Täfelchen, die zu den ältesten „Schriftstücken" überhaupt zählen, ist zu ersehen, „wie das Getreide Emmer enthülst wird, wie aus den gereinigten Körnern Fladen gebacken werden und daraus dann Bier hergestellt wird. In diesem Fall brauchte man es, um der Göttin Nin-Harra zu opfern. Sie war eine Fruchtbarkeitsgöttin und galt als Erfinderin des Biers."[18] Es mag sich hierbei vermutlich um ein Dankopfer für Speise und Trank, für Brot und Bier gehandelt haben. [19]

Wir können mit einiger Sicherheit sagen, wie das Bier der Sumerer beschaffen war. Das Bier für die Frauen wurde aus dem „Emmer (Triticum dicoccum) hergestellt, einer Weizenart, die mit dem bei uns noch heute bekannten Dinkel (Triticum spelta) verwandt ist. Dem Emmer-Bier mengten die Sumerer Honig, Zimt und andere Gewürze bei. Die Männer bekamen herberes Bier aus Gerste."[20]

„Eine Schrifttafel mit genauer Herstellungsanweisung für Bier führt die beiden bedeutendsten sumerischen Kulturleistungen zusammen: Die Erfindung der Schrift, die der Bevölkerung zur Bewältigung ihrer bis heute unübertroffenen Bürokratie diente, und die Erfindung des Biers, das ihr half, diese zu ertragen."[21] Das berühmte sumerische Gilgamesch-Epos aus der Zeit um 3000 v. Chr., eines der ältesten Werke der Weltliteratur, preist Bier als eine große zivilisatorische Errungenschaft: Das Epos erzählt von Enkidu, einem zotteligen Wesen, das zwar kein Tier mehr, aber auch noch kein Mensch war. Eine Frau – vermutlich eine Dirne – wird beauftragt, Enkidu zu lehren, Brot zu essen und Bier zu trinken und dadurch zu einem zivilisierten Menschen zu werden. Diese Frau, mit der sich Enkidu zuvor eine Woche lang vergnügt, bewirkt die entscheidende Wandlung:

... nicht wusste Enkidu, was Brot war
und wie man es zu essen pflegt.
Auch Bier hat er noch nicht gelernt zu trinken.
Da öffnete die Frau ihren Mund und sprach zu Enkidu:
Trink den Rauschtrank, wie's Brauch ist im Lande!
Brot aß Enkidu, bis er gesättigt war.
Trank den Rauschtrank – der Krüge sieben!
Frei ward sein Inneres und heiter,
Es frohlockte sein Herz, und sein Antlitz erstrahlte!
Mit Wasser wusch er ab seinen haarigen Leib.
Er salbte sich mit Öl und wurde dadurch ein Mensch.[22]

In diesem archaischen Epos vollzieht sich die Wandlung eines urtümlichen Wesens, das in der Steppe

Das Monument Bleu (7. Jahrtausend v. Chr.)

lebte und Gras fraß, zum ersten richtigen Menschen durch das Trinken von sieben Krügen Bier. „Der Biergenuss ist auch hier ein Zeichen der Kultur! Insbesondere der Agrikultur, der planmäßigen Landwirtschaft, die die Menschen der Steinzeit entwickelt haben und die zur Grundlage aller Hochkulturen geworden ist."[23]

Brot backen und Bier brauen auf der Grundlage des Getreideanbaus gehörten damals auch bei den Sumerern eng zusammen und waren häusliche Frauenarbeit. Um 3000 v. Chr. wurde in Mesopotamien Bier bereits auch gewerblich hergestellt. Ein Drittel der Getreideernte wurde fürs Bierbrauen verwendet, in manchen Jahren fast die Hälfte. Bier galt hier als Zahlungsmittel und Lohnbestandteil.

Aus bildlichen Darstellungen ist zu ersehen, wie die Sumerer ihr Bier getrunken haben. Ein Relief aus Mesopotamien zeigt zwei Biertrinker, die gleichzeitig mit langen gebogenen Saugrohren Bier aus einem großen Tonkrug schlürfen. Das hatte seinen guten Grund: Das ungefilterte Bier war trübe und enthielt unangenehme Rückstände. Tontafeln zeigen auch Menschen, die gesellig beim Bier beisammen sitzen. Für Gäste hielt man vermutlich stets Bier bereit. In den Bierschenken herrschte offenbar heitere Stimmung, hübsche Bedienungen waren aufreizend gekleidet, es gab wohl vornehme Stammgäste. Den Sumerern stand eine tägliche Ration Bier zu, je nach

Stand bis zu fünf Kannen oder Krüge: Arbeiter erhielten einen Krug, Oberpriester fünf Krüge Bier.
Für eine ordentliche Bestattung musste man dem Priester sieben Krüge Bier und 420 Brote auszahlen; diese Brote waren sicherlich sehr klein. Nach Protesten gegen diese hohen Gebühren hat ein König schließlich festgelegt, dass eine Bestattung nur drei Krüge Bier und 80 Brote kosten durfte.
Die Sumerer haben ihr Bier übrigens lange Zeit in verschlossenen Krügen ins weit entfernte Ägypten exportiert.

Bier im Codex Hammurabi

Als das Reich der Sumerer etwa um 1800 v. Chr. zerfallen war, haben die Babylonier dessen politisches und kulturelles Erbe in Mesopotamien übernommen. Der berühmteste König von Babylonien war der Reichsgründer Hammurabi, der während seiner Regierungszeit 1728 – 1686 v. Chr. ein ganz Mesopotamien umfassendes Großreich schuf. Da die Babylonier ihre Kultur auf der sumerischen aufgebaut hatten, übernahmen sie auch die Bierbrauerei als hauswirtschaftliche Frauenarbeit. Sie sollen 20 verschiedene Biersorten gebraut haben, davon acht aus Emmer, weitere acht aus reiner Gerste und vier aus einer Getreidemischung. Diese Biere waren trüb und ungefiltert.

In Babylon schlürfte man Bier mit langen Saugrohren aus Tonkrügen

Bier in der babylonischen Heilbehandlung

König Hammurabi hinterließ eine Gesetzessammlung, die 1902 auf einer Dioritstele in Susa gefunden wurde und heute im Louvre in Paris aufbewahrt wird. Dieser berühmte Codex Hammurabi aus der Zeit um 2500 v. Chr. ist eines der ältesten Gesetze weltweit. Es ist ein Reformgesetz nach dem Grundsatz „Auge um Auge, Zahn um Zahn“ und sieht barbarische Strafen vor wie Auspeitschung, Verstümmelung, Pfählen, Verbrennen, Ertränken ... Dieser Codex enthält auch einen äußerst strengen „Paragraphen“ zum Verkauf und zum Ausschank von Bier. Eine Auswahl in einer sehr freien Übersetzung lautet:
„Die Wirtin, die sich ihr Bier nicht in Gerste, sondern in Silber bezahlen lässt oder die minderwertiges Bier teuer verkauft, soll ertränkt werden. Eine Priesterin, die eine Wirtschaft besucht oder gar eine Wirtschaft eröffnet, soll verbrannt werden ... Wer Bier aus falschen Rohstoffen herstellt, soll in seinen Fässern ertränkt oder so lange mit Bier begossen werden, bis er erstickt.“[24]
Der Codex sicherte wie schon bei den Sumerern dem Volk kostenlos eine tägliche Ration Bier zu: Arbeiter erhalten täglich zwei, Beamte drei und Oberpriester sogar fünf Krüge Bier täglich ... An hohen Festtagen wurden diese Rationen erhöht, was den Göttern in ihren Tempeln Verehrung einbrachte.
Der Codex bestimmte auch die Höchstpreise für die einzelnen Biersorten; die Preise waren umso höher, je mehr Emmer benötigt wurde. Der Bierpreis richtete sich also nach der Bierqualität. Seltsam mutet die Bestimmung an, dass man Bier nicht mit irgendei-

ner Währung kaufen, sondern nur gegen Gerste eintauschen durfte. Erst in diesem Codex ist übrigens Wein erstmals urkundlich belegt – Bier ist somit älter als Wein!

Bier im Alten Ägypten

Wie bei den Sumerern hatte auch im Alten Ägypten das Bierbrauen eine uralte Tradition, die wahrscheinlich auf den Kenntnissen der Sumerer fußte. Hier hatte Bier große Bedeutung für alle Schichten des Volkes bis hinauf zum Pharao. Eine der ältesten erhaltenen Darstellungen einer Bierzubereitung findet sich in Ägypten. Auf einer Wandmalerei aus dem Grab des Kenamon bei Luxor aus der Zeit um 1500 v. Chr. zeigt die Arbeitsabläufe in einer altägyptischen Bierbrauerei. Bier war wie das tägliche Brot ein Grundnahrungsmittel, das jedem in einer gewissen Menge zustand, auch dem Heer von Schwerstarbeitern, die beim Bau der Pyramiden schufteten. Der übliche Tageslohn für einen ägyptischen Arbeiter bestand aus fünf Broten und zwei Krügen Bier. Auch Beamte, Soldaten und Offiziere wurden hauptsächlich mit Brot und Bier bezahlt. Ein englischer Forscher fand eine ägyptische Inschrift, wonach eine „gute Mutter ihren Sohn, der zur Schule geht, täglich mit drei Broten und zwei Kannen Bier versorgt."[25] Auch die Verstorbenen bekamen Bier ins Grab.

In den Hieroglyphen aus der Zeit um 2500 v. Chr. gibt es ein eigenes Zeichen für Bier; das Zeichen für Mahlzeit ist aus den Hieroglyphen für Brot und Bier zusammengesetzt. Bäcker und Brauer arbeiteten stets miteinander und nebeneinander, denn die Ausgangsstoffe und die ersten Phasen der Herstellung von Brot und Bier waren identisch. Abbildungen und Grabungsbefunde zeigen immer wieder Backen und Brauen in engem Zusammenhang.

Das ägyptische Verfahren der Bierherstellung ist im Wesentlichen das gleiche, das noch heute in Nubien und im Sudan praktiziert wird: „Weizen-, Gerste- oder Hirsekörner guter Qualität werden grob zerkleinert. Ein Viertel der Körner wird angefeuchtet und eine gewisse Zeit der Sommerhitze ausgesetzt. Aus dem Rest formt man Brote, die nur leicht angebacken werden, damit die Enzyme nicht zerstört werden. Dann zerkleinert man die Brote und vermengt sie mit den feuchten Körnern. Schließlich füllt man das Ganze in ein Gefäß mit Wasser, in dem nun die Gärung erfolgt. Um den Gärvorgang zu beschleunigen, wird einige Male Altbier hinzugefüllt. Nach der Gärung wird die Flüssigkeit gefiltert."[26] Dieses Verfahren findet sich schon in bildlichen Darstellungen aus der Zeit um 2500 v. Chr. Damals wurde das Brot noch in kleinen Formen gebacken. Backöfen kamen erst nach 2000 v. Chr. in Gebrauch. Neben vielen häuslichen Brauereien gab es auch staatliche. Mit dem Staatsmonopol auf Bier entstand die erste Brauindustrie mit strengen Vorschriften.

Getreideernte im Alten Ägypten

Ein englischer Archäologe entdeckte ein Brauhaus, das den Pharao Echnaton (1370 – 1345 v. Chr.) und seine berühmte Gemahlin Nofretete sowie ihren gesamten Hofstaat mit Bier versorgte. Es stand in Echet-Aton, der damaligen Hauptstadt und war in vier Räume unterteilt; neben Öfen und Tongefäßen entdeckte man auch Reste der Zutaten Mais, Getreide und Datteln.[27]

Kulturgeschichtlich ausschlaggebend für die Herstellung eines bierähnlichen Zaubertranks waren selbstverständlich auch geeignete Gefä-

Ägypterin mit Weizenbrot

Auch im Alten Ägypten schlürfte man Bier mit langen Saugrohren aus Tonkrügen. Um 1350 v. Chr.

Deckengemälde in einem Grab mit Weinlaub und Trauben um 1425 v. Chr.

Getreideernte im Alten Ägypten. Grabmalerei in Theben, Zeit der 18. Dynastie, um 1410 v. Chr. (Detail)

Bierbrauen im Alten Ägypten

ße, von denen es jede Menge archäologischer Funde gibt: Tongefäße gab es schon sehr früh in der Geschichte der Menschheit, sie waren nötig für den Gärungsprozess des Bieres. Im Zagros-Gebirge im heutigen Iran wurden 1992 in einem Krug aus dem 4. Jahrtausend v. Chr. organische Rückstände gefunden, die ziemlich eindeutig auf die Aufbewahrung und Vergärung eines gerstenartigen Getränks schließen lassen. Auch die Ägypter tranken ihr Bier ähnlich wie die Sumerer und Babylonier. Ein bemalter ägyptischer Kalkstein aus der 18. Dynastie – ca. 1350 v. Chr. – zeigt einen sitzenden Biertrinker, der ebenfalls mit einem langen, abgeknickten Saugrohr Bier aus einem Krug schlürft. Diese Trinkbehelfe erlaubten nicht nur einen bequemen Trunk aus den großen, am Boden oder auf einem Gestell stehenden, schweren Tonkrügen, sie hielten auch die lästigen Getreidereste des noch ungefilterten Gebräus zurück.[28] Es waren aber auch schon Becher und flache Schalen in Gebrauch.

Es gab acht verschiedene Biersorten, Normal- und Starkbiere. Der Geschmack dieser Biere war damals allerdings recht fragwürdig. Die meisten schmeckten süß, manche waren mit Anis, Alraun oder Safran gewürzt. Der griechische Historiker Plutarch (46 – 120 n. Chr.) behauptete, das stärkste dieser Biere sei so aggressiv gewesen, dass es sogar Elfenbein aufgeweicht habe.

Ein anderes Bier wiederum, wohl mit einem Sud aus Eichenrinde gewürzt, war so bitter, dass es der römische Schriftsteller Plinius d. Ä. (23 – 79 n. Chr.) als einen abscheulichen Trank bezeichnete. Ein anderer griechischer Reisender urteilte positiv: wenn die Ägypter diesen „Gerstenwein" trinken, seien sie lustig, singen und tanzen.

Auch ein arabischer Schriftsteller aus dem Mittelalter schmähte ausführlich das Bier der Ägypter. Eine der Biersorten sei „warm, austrocknend, oft faulig, mit einem Wort sehr schlecht für den Magen. Es bringt Blähungen und Poltern in demselben hervor und greift die Kopfnerven an. Manchmal bringt es durch seine Schärfe und Fäule Durchfall hervor, und bei denen, die es gewöhnlich zu trinken pflegen, Krankheiten der Blase und entzündeten Urin". Von einer anderen Sorte berichtet er, es berausche wie gewöhnlicher Wein, obgleich es bei weitem nicht so stark und so zuträglich ist. „Indessen erregt es eine heitere, lustige und mutwillige Stimmung und macht wohlriechenden Atem, jedoch im Übermaß genossen verursacht es Übelkeit, Erbrechen, viele Blähungen und Beklemmung."[29]

Bier bei den Griechen

Die antiken Hochkulturen der Griechen und Römer fanden am Bier offenbar keinen besonderen Gefallen. Dagegen war Wein in Kreta und Mykene hoch geschätzt. Vielleicht aber war Bier im antiken Griechenland nicht oder nur wenig üblich, weil oft Mangel an Getreide herrschte.

Möglicherweise waren es aber auch die klimatischen Bedingungen, weshalb die Menschen des Mittelmeerraumes den Wein bevorzugten: Ihr Bier musste nach seiner Herstellung sofort getrunken werden, da es sehr schnell in der Hitze verdirbt, während der Wein lange Zeit gelagert werden kann.

Die Griechen haben aber wohl schon im 7. Jahrhundert v. Chr. auf ihren Reisen in fremde Gebiete verschiedene Arten von Bier kennengelernt. Im 5. Jahrhundert v. Chr. kannten sie jedenfalls schon das Bier der Ägypter. Geschmeckt hat es ihnen jedoch nicht.

Weinlese auf einem attischen Sarkophag, 260-270 n. Chr. Museum von Saloniki

Zwei Satyrn beim Keltern und Verkosten von Wein. Griechische Amphore ca. 400 v. Chr.

Schon der griechische Dichter Aischylos schmähte damals die Bier trinkenden Ägypter als „Leute, die Met aus Gerste trinken".[30] Die Griechen haben zwar auch bald darauf begonnen, Bier zu brauen, getrunken wurde es aber nur von den ärmeren Schichten der Bevölkerung.

Einige Ärzte glaubten in der Antike auch daran, dass Bier der Gesundheit schade. Den typischen Bierbauch kannte man zwar kaum, dafür machte man das Bier für die Elephantiasis verantwortlich, eine Krankheit, die durch Insektenstiche oder Würmer verursacht wird und zu grauenhaften Anschwellungen führt.[31]

Zu einer besonders kuriosen Erkenntnis will der berühmte griechische Philosoph Aristoteles (384 – 322 v. Chr.) gekommen sein. Er war ein Schüler Platons, er war der Lehrer von Alexander dem Großen, seine Logik, Metaphysik, Physik, Ethik, Politik und Poetik waren von tief greifendem Einfluss auf die abendländische Kultur. Als Sohn eines Arztes untersuchte er auch die Wirkungen verschiedener Räusche. Zu Recht stellte er fest, dass Bier ein leichter und angenehmer Schlaftrunk ist. Er lehrte ferner, dass Bier die Eigenschaft besitzt, bei übermäßigem Genuss nach hinten fallen zu lassen, allzu reichlicher Weingenuss hingegen bewirke ein Stürzen nach allen Seiten ...[32]

Das Bier bei den Römern

Schon im achten vorchristlichen Jahrhundert eroberte der Wein auch das spätere Römische Reich; aus dem alten Rom sind 185 verschiedene Weinsorten überliefert! Höchstes Ansehen genossen hier kräftige süße Weine aus Griechenland; die besten heimischen Weine sollten 15 Jahre reifen![33]

Die Römer übernahmen zwar die Technik des Bierbrauens von den Griechen, aber auch sie hielten nicht viel von diesem Getränk. Auch die Römer tranken vorwiegend Wein, den sie in der Stadt Rom sogar zum Trank der Götter erhoben. Erst als sich das römische Imperium große Teile des nördlichen Mittelmeerraumes, insbesondere Galliens und Germaniens einverleibte, erlangte auch das Bier größere Bedeutung. Es galt aber zumeist als „Potus paupersinus", als billiger Trunk der armen Leute, der Plebejer, der Proletarier, vor allem aber als „Gesöff der Barbaren", allenfalls gut genug, um den vom Wein erhitzten Schädel zu kühlen. Die Geringschätzung der gesitteten antiken Völker für das barbarische Bier zeigt sich in vielen verächtlichen Kommentaren über

Weinkelterei in Pompeji

Rekonstruierte Weinpresse in Pompeji

Mit Weinreben bekränzter Bacchus in Pompeji (Detail)

deren Trinkgewohnheiten. Wohl etwas übertrieben und auch ziemlich fremdenfeindlich klingt etwa ein Kommentar über das Bier eines der barbarischen Völker:

„Tief in Höhlen leben im Schoß der Erde die Menschen sorglos in Muße dahin. Gestapeltes Kerbholz und ganze Ulmen wälzen zum Herde sie an und nähren das Feuer. Statt Weines kredenzen fröhlich sie ihren Speierlingstrank, mit Malzbier vergoren.“[34]

Julius Cäsar (100 – 44 v. Chr.) hat allerdings erkannt, dass Bier nahrhaft und kräftigend ist und hat als Feldherr seine Legionen mit reichlich Bier versorgt. Bei Caesars Siegeszügen durch die barbarischen Länder tranken seine Legionäre sicherlich große Mengen Bier, teilweise aus Kürbisschalen.

Bäckerei in Pompeji

Eine prächtig verzierte Vase dieser Art hat sich erhalten, sie steht heute im Museum Carnavalet in Paris und trägt die Aufschrift: „Fülle mir, holde Gastgeberin, von Neuem die Schale mit Bier.“

In der römischen Provinz Gallien lernten Cäsars Legionäre auch das keltische Bier schätzen. Cäsar brachte dieses Bier sogar auf die britische Insel.
Der bekannte römische Geschichtsschreiber Tacitus (55 – 115 n. Chr.) schmäht germanisches Bier.
Kaiser Flavius Valens (328 – 378) liebte hingegen das Bier, vor allem die Sorte „Sabaium" – der Name des heutigen Österreich. Dieser Name kam von Sabazios, dem thrakischen Gott des Weines, der auch Schutzpatron des Bieres war. Der Kaiser hat sich so viel Sabaium einverleibt, dass man ihm den Beinamen Sabaiarius gab. Dieser Beiname blieb lange Zeit ein Synonym für Saufbold ...
Die Römer haben auf ihren Entdeckungsfahrten und Eroberungszügen auch das Bier auf der Iberischen Halbinsel kennen gelernt. Der Geograph und Historiker Strabo (64v. Chr. – 23 n. Chr.) schrieb, dass die dortigen Bergvölker ihr Bier, das aus Gerste und Hirse gebraut war, dem Wein vorziehen würden. Er selbst befand dieses Gebräu gar nicht so übel.
Es war der gelehrte römische Geschichtsschreiber Plinius der Ältere (24 – 79 n. Chr.), der in seiner 37 Bände umfassenden „Naturalis historia", einer gewaltigen naturgeschichtlichen Enzyklopädie, verschiedene Methoden der Bierherstellung beschreibt.
Immerhin haben die Römer dem Bier einen sehr ehrenhaften Namen gegeben, den es in einigen Varianten gab: Cerevisia, Cervesa, Cerevia, Cervisia.
Er ist abgeleitet von Ceres, der Göttin des Ackerbaus und der Fruchtbarkeit und von vis, dem verbalen Inbegriff von Kraft und Stärke.[35] Wein und Bier bildeten jedenfalls eine deutliche Kulturgrenze zwischen den „kultivierten" Griechen und Römern und den barbarischen Galliern und Germanen. Wein passt klimatisch eben besser zu den warmen Regionen, Bier zu den kälteren.
In der gesamten Bibel findet sich kein einziger Hinweis auf Bier, hingegen sind schon die vielen Gleichnisse mit Wein, Weinstock und Reben im Neuen Testament ein sicherer Hinweis auf den Weinanbau in Palästina und den Wein als beliebtes Getränk bei den täglichen Mahlzeiten. Aber auch im Alten Testament werden Palästina und die Nachbarländer wegen ihres Weines gerühmt; der Wein gilt als Symbol für Wohlstand und Reichtum.
Erst der Islam hat im 7. Jahrhundert den Weinbau in Palästina weitestgehend eingestellt. Der Koran verbietet den Gläubigen ausdrücklich den Genuss von Wein. Es ist jedoch überliefert, dass auch die Araber vor Mohammed reichlich Wein anbauten und Wein „ganz selbstverständlich zum Alltagsleben Mekkas gehörte. Doch schon zehn Jahre nach Mohammeds Tod im Jahre 632 war aller Wein nicht nur aus ganz Arabien, sondern auch aus allen anderen Ländern, die auf das Wort des Propheten hörten, überwiegend verbannt".[36]
Nicht viel anders verhält es sich dort auch mit dem Bier.

Ceres mit Ährenkranz, Ährenbündel und Korb mit Korn. 1. Jhdt. n. Chr.

Bier bei den Germanen

Unsere Vorstellung von den Germanen ist mitunter romantisch geprägt, ja sogar verklärt wie bei einer Wagner-Oper. So spricht die Walküre zu Sigurd:

Bier bring ich dir, du Baum in der Schlacht!
Mit Kraft gemischt und Mannesruhm.
Voll der Lieder und lindernden Sprüche,
guten Zaubers voll und Wonnerunen.[37]

Es gilt sogar ein Dichterwort, wonach ein richtiger Germane mit Bier leichter stirbt. In seinem Sterbelied heißt der nordische König Ragnar Lodbrok den Tod willkommen:

Wohlan, es endet sich mein Lied.
Die Todesgöttinnen

Die Wodan mir aus meinem Haus
Gesendet, rufen mich.
Dort sitz ich froh auf hohem Sitz
Und trinke mit den Asen Bier.
Des Lebens Stunden sind entflohn,
mit Lachen sterb' ich hin.[38]

Wir stellen uns die Germanen als große ruppige Raufbolde mit blonden oder rötlichen Haaren, struppigen Bärten und blauen Augen vor, die in einer primitiven Behausung auf Bärenfellen liegen und Met saufen, wenn sie nicht gerade auf der Jagd oder auf Raubzügen unterwegs sind:
„Es wohnten die alten Germanen zu beiden Seiten des Rheins.
Sie lagen auf Bärenhäuten und tranken immer noch eins."
An diesen romantischen Vorstellungen ist wohl einiges Wahres dran.
Unter Germanen versteht man übrigens sprachverwandte Stämme in Nord- und Mitteleuropa, die der indogermanischen Sprachfamilie angehören. Der Name „Germanen" erscheint erstmals bei dem griechischen Gelehrten Poseidonios um 80 v. Chr. und später dann bei Caesar. Wie auch die benachbarten Kelten lebten die Germanen in „dörflichen Gemeinschaften und Stammesverbänden".
Ihr Lebensraum war weithin wilder Urwald oder Sumpfgebiet. Nur entlang der Flüsse, in den Tälern und Auen war Getreideanbau möglich. Was für ein kraftvoll elementares Volk die Germanen nun wirklich waren, lässt sich heutzutage nur erahnen. Sie verehrten Bäume, meist Eichen, Eschen und Eiben, erkannten darin ihre Götter und erklärten den Wald, der damals noch ganz Europa überzog, zum heiligen Hain. „Die Germanen bauten auf ihren Äckern Weizen, Roggen, Hafer, Gerste, Erbsen, Bohnen, Kohlrüben, Runkelrüben, Flachs, Lein und Hanf an. Das Getreide war den Göttern Wotan, Fricka und Sif heilig. Der Hafer stand unter dem besonderen Schutz von Fricka, Wotans Gemahlin. Der Roggen war das erwählte Getreide der goldgelockten Vegetationsgöttin Sif, der Gemahlin des Donnergottes Thor, und der Hanf war die geliebte ‚Blume' der Liebesgöttin Freia."[39]
Fast alles, was wir über die Germanen wissen, ist weitestgehend den Berichten römischer Geschichtsschreiber und den Ausgrabungen und Entdeckungen der Archäologen zu verdanken. Denn die Germanen waren vorwiegend Analphabeten, jedenfalls betrieben sie keine systematische Geschichtsschreibung. Ihre Runen, wohl um die Zeitenwende entwickelt und vom 2. Jahrhundert bis ins skandinavische Mittelalter gebräuchlich, waren wohl eher Kult- und Zauberzeichen, wurden aber auch als Schriftzeichen verwendet. Neben ihrem sprachlichen Gebrauchswert hatten sie vor allem symbolische und magische Bedeutung, die sich auf Naturkräfte und Götter bezog. Das älteste der Runen-Alphabete besteht aus drei Reihen zu je acht Zeichen, kommt also mit seinen 24 Zeichen unseren Alphabeten schon recht nahe. Die Runen wurden in Holz, Knochen und Metall, auf Waffen und Schmuckgegenstände geritzt, im Norden auch auf Runensteine zum Andenken an die Verstorbenen.
Wann und wie die Germanen das Bier kennenlernten, ist noch nicht genau erforscht. In Mitteleuropa stammen die ältesten Biernachweise aus der keltischen Eisenzeit, deren Beginn um das 7. Jahrhundert v. Chr. anzusetzen ist. Ein griechischer Reisender berichtet um 300 v. Chr. von keltischem Bier. Andere Autoren geben hierzu ein wesentlich höheres Alter an. Sie gehen davon aus, dass es in jener Zeit keine Verbindung der Germanen und Kelten zum Orient gab, über die das Wissen um die Braukunst zu ihnen gelangt sein könnte. Es scheint sich auch hier das Bierbrauen wie in anderen Gegenden eigenständig entwickelt zu haben. Nach neueren Forschungen soll man schon um 1500 v. Chr. in Mitteleuropa Fladenbrote gebacken und daraus Bier gebraut haben.
Auch wie sich das Bier in das Gebiet unseres heutigen Bayern eingebürgert hatte, ist bis heute nicht eindeutig geklärt. Der älteste archäologische Nachweis stammt aus Kasendorf in der Nähe von Kulmbach, wo man im Grab eines vornehmen Germanen Bierkrüge aus der Zeit um 800 v. Chr. gefunden hat.

Man hatte ihm als Wegzehrung ins Jenseits einen Krug mit Bier aus Fladenbrot ins Grab mitgegeben. Wie in anderen Kulturen wurde Bier bei den Germanen zunächst aus vergorenem Brot hergestellt, vermutlich schon lange vor den Griechen und Römern. Später kamen sie darauf, dass Brot als Vorstufe zum Bier nicht erforderlich ist; sie ließen die Getreidekörner keimen, um sie dann zu trocknen. Archäologen fanden bei Ausgrabungen einfache Darren mit einem Flechtwerkrost über einer Feuerstelle. Hier wurden die grünen aufgeweichten Getreidekörner ausgelegt und in der Hitze geschmort. Neben Scherben von Tongefäßen fand man auch Kessel mit getrockneten Kornresten. Um das gewonnene Bier kühl zu halten, grub man Gefäße mit passenden Deckeln in die Erde ein. Auch das Erhitzen oder Sieden der Bierwürze war bekannt. Bei einem urtümlichen Verfahren warf man im Feuer erhitzte Steine in den Kessel. Meist aber wurde das Gebräu in einem großen Bronzekessel über offenem Feuer gesotten. Diese Bierkessel, deren Herstellung beachtliche technische Fähigkeiten erforderten, fassten 20 Eimer, das entspricht etwa 500 Liter – so jedenfalls wird es von Strabo berichtet. Neben ihrem Nutzwert hatten diese Kessel auch eine mythische Bedeutung, auch in der Götterwelt der Walhalla gehörte der Bierkessel zum Inventar.

„Altnordische Saufkumpane"

Bevorzugt wurde Hafer- und Gerstenbier. Zu dessen Haltbarkeit und auch zur weiteren Geschmacksver-

Trinkgelage der Germanen

Germanen in der Vorstellungswelt der Romantik

stärkung wurden gerne gerbstoffhaltige Substanzen wie Wermut, Salbei oder Eicheln zugesetzt, unter anderem auch Eichenrinde und Eschenlaub und gelegentlich sogar Blaubeeren.Es war durchaus üblich, drei Krüge Bier zum Essen zu trinken. Das Bier galt bereits als Hauptnahrungsmittel und wurde somit auch ein wichtiger Lieferant für die fehlende Vitamin- und Mineralstoffzufuhr. Durch den Mangel an Obst und Gemüse war eine ausreichende Versorgung, vor allem mit dem wichtigen Vitamin-B-Komplex, nicht gegeben.[40]

Bier war jedenfalls das wichtigste Alltagsgetränk in allen Bevölkerungsschichten, vielleicht neben dem Met, der aus vergorenem wildem Honig und Wasser bestand. Bier wurde jedem Gast angeboten. „Wer mit Bier knauserte, hatte bald keine Freunde mehr. Mit Bier besiegelte man Gelöbnisse und Verträge und Freundschaften ... und belohnte damit auch das Hofgesinde. Beim Thing, dem Ratschluss der Weisen, wurde genauso Bier getrunken wie bei Hochzeiten und Begräbnissen. Den Toten wurde schließlich noch Bier ins Grab mitgegeben ...“[41]

„Die religiösen Feste der Germanen waren Trankopfer, Kreisrituale, Bierweihen und andere Opfer. Den Göttern wurde mit Bier, manchmal auch mit Met oder importiertem Wein zugetrunken. Im Rausch taten sich Walhalls Tore auf und man erhaschte einen Hauch der Ewigkeit ...“[42]

Über die Sauf- und Rauflust der Germanen

Die besten Berichte aus der Sicht eines „kultivierten“ Zeitgenossen verdanken wir dem Chronisten Tacitus. Einen kleinen Einblick in die Sauf- und Rauflust der Germanen finden wir in seiner berühmten „Germania“, in der er die Frühzeit der Barbaren nördlich der Alpen schildert: „... nach der Morgenmahlzeit gehen sie an ihre Geschäfte, nicht weniger häufig auch zu Gelagen, und zwar in Waffen. Tag und Nacht ohne Unterbrechung zu zechen ist für niemand ein Vorwurf. Vielfach gibt es dann, wie eben unter Betrunkenen, Händel, die nur selten mit bloßen Schmähreden, öfter mit Totschlag und Verletzungen enden. Aber auch über gegenseitige Versöhnung mit Feinden, über die Anknüpfung verwandtschaftlicher Bande und über Berufung von Fürsten, schließlich über Krieg und Frieden beraten sie meist bei solchen Gelagen, weil sich angeblich zu keiner Zeit das Herz leichter für aufrichtige Gedanken erschließt oder für hohe erwärmt.“[43]

Immer wieder verwundert ihn die Trinkfestigkeit der Germanen, die auf Bärenfellen lagernd Bier und Met in sich hineinschütten. Wohl könnten sie Hunger und Kälte ertragen, nicht aber den Durst ... Über das Bier selbst findet er nur abfällige Worte:

„Als Getränk haben die Germanen ein schauerliches Gebräu, aus Gerste oder Weizen gegoren, ein Gebräu, das dem Wein nur sehr entfernt ähnlich ist.“

Auch begründet er den Ruf der Germanen als Säufer schlechthin: „Wenn man ihrer Trunksucht entgegenkommt und Bier herbeischafft, soviel sie begehren, wird man sie durch ihre Laster ebenso leicht besiegen wie mit Waffen.“

Bezeichnend ist eine romantische Charakteristik aus der Sicht des 19. Jahrhunderts: „Die Zeit, die sie nicht mit Jagd und Krieg ausfüllten, verbrachten sie in träger Ruhe oder mit Zechgelagen, welche die beiden altgermanischen Laster, Trunkensucht und Spielsucht, nährten ... Da es üblich war, Tag und Nacht ununterbrochen zu zechen, ging das Gelage nicht selten in Kampftumult über, um mit Totschlag zu enden. Vom Bier erhitzt, ja wohl auch nüchtern Hab und Gut, ja zuletzt die persönliche Freiheit im Würfelspiel einzusetzen, war durchaus nicht ungewöhnlich. Andererseits wurden fast alle wichtigen Angelegenheiten beim Gastmahl verhandelt. Hier wurden Aussöhnungen zuwege gebracht und Ehebündnisse verabredet, hier wurden sogar über Krieg und Frieden Beschlüsse gefasst, hier zeigte sich die Gastfreundschaft ... in ihrem vollsten Glanze.“[44]

Eine Urform des Trinkhorns findet sich schon im alten Babylon. Silberbecher aus dem Oxus-Schatz

Der römische Kaiser Julian Apostata (331 - 363) fand für Bier nur verächtliche Reime:

Der Wein schmeckt wie der Götter Trank,
du, Bier, schmeckst nach des Bocks Gestank.
Die Teutschen, so der Traub entbehren,
sieden dich aus Gerstenähren.
Ein Gerstenbrüh du heißen magst,
nicht Rebensaft; denn du auch plagst
den Leib mit schauerlichem Krachen –
nicht wie Wein kannst fröhlich machen.[45]

In der Zeit der Wanderzüge der germanischen Völker nach Süd- und Westeuropa im 2. bis 8. Jahrhundert, der sogenannten Völkerwanderungszeit, wurde Bier ausschließlich in Hausbrauereien hergestellt. Brot backen und Bier brauen gehörten auch bei den Germanen zusammen, es waren hauswirtschaftliche Aufgaben für den eigenen Bedarf und damit wohl vorwiegend, wenn nicht sogar ausschließlich Frauensache. Zur Mitgift junger Bräute gehörte lange Zeit auch der Braukessel und die Frauen hatten damals sicher auch die besseren Kenntnisse im Brauerhandwerk.

Der älteste bisher namentlich bekannt gewordene Bierbrauer – in diesem Fall handelt es sich um einen Mann – dürfte aus dem Rheinland stammen. Er lebte um das Jahr 200 in Trier, laut Inschrift auf seinem Grabstein hieß er Sattonius Capurillus und war von Berufs wegen Cervesarius, also Bierbrauer. Er hat sein Bier wohl an die römischen Söldner ebenso wie an seine Landsleute verkauft.

Die Trinkhörner der Germanen

Geradezu legendär wurden die Trinkhörner der Germanen, deren Gebrauch sich teilweise bis ins 15., ja sogar bis ins 16. Jahrhundert erhalten hatte. Die besten Trinkhörner stammten von Wasserbüffeln und Auerochsen, sie wurden vielfach kunstvoll gestaltet;

manche wurden reich beschnitzt, andere mit Silber- und Messingornamenten gefasst. Einige der älteren Trinkhörner waren mit Runen übersät. Dieses Wissensgebiet hat wie kein anderer Dr. Christian Rätsch erforscht:

„Darüber konnte der kundige Zauberer Macht gewinnen, wenn er die Runen richtig ritzte und mit einem Opfer von Blut, Ocker und Bier zum Leben erweckte. Manche Runen konnten Glück und Reichtum sichern, andere konnten Feinde abwehren, andere wieder zum Schadenzauber missbraucht werden."[46]

In altnordischen Quellen werden häufig Bierrunen erwähnt: „Bierrunen sollst du können, wenn du willst, dass dich die Frau eines anderen nicht betrügt, (d.h. nicht verrät), wenn du dich für sicher hältst ..."

In der Egilssaga heißt es, Bierrunen, die man in ein Trinkholz ritzt, werden als Liebeszauber wirksam, wenn man sich in die Hand sticht, das Blut über die Runen fließen lässt und einen geheimen Zauberspruch rezitiert. ... Diese magische Prozedur hilft auch gegen Schadenzauber oder tödliche Gifte. Ist in einem Trinkhorn Gift, so zerspringt es, wenn es mit den Bierrunen geweiht wird.

„Gelegentlich wurden zauberkräftige Runen in kleine Hölzer geritzt. Davon wurden Späne abgehobelt und in Bier aufgeschwemmt getrunken. Dadurch wurde die Runenkraft verinnerlicht. Hatte man Bierrunen zum Liebeszauber getrunken, so wurde man selbst unwiderstehlich."

Trinkhörner als Souvenir

Die drei magischen Bierrunen, die insbesondere als Liebeszauber wirken sollten, waren das altgermanische Wort für ein stark berauschendes, durch geeignete Zusätze vielleicht Liebeslust erweckendes Bier. Damit die drei Runen wirken konnten, mussten sie eingeritzt und mit Blut oder Blutstein bestrichen werden.

„Beim großen Herbstfest wurde alljährlich der Götter Wotan und der fruchtbarkeitsbringenden Göttinnen Fricka, Sif und Freia gedacht." Die Leinernte war dem Donnergott Thor geweiht. „Schon in der Edda heißt es, dass die Asen-Götter die Leinernte bei dem Meeresgott Ägil, dessen Braukessel berühmt war, feiern wollten."

Dieses Leinerntefest war ein Zechgelage, bei dem das Bier in Strömen floss ...

Das Trinken aus Muschelschalen für bierähnliche Ritualgetränke hat sich bei einigen Naturvölkern bis heute erhalten. Trinkhörner sind heute bei uns nur noch museale Objekte. Seit dem 19. Jahrhundert werden sie als Souvenirs angefertigt und sind heute in allen möglichen Größen und Ausformungen im Handel erhältlich.

Bier im mittelalterlichen Bayern

Die Zeit der Völkerwanderung

Obwohl unter dem römischen Kaiser Theodosius I. das Christentum erst in seinem Todesjahr 395 zur Staatsreligion erhoben wurde, war die christliche Botschaft schon im 2. Jahrhundert bis nach Schottland vorgedrungen. Die Missionierung unter den Germanenstämmen im frühen Mittelalter wurde begünstigt durch die Taufe des Merowingerfürsten Chlodwig I. um das Jahr 498. Als Missionare unter den Friesen ragen hervor die Angelsachsen Wilfrith von Jörg (+ 710), Willibroad (+ 739) und Winfried-Bonifatius (+754), der auch in Thüringen und Hessen missionierte; er wurde überdies zum Organisator der fränkischen Kirche und der bayerischen Bistümer.

„Bei den Südgermanen hat sich die alte Trinklust und das rituelle Minnetrinken noch lange nach der Zwangschristianisierung durch Karl den Großen erhalten. Im Jahre 1120 wurde das tägliche Maß Bier, das in der Fastenzeit zwischen Aschermittwoch bis Ostersonntag nach Anordnung des Domherrn Cuno zu Passau getrunken werden durfte, im Volksmund immer noch Minnetrunk genannt."[1]

So wie einst der deutsche Heide seine Götter durch Zutrinken geehrt hatte, so tranken nun die bekehrten Christen „auf jener Heiligen Gedächtniß". Der Kirche blieb nichts anderes übrig als das Minnetrinken in ihre Rituale aufzunehmen, „nachdem sie sich Jahrhunderte hindurch vergeblich bemüht hatte, dasselbe zu unterdrücken; kaum gelang es den Bischöfen, die Zahl der Heiligen zu beschränken, auf deren Gedächtniß oder Minne man trank."[2]

In Bayern kann bei der bäuerlichen Bevölkerung das Bierbrauen schon für das 8. Jahrhundert nachgewiesen werden, aber lediglich für den Hausbedarf und zwar in zahlreichen kleinen Hausbrauereien. Für den Eigenbedarf durfte also jeder sein eigenes Bier brauen, es war zumeist Frauenarbeit. Hatte jemand mehr gebraut, als er mit seiner Sippschaft trinken konnte, durfte er das öffentlich verkünden und sein Bier verkaufen. Man hing also eine Fahne oder ein sonstiges Utensil an einem Besenstiel oder einem sonstigen Stangerl vor die Haustür und wartete auf Kundschaft. Der Verkauf musste schnell gehen, weil ja das Bier damals schnell verdarb.

Die Zusammengehörigkeit von Backen und Brauen haben übrigens die Gebrüder Grimm in ihrem Märchen vom Rumpelstilzchen trefflich auf den Punkt gebracht:

„Heute back ich, morgen brau ich" (und übermorgen hol ich mir der Königin ihr Kind ...)

Bier im Hoch- und Spätmittelalter

Über die alltägliche Nahrung der Bauern vom 11. bis zum 15. Jahrhundert, insbesondere über deren Getränke, gibt es einen guten Überblick:

„Der Met stand unter den geistigen Getränken nach Alter und Beliebtheit an vorderster Stelle. Er wurde aus Wasser und Honig in einem bestimmten Verhältnis gemischt, dann gesotten und zur Ausgärung hingestellt; da er nicht sehr haltbar war, musste er bald getrunken werden. Der höfische Kulturkreis mit seiner Vorliebe für Wein hat seit dem 12. Jahrhundert das Ansehen des Mets in den höheren Schichten stark herabgesetzt, so dass sich dieser schließlich nur noch bei den Bauern und einfachen Leuten hielt. Die Herstellung des Bieres aus einigen bevorzugten Getreidesorten wie Gerste und Hafer war zwar viel schwieriger als die von Met, hat aber dennoch den Met im Laufe des Mittelalters vollständig verdrängt, da Bier unter Beigabe von Hopfen bedeutend schmackhafter war und sich auch viel länger hielt. An

Ernte im 12. Jahrhundert. Jungfrauenspiegel des Conrad von Hirschau

der Verbesserung der Bierzubereitung waren offenbar die klösterlichen Braustuben besonders beteiligt. Mit der Zeit wurden in vielen Dörfern unter grundherrschaftlicher Anleitung Braustuben errichtet, dann aber vor allem in Städten viele Brauhäuser erbaut, wo die Bierbraukunst zur höchsten Blüte gelangte. Je nach den Rezepten und Ausgangsstoffen entwickelten sich in den einzelnen Landschaften sehr verschiedene Biersorten; in den nördlicheren Gebieten, wo kein Wein angebaut wurde, wurde Bier dabei zum Hauptgetränk der Bevölkerung."[3]

Im frühen Mittelalter war in Bayern das Bierbrauen außerhalb der Klöster eine reine Familienangelegenheit. Während des späteren Mittelalters brauten die Bauern in größeren Mengen Bier für den Eigenbedarf. Es war immerhin so viel, dass Ende des 13. Jahrhunderts die bayerischen Herzöge für ein ganzes Jahr das Bierbrauen verboten, denn eine Missernte hatte das Getreide stark verteuert und der Bedarf der Brauereien hatte die Getreidepreise weiter nach oben getrieben.[4]

Herzog Ludwig II. der Strenge hatte durchaus Verständnis dafür, dass ein Bayer sein Bier braucht, auch wenn er sich's nicht mehr leisten kann. Es gibt eine Urkunde aus dem Jahr 1286, in der dem Heiliggeistspital von München folgendes zugestanden wird:

„Wir, Ludwig, von Gottes Gnaden Pfalzgraf bei Rhein und Herzog von Bayern, tun kund all denen, die dieses sehen, dass für die Armen und Kranken des Spitals des Hl. Geistes in eurer Stadt München oder vielmehr für deren Unterhalt dreißig Scheffel Münchener Maßes in Weizen und Haber alljährlich ins Gebräu genommen werden dürfen nach alter Gewohnheit der Bräuer, und dass sie dies brauen dürfen ohne all und jedes Hindernis ..."

„Kaiser Ludwig der Bayer (1282 – 1347) musste im Jahr 1317 von diesen braufreundlichen Verord-

Bäuerliche Arbeiten im Mittelalter

Ablieferung bäuerlicher Abgaben. Holzschnitt Augsburg 1479

nungen abgehen. Schon seine Vorgänger hatten das Bierbrauen stark eingeschränkt, weil durch Misswuchs und schlechte Ernten das Getreide und auch die Futtergerste knapp geworden waren, und weil die Klosterbrauereien aus dem Bierverkauf ein zu gutes Geschäft gemacht hatten.
1293 war es dann so weit, dass das Biersieden für den Handel nur noch den Regensburgern erlaubt werden konnte, und 1317 wurde so zu jenem schwarzen Jahr, in dem der Kaiser für ganz Bayern ein Brauverbot erlassen musste, damit man auf dem Lande eine bessere Kost haben möchte."[5]
Damals hätten die Bayern sich nicht nur dem Wein zugewandt, sondern auch entdeckt, dass das Haferbier doch eine säuerliche Angelegenheit sei, auf die man ganz gut verzichten könne.
Übrigens hatten die Landesherren später das Recht für sich in Anspruch genommen, „die Genehmigung zur Anlage einer Bräustatt zu erteilen. Nach diesem sog. Regal konnte das Braurecht an die ‚brauenden Stände', nämlich die Ritterschaft, die Prälaten und die stadt- und markteingesessenen Bürger erteilt werden. Dieses Vorbehaltsrecht geriet aber im 19. Jahrhundert in Vergessenheit. Zur Errichtung eines neuen Bräuhauses genügte schließlich eine stillschweigende Bewilligung, die nur der Zustimmung des bürgerlichen Magistrats bedurfte."[6]

„Die Produktion von Bier war in Bayern bis in das Hochmittelalter hinein in das System der Domänenwirtschaft eingebunden. Auf abgabepflichtigen Bauernhöfen in hauswirtschaftlichem Betrieb hergestellt, wurde es wie Getreide oder andere Feldfrüchte als Abgabe an den Grundherrn geliefert. Durch die Arbeit des Brauens wurden in Form einer Dienstleistung Scharwerks- und Frondienste der Untertanen abgegolten. Hierfür lassen sich in erster Linie in den Urbaren und Traditionen der bayerischen Klöster und Bistümer zahlreiche Beispiele finden."[7]
Vielleicht stammt die „Biersuppe" noch aus der Zeit, da die Bauern für ihren eigenen Bedarf brauten und das Bier so vielseitig wie möglich verwenden wollten; eine tüchtige Hausfrau hatte es also auch verkocht. Erna Horn weiß sogar ein Rezept dazu: Man hat das Bier „aufsprudeln lassen, abgeschäumt und dann mit einigen zerklopften Eiern und einer Prise Zucker glatt geschlagen. Zuletzt kommt noch etwas Milch dazu. Die Suppe wird mit gerösteten Semmelwürfeln angerichtet. Sie ist oft Frühstück, Willkomm für Gäste, Menübeginn oder Abendessen."[8]
Der Beginn des gewerblichen Brauwesens ist erst in das Hochmittelalter anzusetzen.
„Der Aufschwung der Städte und Märkte verstärkte den gleichzeitigen Aufschwung des gewerblichen Brauwesens, dazu wurden die in jener Zeit vermehrt gegründeten Spitäler mit Braurechten ausgestattet, wie etwa die beiden Heilig-Geist-Spitäler in Landshut (1252) und München (1286). In München, wo sich für die Zeit um 1372 nicht mehr als vier Braustätten nachweisen lassen, kam es zwischen 1390 und 1397 mit sieben Brauereigründungen zu einer ersten nennenswerten Gründungswelle. Im Gegensatz zu Norddeutschland jedoch, wo begünstigt durch die Hanse das Braugewerbe bereits im 14. Jahrhundert zu einem bedeutenden Wirtschaftszweig mit florierendem Binnen- und Außenhandel angewachsen war, stand in Bayern das Bier bis in das 16. Jahrhundert hinein an wirtschaftlicher Bedeutung weit hinter dem Wein zurück."[9]

Bierdeckel Hofbräuhaus Traunstein – Mittelalterromantik allenthalben

Vom Wein zum Bier

Zunächst ist wohl festzuhalten, dass Bier im Mittelalter zeit- und gebietsweise nur eine geringe Bedeutung hatte, ganz im Gegensatz zum Wein.
Für den Aufschwung des Brauwesens zu Beginn der Neuzeit wirkten mehrere Umstände zusammen:
Mitteleuropa erlebte im ausgehenden Mittelalter, besonders in den Jahren von 1570 bis 1610 eine Kalteperiode mit kühlen Sommern und einem dramatischen Temperatursturz in den Jahren um 1590. Dies wirkte sich für den Weinanbau nachteilig aus.
Zu Beginn des 16. Jahrhunderts veränderten sich die Trinkgewohnheiten in weiten Kreisen des Volkes, man achtete immer mehr auf den Geschmack und die Güte der Getränke.

Traubenjesulein 2. Hälfte 18. Jhdt.

Weinausleger am Klostergasthof Andechs

Schließlich haben landesherrliche Verordnungen mit ihren Reinheitsgeboten die Qualität der Biere erheblich verbessert.
„Während sich für den Weinbau ein Rückgang abzuzeichnen begann, erlebte das Braugewerbe den endgültigen Durchbruch zu einem der führenden Gewerbe im Nahrungsmittelbereich ...
Der einfache und billige ‚Baierwein', zumeist aus der näheren Umgebung stammend, verlor zunehmend seine Konkurrenzfähigkeit. Der Weinbau zog sich nördlich der Alpen in begünstigtere Lagen zurück, in Bayern vor allem in den Donauraum bei Regensburg, um sich dort auf Qualität statt auf Quantität zu konzentrieren ...
Zeitgleich mit dem Rückgang des billigen Massenweins ist ein gestiegenes Qualitätsstreben im bayerischen Brauwesen zu erkennen. Der noch im 14. Jahrhundert angewandten Praxis, dem Bier verschiedene Gewürze beizumischen, bereiteten die Ende des 15. Jahrhunderts durch die Wittelsbacher Herzöge erlassenen Reinheitsgebote ein rasches Ende.“[10]
Der Baierwein wurde schließlich wegen seiner Säuerlichkeit immer öfter geschmäht und verschmäht, ja man warf ihm sogar eine „nahe Verwandtschaft zum Essig“ vor. Mit der zunehmenden Entwicklung des Fernhandels im späten Mittelalter wurden immer mehr süße Weine aus südlichen Regionen importiert – soweit man sich dies leisten konnte. Besonders in höheren Kreisen wusste man die „Lieblichkeit südlichen Weins vom herben Gewächs kälterer Gegenden“ sehr wohl zu unterscheiden und zu schätzen.
Einige Kritiken des sauren Baierweins aus jener Zeit sind ebenso drastisch wie originell. So gab es den Begriff des „Dreimännerweines“, nach dessen Genuss es den Trinker so stark schüttelt, dass ihn zwei weitere Männer festhalten müssen, damit ihm nicht noch Schlimmeres widerfährt ... Auch die Schmähung als „Strumpfwein“ zielte auf die Säuerlichkeit ab – wer diesen Wein trinke, dem ziehe es alle Löcher zusammen ...

Sogar dem hl. Petrus wurde eine Legende angedichtet: Als er auf einer Wanderung am Klausenberg bei Landshut einen kräftigen Schluck Baierwein nahm, trieb es ihm die Tränen in die Augen – weshalb man diesen Säuerling „Lacrimae Petri", Tränen Petri nannte.

Nicht legendär, sondern belegt ist ein vernichtendes päpstliches Gutachten aus der Mitte des 15. Jahrhunderts: „... dir wird unwohl, wenn du davon trinkst, er ist scharf wie Essig oder ist verwässert, verderbt, flockig, sauer, ... von ebenso schlechtem Aussehen wie Geschmack." So urteilte der Schriftsteller, Dichter und Kanzleisektretär Kaiser Friedrichs III., der spätere Papst Pius II.

Aus Kruckenberg an der Donau ist ein besonders böses Gerücht überliefert. Wenn dort das Weintrinken angehe, „dann wird die Glocke des Kirchleins nachts 12 Uhr geläutet. Die Leute sollen wach werden und sich umdrehen, damit ihnen der saure Wein nicht die Magenwand durchfrisst."

Es sei aber nicht verschwiegen, dass über Jahrhunderte hinweg auch viele lobende Urteile über den Baierwein überliefert sind. Öfters ist auch zu lesen, dass man guten Baierwein leicht mit edleren Sorten verwechseln könne und dass man ihn gelegentlich auch als edlere Sorte verkaufe. Der Baierwein-Experte Theodor Häußler betont die gewissenhafte Überprüfung der Berichte, wonach überschüssige oder missratene Weinmengen zur Herstellung von Mörtel verwendet wurden. In Frauenzell bei Regensburg habe man „sauren Baierwein zum Mischen des Mörtels hergenommen und den grauen Kirchturm damit aufgemauert, dass er wie ein alter trunkfester Recke über all den Häusern steht."

Aus dem Jahr 1657 ist eine Regensburger Bauanleitung überliefert, wonach der Mörtel „mit Baierwein, Bieressig oder Weingelager (Bodensatz und Weinstein) angemacht" werden solle.

Von mehreren berühmten Bauwerken ist die Mörtelmischung mit saurem Wein überliefert, so von der Burg Trausnitz und der Martinskirche in Landshut, wo der Mörtel „zu besserer Dauer mit selbst erzeugtem Wein angemacht" sei. Ähnliche Überlieferungen gibt es aus Neuburg an der Donau, Bamberg, Würzburg, Kitzingen, Ulm und Tauberbischofsheim. Nach Auskunft von Bauforschern ist es durchaus nützlich, minderwertigen Wein zum Mörtelmischen zu verwenden.[11]

Ein später Nachgesang auf die Beliebtheit des Biers gegenüber dem Wein zeigt sich unter anderem auch in einer „Rede nach vollendetem Aufbau eines Brauhauses", die in gesammelten Bausprüchen 1853 in Druck ging. Die recht anspruchlosen, aber amüsanten Reime zum Richtfest lassen uns auch heute noch schmunzeln:

Ihr lieben Leute, höret an
ein passend Wort vom Zimmermann.
Es fließt nicht überall der Rhein,
es wächst nicht allenthalben Wein,
doch wo er fehlt, begnügen wir
uns gern mit einem Glase Bier.
Das gibt so gut dem Menschen Kraft
als wie der edle Rebensaft.
Ist nicht geschwefelt so wie er
und macht gleichwohl die Köpfe schwer.
Bekommt man es nur ungemischt
ist man ermattet; wie erfrischt
dann solch ein kräft'ger kühler Trunk:
Da wird man gleichsam wieder jung.
Auch zehrt der Wein, sowie man spricht,
Das thut das Bier hingegen nicht.
Vielmehr macht's Manchen voll und rund
und Schwächliche oft kerngesund.
Drum loben wir den edlen Trank
und sagen dem Erfinder Dank,
der dieses prächt'ge Surrogat
des Wein's zuerst bereitet hat.
Zwar ist er schon seit langem todt,
doch hat es deshalb keine Noth;
so lange man Getreide baut,
wird auch noch immerfort gebraut ...[12]

Klosterbrauereien

Von den Anfängen der klösterlichen Brautradition

Ein eigenes Kapitel der Kulturgeschichte des Bieres ist in den Klosterbrauereien geschrieben worden: Sie brauten schon sehr früh für den Eigenbedarf. Im christlichen Abendland verstanden es die Mönche als erste, verschiedene Arten von Qualitätsbier zu brauen; die Starkbiere bayerischer Klöster und ihre Brautraditonen sind bis heute berühmt. Die Grundlagen für die Klöster und auch die Klosterbrauereien schufen wohl iroschottische Mönche, allen voran der heilige Kolumban. Als Wandermönch gründete er im ausgehenden 6. und frühen 7. Jahrhundert mehrere Missionsklöster in England und Frankreich. Eines davon war Luxeuil in Burgund, wo man schon im 7. Jahrhundert braute. Luxeuil wurde der Ausgangspunkt für die Christianisierung Bayerns. Von dort kamen Eustasius und Agilus, die Gründer von Kloster Weltenburg, und „sie führten wohl auch die klösterliche Braukunst in Bayern ein. Die Sitten der Kolumbanklöster müssen äußerst streng gewesen sein. Wer dort mit der Gottesgabe Bier unachtsam oder verschwenderisch umging, musste mit empfindlichen Strafen rechnen.“[1]

Nicht immer allerdings, wie eine Legende vom Bierwunder Luxeuil beweist: „Eines Tages zapfte der dortige Braumeister gerade Bier in eine Kanne, als er überraschend von Abt Kolumban gerufen wurde. Er machte sich in eiligem Gehorsam sofort auf den Weg, vergaß aber vor lauter Eifer das Zapfloch zu schließen. Entgegen allen Erwartungen blieb er durch ein Bierwunder von der Strafe verschont. Als er nämlich zurückkehrte, war nicht ein einziger Tropfen übergelaufen, sondern das Bier hatte sich über die Kanne emporgetürmt! Das kam einem wahren Wunder gleich, denn Bier kannte man damals nur als nahezu schaumloses Getränk!“[2] Sogleich glaubte man an eine göttliche Fügung! Es könnte vielleicht das erste schaumige Bier gewesen sein, das hier zufällig entstanden war!

Es ist anzunehmen, dass in den Klöstern nördlich der Alpen bereits zur Zeit Karls des Großen Bier ein beliebtes und weit verbreitetes Alltagsgetränk gewesen ist. Dies erklärt sich auch dadurch, dass man das Bier wegen seiner hohen Nahrhaftigkeit als Lebensmittel betrachtete, das bei einem beachtlichen Teil der ärmeren Volkskreise zusammen mit einem Stück trockenen Brotes das Abendessen bildete.

Durch fromme Stiftungen und klugen Haushalt war den Klöstern seit alters her eine Fülle von Gütern zugewachsen. Nicht nur für den eigenen Bedarf, auch zur Versorgung von Armen, Kranken und Pilgern mussten die Klöster materiell leistungsfähig sein. Es war ihnen leicht möglich, geeignete Personen auszuwählen und für bestimmte Aufgaben auszubilden. So erzielten die Klöster im Weinanbau und im Bierbrauen oft größere Erfolge als die weltliche Konkurrenz.

Überschüssige Mengen an Wein und Bier durften verkauft oder in eigener Regie ausgeschenkt werden. Obwohl man das klösterliche Bier und dessen sozialen Einsatz lobte, neidete man den Klöstern ihre Abgabenfreiheit, die andere Brauer und Wirte als unlautere Konkurrenz betrachteten und erbitterte.[3]

Die Brau- und Schankrechte wurden vom Feudalherrn an die Klöster verliehen. Das Braurecht war seit dem frühen Mittelalter an einen vorgeschriebenen Grundbesitz gebunden. Gerade im süddeutschen Raum wurde seit dem 14. Jahrhundert vielen Klöstern das Braurecht zugesprochen.

Im Mittelalter dürfte es allein in Deutschland wohl mehr als 500 Bier brauende Klöster gegeben haben. Eine große Rolle für die Beliebtheit des klösterlichen Biers spielten sicherlich auch die strengen Fastengebote, von denen es aber eine besonders schmackhafte und nahrhafte Ausnahmeregelung gab. Sie lautete: Potus non frangit ieunium – Ein Trunk bricht das Fasten nicht. Damit erlangte das Bier gerade in der Fastenzeit existenzielle Bedeutung! Denn zeitweilig durften Mönche vor Weihnachten und vor Ostern außer einer einzigen Mahlzeit täglich 40 Tage lang nur Flüssiges zu sich nehmen.

Über die einstigen Trinkgewohnheiten der Mönche im Kloster Andechs kursiert eine Anekdote. Demnach kontrollierte der Abt die freiwilligen Fastenopfer, damit keiner seiner Mitbrüder durch zu strenges Fasten gesundheitlichen Schaden nehme. Jeder Mönch musste aufschreiben, welches Fastenopfer er zu erbringen gedenke. Der Braumeister Frater Jakob hatte sich vorgenommen, an den Tagen zwischen Aschermittwoch und Ostern nur zehn Maß Bier zu trinken ... Dies soll einem Be-

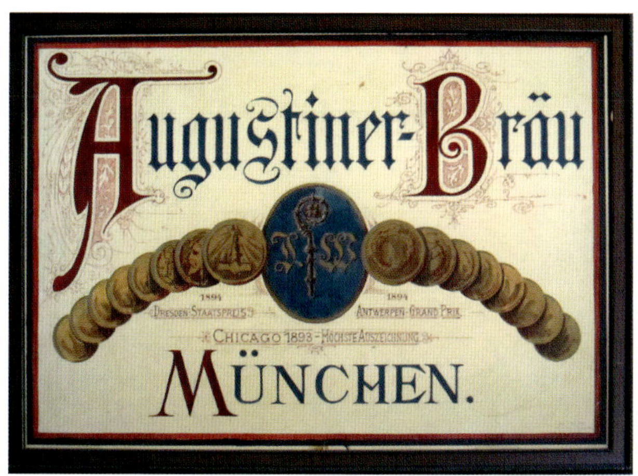

Andechser Bierkrug

Aldersbacher Jubiläumskrüge

Der heilige Berg von Andechs

Klosterkirche Andechs

Klosterkirche Andechs

richt zufolge einen Verzicht von vier bis fünf Maß täglich bedeutet haben. Von den alten Andechser Brauern soll der letzte bei 15 Maß täglich uralt geworden sein ...[4] Was aus medizinischer Sicht nahezu an ein Wunder grenzt und die Glaubwürdigkeit solcher Berichte in Frage stellt.
Unser deutsches Wort Bier dürfte übrigens aus dem Kirchenlatein der Mönche stammen: bibere = trinken, biber = Trank; daraus entwickelte sich wohl das althochdeutsche „bior", was so viel wie „das Gebraute" bedeutet. Der sprachliche Weg zum „Bier" war dann nicht mehr weit. Nach einer anderen Version stammt unser Wort für Bier aus dem germanischen „beor", aber auch mit dem Wort „alu" haben die Germanen ihr Bier bezeichnet. „Beor" und „alu" blieben im Englischen als beer und ale lebendig.

Der Klosterplan von St. Gallen

In vielen baugeschichtlichen und kunsthistorischen Fachbüchern ist der schematische Bauplan des Schweizer Benediktinerklosters St. Gallen vom Jahr 820 vermerkt und gelegentlich auch abgebildet. Diese Schemaskizze zeigt bereits die damalige Idealform einer Brauerei und ihrer Gerätschaften. Das Kloster St. Gallen bewirtschaftete bereits im 9. Jahrhundert einen so ausgedehnten und ertragreichen Besitz, dass es gleich drei Braustätten unterhalten konnte.
Eine Brauerei war für die Herstellung von Dünnbier für die Pilger und Bettler bestimmt, die aus christlicher Nächstenliebe kostenlos verpflegt wurden. In der zweiten Brauerei wurde Normalbier gebraut für die Mönche und in der dritten Brauerei wurde das besonders süffige Bier für den Abt und dessen Gäste gebraut. Der Plan zeigt neben den drei Brauhäusern eine Darre, eine Malzquetsche sowie mehrere Kühl-, Gär- und Lagerräume. Die Darrhorden waren aus Weidengeflecht gefertigt und liefen um einen Darrofen herum. Dieser war aus Ziegelsteinen gemauert, seine heißen Gase, Dämpfe und Rauchschwaden zogen über das werdende Malz hinweg und durch einen offenen Kamin ins Freie. Diese Mälzerei „stellte also Rauchmalz her, das nach dem Abdarren in großen Mörsern zerstampft und zerrieben wurde und damit zum Biersieden gebrauchsfähig war."[5] Der Dreschraum war in Form eines Kreuzes geplant, wo-

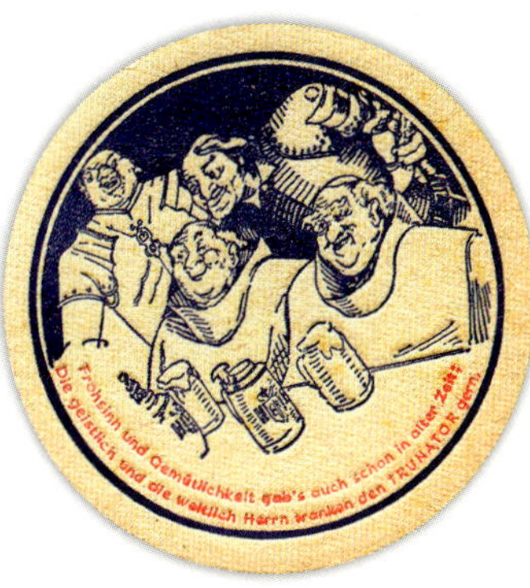

Klosterkirche Aldersbach

Deckengemälde der Klosterkirche Aldersbach

von man sich Gottes Segen erhoffe, denn die Herstellung von gutem Bier erforderte große Fachkenntnisse, vielerlei technische Hilfsmittel und große Sauberkeit.

Dieser Idealplan einer benediktinischen Musteranlage darf allerdings „nicht kritiklos auf die später in Bayern gegründeten Benediktinerklöster übertragen werden. Gerade wegen der Naturalabgaben (abgabepflichtiger Bauernhöfe) in Form von Bier konnten die Klöster auch ohne eigenen Braubetrieb die benediktinische Pflicht zur Selbstversorgung einhalten."[6]

Aus St. Gallen sollen auch spezielle klösterliche Trinksitten überliefert sein. So tranken Mönche und Pilger in der Klosterbrauerei zunächst die „Cervisia nonalis", das Neun-Uhr-Bier. Sie gedachten damit der neunten Stunde – als Jesus am Kreuze schmachtete und rief: „Mich dürstet." Den gleichen Brauch übten später die Mönche in Köln, die um neun Uhr vormittags ein gesegnetes Starkbier namens „Paternus" tranken. Im Refektorium trank man an Sonn- und Feiertagen und an Festen stärkeres Bier, an Werktagen jedoch dünneres.

Die ältesten bayerischen Klöster und ihre Brauereien

Die Liste berühmter Klosterbiere war einmal sehr lang. Weltenburg an der Donau gilt als das älteste Kloster Bayerns. Es wurde angeblich schon im frühen 7. Jahrhundert gegründet. Der Agilolfinger Herzog Tassilo erhob die Zelle im 8. Jahrhundert zur Benediktinerabtei. Nach Zerstörung in den Ungarnstürmen erwachte das Kloster unter Bischof Wolfgang zu neuem Leben. Es erhielt nach Maßgabe der meisten Autoren schon Mitte des 11. Jahrhunderts die „Braugerechtsame, die damals das Brau- und Schankrecht begründete."

Die Errichtung des Bistums Freising erfolgte um 739 durch Bonifatius; schon um 720 hat sich der fränkische Wanderbischof Korbinian hier aufgehalten. Auf dem benachbarten Berg, dem späteren Weihenstephan, ist 757 eine Stephanskirche erwähnt, im Jahr 1020 wurde hier eine Benediktinerabtei gegründet. Diese soll schon um 1040 das Brau- und Schankrecht erhalten haben.

Zu den ältesten Klöstern Bayerns gehören die Benediktinerabteien St. Emmeram in Regensburg, gegründet schon im 7. Jahrhundert, ferner Benediktbeuern, Tegernsee, Wessobrunn, Niederaltaich, Metten und Münchsmünster im 8. Jahrhundert. Auch das Augustiner-Chorherrenstift Herrenchiemsee und die Stifte Regensburg wurden schon im 8. Jahrhundert gegründet, das Benediktinerkloster Raitenhaslach im 12. Jahrhundert.

Vermutlich wurde in allen diesen Klöstern Bier gebraut, ohne dass sich in Urkunden und Chroniken viel darüber finden lässt. Der Benediktinerpater Willibald Mathäser, der aus dem bekannten Brauergeschlecht stammte, gibt für den Braubetrieb der frühen Klöster eine überzeugende Erklärung:

„Das Brauen war ein Klosterhandwerk wie das Backen, Metzgern, Schreinern, Schneidern auch. Wer zeichnete denn schon vom tagtäglichen Wirken eines Handwerkers recht viel auf? Seine Arbeit, auch die des Brauers, war eine Selbstverständlichkeit, über die es wenig zu sagen, noch viel weniger zu schreiben gegeben hätte. Eines mag freilich verwundern, wenn man die Gründungsjahre der mittelalterlichen Klöster mit den Jahresangaben über das sehr viel spätere Entstehen ihrer Klosterbrauereien vergleicht … Das will aber nur besagen, dass die Klöster das Alter ihrer Brauereien auf dasjenige zurückführen, in dem sie das Recht erhielten, ihr ursprünglich nur für den eigenen Hausgebrauch bestimmtes Gebräu auch öffentlich zu verzapfen und käuflich abzugeben ... Somit wurde das klösterliche Handwerk des Bierbrauens allmählich zu Gunsten der Klosterkasse zum Gewerbe. Die Klosterbrauereien wurden dabei den Gewerbeordnungen unterstellt, die für alle galten, die Bier in den Handel und zum Verkauf brachten. Bald konnten sie mit weltlichen Braustätten in Land und Stadt bestens konkurrieren."[7]

Über die Frühzeit des Bierbrauens in Kloster Metten berichtet beispielhaft Benediktinerpater Prof. Dr. Stephan Haering:

„Gebraut wurde in Metten wahrscheinlich seit der Gründung des Klosters. Das Fehlen einer guten Trinkwasserquelle innerhalb des Klosterbezirks zwang die frühen Mönche schon bald, ein künstlich veredeltes Getränk, also Bier statt Wasser zu trinken, da das Wasser beim Brauen entkeimt und damit unschädlich gemacht wurde. In den Donauauen und in den Bachniederungen stand reichlich wilder Hopfen für die Bierherstellung zur Verfügung. Als Braugetreide diente in der frühen Zeit wahrscheinlich vor allem Hafer. Zunächst wurde der Bierbedarf des Klosters nicht nur aus der eigenen Brauerei gedeckt, sondern auch durch Ablieferungen der Höfe diesseits und jenseits der Donau, über die das Kloster die Grundherrschaft ausübte und die ihrerseits für den eigenen Bedarf Bier brauten. Seit dem 10./11. Jahrhundert weitete dann das Kloster sein Brauwesen aus und versorgte die Grundholden über Tavernen mit Bier, nicht zuletzt um sich neue Einnahmequellen zu erschließen.

1051 verlieh Kaiser Heinrich III. dem Kloster das Recht, zu Pfingsten und am Michaelstag Märkte abzuhalten, zu denen die Leute aus der Umgebung zusammenströmten. Ildefons Poll meint wohl mit Recht, dass an solchen Tagen, ‚damals wie heute von den Marktbesuchern manche Maß hinter die Binde gegossen' wurde und daher ein Anreiz bestand, dem Braugewerbe größere Aufmerksamkeit zuzuwenden. Nicht nur der nüchterne Sinn des Historikers, sondern eine lebendige, vielleicht auch durch Anschauung geschulte Vorstellungsgabe drückt sich bei Poll aus, wenn er schreibt: ‚Wie oft mag da der Ökonom des Klosters mit stiller Befriedigung die sengende Sommerhitze der Pfingsttage und des Michaelimarktes wahrgenommen haben, die die Kehlen der aus weiter Umgebung herbeigeeilten Bauern austrocknete und Anfeuchtung mit mancher Maß guten Klosterbieres heischte'. Wein sei für diese Gelegenheiten in Metten nicht in Frage gekommen, da die österreichischen Weinberge nicht einmal für den Bedarf des Klosters selbst ausreichten ...

Ein Wort sei noch zum Personal der Brauerei angefügt. Abgesehen von der Periode der Hirsauer Re-

Augustinermönche im Bierkeller um 1900 (Richard Linderum)

form, in der höchstwahrscheinlich Laienbrüder das Bier brauten, lag die Herstellung des Bieres stets in den Händen weltlicher Bediensteter des Klosters ..."[8]

So sehr man die guten Klosterbiere auch schätzte, den Mönchen gönnte man sie anscheinend nicht: Bereits im Mittelalter legten es gewisse Kreise darauf an – allen voran auch Maler ihrer Zeit – ein bis heute vorherrschendes Klischee in die Welt zu setzen: Den immerzu trunkenen Mönch, der gerade der romantischen Rezeption des 19. Jahrhunderts entgegenkommt: Das Motiv des bierseligen Mönchs, der in dümmlicher Zufriedenheit vor seiner Maß dahindämmert, die Hände gottergeben über dem Bierbauch gefaltet. Diese Darstellung erfreute sich großer Beliebtheit. Und noch mehr das Thema mit mehreren zechenden Mönchen, alle vereint in geselliger Runde in schaurig düstren Kellergewölben zwischen Kerzen, Kruzifixen und malerisch drapierten Bierfässern ...

Gehässige Spottverse entstanden und fanden nach der Erfindung der Buchdruckerkunst zunehmend rasche Verbreitung. Von der „viehischen Sauflust" der Mönche wird gesprochen, die Klöster werden als „Schauplätze tumultuarischer Orgien" bezeichnet und noch vieles andere mehr. So zeigt zum Beispiel die sogenannte „Pfaffenkirmes" – ein Holzschnitt von Peter Flötner aus dem Jahr 1536 – eine ins Maßlose übersteigerte „Fress- und Kotzorgie". Eine Feindseligkeit, die ihresgleichen sucht, strotzend vor anzüglicher Symbolik.

Vor nichts schreckte man zurück, der Fantasie waren Tür und Tor geöffnet.

Es wäre einer Untersuchung wert, den Hintergründen dieser Spottgesänge nachzugehen.

Der Mönch als Sündenbock einer einst von Unfreiheit, Unterdrückung, Elend, Armut und Pestilenzien heimgesuchten Zeit?

Die Tatsache, dass die Klöster zu allen Zeiten Stätten der Kunst, der Bildung und der Wissenschaften waren, scheint leider fast in Vergessenheit geraten zu sein.

Das Ende der Klosterbrauereien

Mit der Säkularisation im Jahre 1803 war für die meisten Klosterbrauereien das Ende gekommen. Hintergrund für die Säkularisation war auch mit die Tatsache, dass Napoleon Frankreichs Ostgrenze bis an den Rhein ausgedehnt hatte. Den Reichsständen bot er an, sich östlich des Rheins einen entschädigenden Ausgleich zu holen und zwar zu Lasten der katholischen Kirche. Geistliche Fürstentümer fielen an weltliche Herren, die katholische Kirche verlor mehrere Erzbistümer und Bistümer, zahlreiche Klöster und Stifte.

So hatte es ein Ausschuss des Reichstages im berühmten Reichsdeputationshauptschluss von 1803 verfügt.

Am 25. März wurde der Vertrag ratifiziert, schon am 17. Februar waren die Vorbereitungen zur Klosterauflösung bereits abgeschlossen worden und am 11. März hatte der Kurfürst die „Instruktion für die zur Besitznahme der Güter und des Vermögens sämmtlicher ständischer Manns- und Frauenklöster der oberen alten Churlanden ..." drucken lassen.[9]

Der große Kirchensturm begann – eine bayerische Kulturrevolution fand statt: Die Überführung kirchlichen Besitzes in den weltlichen. Kirchen und Klöster wurden gnadenlos geplündert, unersetzliche Kunstschätze zerstört oder eingezogen. Mit den 131 betroffenen Klosterniederlassungen wird eine ehrwürdige Tradition zerstört und eine alte gewachsene Kulturlandschaft vernichtet.

Das Restaurierungswerk König Ludwigs I.

Bayern hatte in Artikel 7 des Konkordats mit dem Heiligen Stuhl vom 5. Juni 1817 versprochen, „einige Klöster beiderlei Geschlechts vor allem für die Jugenderziehung und zur Unterstützung der Seelsorge wieder zuzulassen und mit einer angemessenen Dotation auszustatten.

Die bayerische Regierung unter König Max I. Joseph hatte es aber durchaus nicht eilig, diese Zusage zu erfüllen. Das Konkordatsversprechen wurde vielmehr so ausgelegt, als würde es sich dabei nur um die wenigen Reste jener Klöster handeln, welche die Säkularisation überlebt hatten und noch nicht ausgestorben waren. Deshalb erhielten nur jene Landesteile, die erst nach 1803 zu Bayern gekommen waren, die Genehmigung, wieder Novizen aufzunehmen. Dies betraf nur Regensburg und einige fränkische Klöster. „So scheinheilig deutete die bayerische Regierung völlig unmissverständliche Verpflichtungen aus dem Staatsvertrag mit dem Vatikan, um sich um sie zu drücken."[10]

Dies änderte sich allerdings mit dem Regierungsantritt König Ludwigs I. im Jahre 1825. Sein Rechtsgefühl und wohl auch sein Gewissen drängten ihn zu einer Erfüllung des Konkordatsversprechens. Doch die Staatsverwaltung bestand weitgehend noch aus antiklerikalen Ministern, zum Teil sogar noch aus den Jahren der Säkularisation; diese taten alles, um die Pläne des Königs zu durchkreuzen. So sah sich dieser genötigt, sein Restaurierungswerk auf eigene Kosten zu verwirklichen. „Bis zum Jahr 1837 werden auf Ludwigs Veranlassung 75 klösterliche Niederlassungen neu gegründet. So macht der Sohn zum Teil wieder rückgängig, was der Vater allzu sorglos begonnen hatte."

Heutige Klosterbrauereien

Von den einstigen 500 Klosterbrauereien aber haben sich gerade noch ein Dutzend in den Händen von Mönchen erhalten. Zu diesem ehrwürdigen Restbestand gehört auch das Kloster Weltenburg. Sein vollmundiges „Weltenburger Kloster Barock Dunkel", sein „Weltenburger Kloster Anno 1050" sowie sein „Weltenburger Hefe-Weißbier-Hell" wurden mit Goldmedaillen im DLG-Wettbewerb ausgezeichnet. Das Kloster Weihenstephan war der Säkularisation endgültig zum Opfer gefallen, die altehrwürdige Kirche und alle Kapellen wurden zerstört, alle Besitztümer waren an den bayerischen Staat übergegangen. Die zugehörige Brauerei wurde im Jahr 1892 zur „Landwirtschaftlichen Centralschule", deren Nachfolger seit 1919 Hochschule wurde und seit 1930 Teil der heutigen Technischen Universität München – sie untersteht damit als einzige Brauerei dem Bayerischen Kultusministerium. Diese Staatsbrauerei ist weithin berühmt und hat das Bierbrauen

Klostergasthof Andechs

Biergarten in Andechs

Kunstwerk in Andechs

Biertrinker in Andechs

zu einer ernsten Wissenschaft erhoben. Besonders süffig ist ihr malzaromatischer Doppelbock „Korbinian“ mit 7,4 Vol.- % Alkoholgehalt.

Auch im Kloster Andechs, 1455 gegründet, wurde Bier schon im Mittelalter gebraut. Das Zapf- und Tavernrecht wurde vom bayerischen Herzog Albrecht im 15. Jahrhundert bestätigt. Der beliebte Klostergasthof stammt aus dem 17. Jahrhundert. Die Benediktinermönche haben die Brautradition jahrhundertelang bis zum heutigen Tag fortgesetzt. Besonders beliebt ist das aromatische obergärige „Andechser Weißbier“. 1972 entschied sich das Kloster für den Bau einer völlig neuen Brauerei, um das Braugeschäft mit modernster Technik fortführen zu können.

Berühmt ist auch die Klosterbrauerei Scheyern in der Hallertau, ebenfalls eine alte Benediktinerabtei, sie wurde für ihren „Benediktiner Weizen“ mit Gold ausgezeichnet.

Im Kloster Irsee wurde schon im frühen Mittelalter von den Mönchen ein besonderer Trunk gebraut. Auch heute noch entsteht dort in „kupfernen Sudkesseln aus würzigem Malz, Wasser und mildem Hopfen die Bierwürze. Acht bis zehn Tage dauert die Hauptgärung in traditionellen Gärbottichen. 80 bis 180 Tage reift das Irseer Klosterbier im Gewölbekeller bei Temperaturen um den Gefrierpunkt zu seiner natürlichen Klarheit heran.“[11]

Der Bischofsstab des Hl. Augustinus

Vom Kloster St. Jakob in München wurde der Braubetrieb in späteren Jahren von angestellten Braumeistern betrieben. „Im Jahr 1803 wurde die Braugerechtigkeit im Rahmen der Säkularisation zuerst an den letzten Braumeister verpachtet, nach Abbruch der Brauerei dann mehrfach spekulativ veräußert. Erst 1851 erwarb sie der Zengerbräu Xaver Hierl und begründete mit ihr den späteren Bürgerbräu an der Kellerstraße ...“[12]

Auch das Augustinerkloster wurde im Jahr 1803 aufgelöst. Die Ordensgeistlichen wurden zwangsweise auf Münchner Pfarreien verteilt und aus der prächtigen Kirche wurde gar eine Mauthalle. Die zugehörige Brauerei wurde privatisiert und erlebte mehrfachen Besitzwechsel; das Augustiner Bräu befindet sich als einzige Münchner Brauerei immer noch in privatem Besitz.

Auch das Paulanerkloster in München, das 1806 von dem Brauer Franz Xaver Zacherl gepachtet wurde, ist 1813 zum berühmten „Paulaner Salvator“ umgetauft worden. Wenn auch überall in den Klosterbrauereien unserer Tage der würzig süffige Urtrank wie in alten Zeiten langsam und stetig reift und jedes Kloster über sein eigenes Geheimrezept verfügt – gebraut wird heute immer noch, ausschließlich und überall in Bayern und in ganz Deutschland nach dem Reinheitsgebot aus dem Jahr 1516 ...

In manchen Nonnenklöstern verstand man sich ebenfalls bestens auf die Bierbrauerei.

Leisteten doch gerade die Nonnen Pionierarbeit auf dem Gebiet der Kräuterkunde – man denke nur an die Benediktinerin Hildegard von Bingen!

Berühmt durch ihre Braukunst wurden vor allem die niederbayerischen Frauenkloster Ursberg und Mallersdorf, letzteres auch heute noch ein wunderbares Zeugnis einer langen Tradition. Übrigens wurde einst auch die Kunst des Lesens und Schreibens von Nonnen gepflegt und weitergegeben.

Kloster Aldersbach und sein Brauereimuseum

Für das 1146 gegründete Zisterzienserkloster Aldersbach ist bereits im Jahr 1268 eine Brautätigkeit belegt. Dabei handelt es sich um eine Pergamenturkunde, aus der hervorgeht, dass ein Adeliger das „Ausbleiben der ihm jährlich vom Kloster zustehenden Menge Bieres beklagt".[13] Demnach muss es schon vor dem Jahr 1268 zumindest eine kleine Kloster-Hausbrauerei gegeben haben. „... et quidam certam mensuram cervisie ..." – ein gewisses Maß Bier – sei vom Kloster alljährlich zu liefern, heißt es in diesem Dokument. Anscheinend übte dieser Adelige Schutzrechte über das Kloster aus. Aus diesem Grund war es zu der Bierlieferung verpflichtet.[14]

Jubiläumskrug

Das „eigentliche Volksgetränk"[15] war zu jener Zeit noch der Wein aus den klösterlichen Weinbergen, dessen Güte sich durch die Klimaveränderung jedoch seit dem 16. Jahrhundert deutlich verschlechterte, so dass das Bier nun an seine Stelle trat.

Wie auch bei anderen Klosterbrauereien stieg der um 1500 noch recht bescheidene Bierausstoß jetzt um ein Vielfaches. Für diesen stetig steigenden Bierkonsum errichteten die adeligen Landesherren gleichzeitig vielerorts Schlossbrauereien, schon um ihre eigenen Finanzen aufzubessern. Im frühen 17. Jahrhundert folgten schließlich landesherrliche Eingriffe in klösterliche Braurechte. „Selbst Aldersbach musste um seine Gerechtigkeit fürchten, da die entsprechenden Privilegien wegen der Verwüstung des Klosters im Dreißigjährigen Krieg nicht mehr vorgelegt werden konnten. 1644 endlich bestätigte Kurfürst Maximilian I. dem Kloster seine Braugerechtigkeit."[16]

1803 traf die Säkularisation auch Aldersbach.

Ernst Adam Freiherr von Aretin, der 1811 das Kloster samt der Brauerei erworben hatte, konnte den entstandenen wirtschaftlichen Ruin mit viel Geschick und Umsicht auffangen. Seit dieser Zeit „ist dieses Klostergut durch all die Generationen ununterbrochen mit der Familie Aretin verbunden".[17]

„Die Familie des Freiherrn von Aretin sieht es weiterhin als ihre Aufgabe, in Aldersbach Bier nach traditionellen Rezepten der Mönche in einem modernen Betrieb zu brauen. Hochwertiges bayerisches Bier zu brauen bedeutet für diese Familie auch Verbundenheit mit Land und Leuten, der bayerischen Lebensart und Gemütlichkeit."[18]

Eine besondere Sehenswürdigkeit und geradezu ein Pilgerort für Bierkenner ist das Brauereimuseum Aldersbach, 1979 als „erstes privates Brauereimuseum in Bayern" eröffnet. Traditionsbewusst hat man hier schon seit geraumer Zeit die im Zuge der stetigen Modernisierung ausgedienten Geräte, Maschinen und Werkzeuge aufbewahrt. Die Sammlung veranschaulicht vor allem die umwälzenden technischen Veränderungen und Arbeitsweisen seit der Zeit um 1900.[19]

Das Kloster Aldersbach ist ein Juwel in der niederbayerischen Landschaft. Die Klosterkirche ist eine der großartigsten Schöpfungen des bayerischen Barock. Obwohl von der mittelalterlichen Klosteranlage so gut wie nichts mehr erhalten ist, atmet das im 18. Jahrhundert vollkommen neu erbaute Kloster dennoch den Geist der zisterziensischen Solidität und Einfachheit.

Luther und sein Bier

Ein oft zitiertes, allerdings ungewöhnliches Beispiel für die Braukunst der Nonnen ist Katharina von Bora, die spätere Ehefrau von Martin Luther. Schon mit 16 Jahren kam sie in das Zisterzienserkloster Marienthron, wo sie den Beruf der Bierbrauerei erlernte und auch die Brauberechtigung erhielt.

Dass Luther mit seiner Heirat nicht nur auf Unverständnis stoßen, sondern auch Verachtung auf sich ziehen würde, war ihm bewusst. Immerhin handelte es sich um einen ehemaligen Mönch und eine Nonne. Doch allen Anfeindungen zum Trotz wurde geheiratet. Von den Hochzeitsvorbereitungen ist u.a. Folgendes überliefert:

Von zwei Freunden erbittet Luther, ihm mit Wildbret und mit einer Spezialität aus Torgau zu seiner Hochzeitsfeier zu dienen.

„Daß nun mein Vater und Mutter und alle guten Freunde desto fröhlicher seien, lässt Euch mein Herr Katherin und ich gar freundlich bitten, daß Ihr uns zum guten Trunk ein Faß des besten torgauischen Biers, so Ihr bekommen mögt, wollet auf meine Kosten ... hierher führen lassen. Ich will Fuhrlohn und alles redlich geben. Ich wollte wohl Fuhre geschickt haben, wußte aber nicht, ob ich's treffen würde, denn es muss ausruhig und kühle werden, daß es wohl schmecke, und setze die Straf darauf, wo es nicht gut ist, daß Ihr's allein sollt aussaufen!"[1]

Martin Luther und Katharina von Bora

Nach der Hochzeit braute Katharina weiterhin Bier in Heimarbeit. Luther bekam von einigen Fürsten zwar zusätzlich des öfteren Bier als Ehrengabe geschenkt, doch das Bier seiner Frau blieb sein Leibgetränk. Immer wieder gedenkt er in seinen Briefen seines geliebten häuslichen Bieres:

„Gestern hatte ich einen bösen Trunk gefasset, da mußt ich singen: Trink ich nicht wohl, das ist mir leid, und tät's so rechte gerne. Und gedacht, wie gut Wein und Bier hab ich daheime, dazu eine schöne Frauen oder (sollt ich sagen) Herren. Und Du tätest wohl, daß Du mir herüberschicktest den ganzen Keller voll meines Weins und eine Flaschen Deines Biers, so schnell Du kannst, sonst komme ich wegen des neuen Biers nicht wieder."

Am 2. Juli 1540 schreibt er aus Weimar: *„Liebe Jungfrau Käthe, gnädige Frauen von Zülsdorf (und wie Euer Gnaden mehr heißt)! Ich füge Euch und Euer Gnaden untertäniglich zu wissen, daß mir's hier wohl gehet. Ich fresse wie ein Böhme und saufe wie ein Deutscher, das sei Gott gedankt, Amen."* Noch im letzten Brief, zwei Tage vor seinem Tod, scherzt er: *„Wir haben hier zu essen und trinken vollauf als die Herren, und man wartet unser gar schön und allzuschön, daß wir Euer wohl vergessen zu Wittenberg."*

Grundsätzlich hatte Luther aber eine sehr kritische Einstellung zum Alkohol und zum Rausch. In einem Brief an seine Frau hat er es auf den Punkt gebracht: *„Und wird solch ewiger Durst Deutschlands Plage bleiben bis an den Jüngsten Tag."*

In einer seiner Tischreden hat Luther der Trunkenheit zusammen mit der Völlerei und dem Müßiggang eine drastische Abfuhr erteilt:

„Wider einer solchen Gewalt und Macht sind wir volle Deutschen faulfressige Säue, gehen müßig, schlinken, schlankern, fressen, saufen, spielen, treiben allerlei Muthwillen und Bubenstücke, lassen uns nichts zu Herzen gehen noch bewegen so viel große jämmerliche Schlachten und Niederlagen des armen deutschen Kriegsvolkes. Denn der Türk hat in 30 Jahren so gewaltig zu-

genommen, daß er ist worden ein Herr in Egypten, Arabien, Persien, Asien und in ganz Griechenland ... Die werden nicht alt werden; denn das Beste vom Menschen vergeht mit der Trunkenheit."[2]

Bezeichnend für Luthers Verhältnis zum Bier ist ein Wort von Herzog Erich I. von Braunschweig: Bier habe er über alle Maßen geliebt und wenn er es nicht immer zur Nacht gehabt hätte, wäre ihm manches fehlgeschlagen.

Zum Schluss von Luther eines seiner altersweisen Worte: *„Schwere Biere sind die Milch des Alters."*

Dass sich Luther aber nicht über die gerade aufgeführten Bierzitate definiert, steht wohl außer Frage.

Teufelserscheinung, Bild um 1730

„Wider den Saufteufel!"

Moralische Schriften, die den Suff verurteilen, überboten sich damals, was sicherlich auch im Zusammenhang mit der Erfindung der Buchdruckerkunst zu sehen ist. So schrieb im Jahre 1531 Sebastian Franck zum Beispiel: „*Von dem grewlichen laster der trunckenheit*" und Matthew Friedrich im Jahre 1552: „*Wider den Saufteufel*".
Ein Autor berichtet, dass es damals durchaus vorkam, dass die Bauern ihre Bierkrüge mit in den Gottesdienst in die Kirche nahmen, „sich daraus zutranken und die Deckel dem Pfarrer klappernd ins Wort fallen ließen, ja dass an hohen Festtagen ganze Fässer voll Wein und Bier in die Kirche getragen und dort ausgetrunken wurden."[1]

Hexen bechern mit Teufeln und Zauberern rotes Bier aus Gläsern. Holzschnitt 17. Jhdt.

Ein Linolschnitt aus Dänemark aus dem 16. Jahrhundert zeigt einen Geistlichen auf der Kanzel, der in heiligem Zorn die Bibel auf die unter ihm saufenden Störenfriede herabschleudert. Die in den Bänken sitzenden Gläubigen allerdings sehen diesem „Zwischenfall" in abgebrühter Gelassenheit zu ...
Aus der Klosterkirche Weltenburg berichtet Birgit Eckelt folgende Anekdote:
„In diesem Gotteshaus ging es nicht immer nur andächtig zu. Eine Zeit lang ... sollen nämlich ausgerechnet im Kellergewölbe unter der Kirche Bierfässer gelagert worden sein. Niemand störte das – bis zum Sommer 1895. Das Wetter war so schlecht, dass der übliche Besucheransturm ausblieb und sich das übrig gebliebene Bier

Fegefeuerdarstellung in der ehem. Augustinerchorherren Stiftskirche in Dießen

Fra Angelico: Hölle, 15. Jhdt. (Detail)

in den Fässern langsam in Essig verwandelte. Durch die lange Nachgärung wurde es allmählich unruhig und machte sich immer häufiger lautstark bemerkbar. Das war schließlich auch in der Kirche nicht mehr zu überhören. Während der Predigt konnte man plötzlich recht unanständige Geräusche vernehmen, so laut, dass selbst die Andächtigsten in schallendes Gelächter ausbrachen und der Pfarrer den Gottesdienst abbrechen musste. Der peinlichen Angelegenheit folgte ein saftiger Streit mit dem erzbischöflichen Ordinariat und schließlich der Bau eines neuen Lagerkellers. Die Weltenburger Brautradition blieb davon – Gott sei Dank – unberührt."

Die Bibel warnt an vielen Stellen vor übermäßigem Alkoholgenuss: „Wehe denen, die des morgens früh auf sind, des Saufens sich zu befleißigen und sitzen des Nachts, dass sie der Wein erhitzt", heißt es bei Jesaias (5,11). In den Sprüchen Salomos steht: „Sei nicht unter den Säufern und Schlemmern; denn die Säufer und Schlemmer verarmen." (23,20-21) In diesem Sinne mahnt auch der Evangelist Lukas: „Hütet euch aber, dass eure Herzen nicht beschwert werden mit Fressen und Saufen und mit Sorgen um die Nahrung ..." (Lk. 21,34) Dreimal warnt auch der heilige Paulus vor dem Suff, besonders drastisch im Brief an die Galater: „Saufen, Fressen und dergleichen, von welchen ich euch habe zuvor gesagt und sage nochmals, dass, die solches tun, werden das Reich Gottes nicht erben." (5.21, vgl. auch Römer 73,13 und Epheser 5,18) Genau aus diesem Grund war das Maßhalten besonders in den Klöstern erwünscht.
Wo immer aber in der Bibel vor dem Suff gewarnt wird, ist allerdings vom Wein die Rede.

Die Schutzpatrone der Bierbrauer

Der heilige Florian

Dies Haus stand einst in Gottes Hand
und dennoch ist es abgebrannt.
Ich hab es wieder aufgebaut
und dem St. Florian anvertraut.
Dies Haus steht nun in Florians Hand;
brennt's wieder ab, ist's ihm zur Schand.

Viel weiter verbreitet als dieser originelle Hausspruch ist das Bild oder die Skulptur dieses Heiligen: Ein römischer Offizier in voller Rüstung, mit Schwert und Fahne und einem Wasserschaff in der Hand, womit er einen Hausbrand löscht.

Florian soll im 2. Jahrhundert in der Nähe von Wien in der damaligen römischen Provinz Norikum geboren sein. Im Zuge der Christenverfolgung unter Kaiser Diokletian ließ der dortige Statthalter die Gläubigen aufspüren und einkerkern, darunter auch viele christliche Soldaten. Als Florian ihnen beistehen wollte, wurde auch er ergriffen. Trotz eines grausamen Martyriums hielt er an seinem Glauben fest. Da ließ ihn der Statthalter mit einem Stein um den Hals in den reißenden Fluten der Enns ertränken, vermutlich im Jahr 304. Sein Tod und die Bergung seines Leichnams sind von Legenden umrankt. Zunächst verteidigte ein Adler den Leichnam vor Verunehrung. In einem Traum ermahnte der Heilige eine fromme Witwe, seinen Leib zu bestatten. Doch ihr Ochsenfuhrwerk ermattete bald und war nicht mehr fortzubewegen. Nach inständigem Gebet der Witwe sprudelte eine Quelle aus dem Boden und erquickte die ermatteten Zugtiere. An Florians Grabstätte ließen sich zunächst Eremiten nieder, später entstand hier das berühmte Augustiner-Chorherrenstift St. Florian. Neben vielen anderen Wundern spendet der Floriansbrunnen heute noch Wanderern und Pilgern frisches Quellwasser.

St. Florian im Andenkenladen

Florian ist der Schutzheilige gegen Feuersgefahr und in allen Wassernöten, aber auch bei Krieg, Sturm und Dürre. Er ist aber auch Patron der Bierbrauer, Hafner und Schäffler. Wegen seines Wasserpatronats sei er wohl auch der Beschützer der Bierbrauer geworden. Für sein Patronat gibt es aber auch noch eine andere Erklärung: In den mittelalterlichen Städten brannte es nirgends häufiger als in den Brauereien, wo die riesigen Sudkessel über offenem Feuer erhitzt wurden. Weil die Brauer bei einem Brand als erste zur Stelle waren und mit den Löscharbeiten sofort begannen, rekrutierte sich auch aus ihnen die Feuerwehr. Deshalb haben die Brauer und die Feuerwehr den gleichen Schutzpatron. In vielen Brauerwappen ist er deshalb mit seinem Wasserkübel abgebildet.

Es ist erstaunlich, dass es in Bayern schon in der Barockzeit neben vielerlei anderen Bauvorschriften einen speziellen Paragraphen zum vorbeugenden baulichen Brandschutz in Brauereien und Bäckereien gab.

St. Florian mit St. Donatus auf einer Votivtafel

Lukas Voch (1728 – 1783), Architekt und Ingenieur in Augsburg, erfahrener Praktiker im Bauwesen seiner Zeit, gab 1780 eine Vorschriftensammlung heraus, von der er überzeugt war, sie sei die einzige dieser Art. In § 64 heißt es:

„Bey Erbauung der Braustätte, der Malzdörren und deren Seihen besonders, muß man von des Nachbars Hausmauer und seinem Grunde gebührend abweichen, oder wenn jemand das Recht hat, an seines Nachbars Haus anzufahren, und eine eigene Mauer aufzuführen, so muß selbige so dicke gemacht werden, daß man vor Feuersgefahr gesichert seye. Dieses ist auch von der Becker Backöfen zu verstehen, welche ebenfalls feuersicher anzulegen und zu erbauen sind. Dahero muß mit demselben, wenn der Nachbar seinen Grund nicht völlig eingenommen, der Ordnung gemäß abgewichen, und wenn er ihn eingenommen, eine genugsam dicke Mauer zugelegt werden. Um aller Feuersgefahr vorzukommen, muß auch nicht geduldet werden, daß die Backöfen nahe an dem Thram- oder Balkenwerk anstoßen, sondern wenigstens ein und einen halben Schuhe davon entfernet seyn."[1]

St. Florian, Kirchenfenster in St. Anna in München

Der heilige Bonifatius

Die Christianisierung der Angelsachsen hatte schon nach wenigen Jahrzehnten ein blühendes religiöses und geistiges Leben hervorgerufen, das Inselvolk am Rande Europas war die geistig führende Macht des Westens geworden. Der größte aus einer Schar angelsächsischer Glaubensboten, die das Evangelium vom heutigen England zu den germanischen Stämmen auf das Festland trugen, war Bonifatius. Er wurde als Spross einer vornehmen Familie ums Jahr 672 in Wessex geboren und auf den Namen Winfried getauft. Gegen den Widerstand seines Vaters wurde er Benediktinermönch, im Jahr 716 brach er zur Missionierung der Friesen auf. Nach anfänglichen Misserfolgen bekehrte er viele Heiden und wurde vom Papst zum Bischof geweiht, später sogar zum Erzbischof. Im Zuge seiner rastlosen kirchlich-organisatorischen Tätigkeit gründete er die Bistümer Passau, Regensburg, Salzburg, Freising, Eichstätt, Buraburg, Würzburg und Erfurt, schließlich sein Lieblingskloster Fulda. Im Alter von achtzig Jahren entschloss er sich, das bislang ins Stocken geratene Bekehrungswerk in Friesland wieder aufzunehmen. Sein „Haar war silberweiß, der Körper abgezehrt und vom Alter gebeugt", als er am Pfingstfest 754 mit 52 Gefährten von den heidnischen Friesen erschlagen wurde. Schon seit dem 9. Jahrhundert wird er als „Apostel der Deutschen" verehrt, sein Grab befindet sich in der Krypta des Doms zu Fulda.

Bonifatius am Portal von St. Bonifaz in München

Nach der Legende fällte er im damals heidnischen Hessen eine mächtige Eiche, die Donar geweiht war. Obwohl die Heiden den riesigen heiligen Baum mit einer großen schwer bewaffneten Schar verteidigen wollten, fällte er zu ihrem Entsetzen die Donareiche mit einem einzigen Axthieb, worauf sich alle Heiden bekehrten und aus dem Holz der Eiche eine Kapelle erbauten. Bonifatius wird mit dem Beil dargestellt, womit er die Eiche fällte, die zu seinen Füßen liegt. Ein Evangeliar, von einem Schwert durchbohrt, verweist auf sein Martyrium – mit dem Buch wollte er den tödlichen Streich abfangen. Unter seinem Bischofsstab entspringt eine Quelle.

Bonifatius ist Patron der Bierbrauer und Schneider. Die Hintergründe seines Bierpatronats sind bisher ungeklärt, doch könnte dies damit zusammenhängen, dass er mehrere Benediktinerklöster gründete, in denen – allerdings viel später – reichlich Bier gebraut wurde.

Der heilige Augustinus

Augustinus war „der größte Philosoph der Alten, der genialste und einflussreichste Theologe der Kirche, ein Gnadenlehrer, das Genie des Herzens, der größte unter den vier großen abendländischen Kirchenvätern.“

Der Heilige Augustinus

Augustinus, mit Familiennamen Aurelius, wurde 354 im heutigen Algerien geboren, er war ein afrikanischer Römer, der Latein sprach. Während seines Studiums führte er einen ausschweifenden Lebenswandel, wandte sich aber später religiösen Lehren zu. Im Jahr 387 empfing er in Mailand von Bischof Ambrosius die Taufe, 391 wurde er zum Priester geweiht, schon 396 wurde er Bischof im nordafrikanischen Hippo. Er wurde zum geistigen Führer der frühen abendländischen Kirche, die Regel seiner klösterlichen Gemeinschaft wurde zum Vorbild aller späteren Augustiner-Gemeinschaften. In seinen Darstellungen als Bischof findet sich oft ein Knabe am Meeresstrand, der mit einer Muschel Wasser aus dem Meer in eine Sandgrube schöpft. Nach einer Legende frug Augustinus den Knaben, was er da mache. Da antwortete der Knabe: „Ich schöpfe das Meer aus.“ „Meinst du, es wird dir gelingen?“, fragte der Weise. „Eher, als dir gelingen wird, das Wesen Gottes zu erfassen“, antwortete das Kind und verschwand. Diese Legende ist wohl eines der besten Gleichnisse für die Unergründlichkeit Gottes. Augustinus wurde vermutlich Patron der Bierbrauer, weil der von ihm ins Leben gerufene Augustiner-Orden viele Klöster gründete, in denen das nach ihm benannte Bier gebraut wurde.[2]

Gambrinus

Im Leben ward ich Gambrinus genannt.
König zu Flandern und Brabant.
Ich hab aus Gersten Malz gemacht
und Bierbrauen zuerst erdacht.
Drum können die Brauer sagen,
dass sie einen König zum Meister haben.

So steht es auf einem Gemälde aus dem 16. Jahrhundert; es zeigt einen König in prächtigem Ornat, der ein Glas Bier zum Munde hebt. Von diesem König steht nur eines fest – alle seine legendarischen Zuschreibungen sind frei erfunden; er ist offenbar eine Kunstfigur, vielleicht eine Bierlaune, eine Schnapsidee ...

Nach einem mittelalterlichen Mythos sei er mit der altägyptischen Göttin Isis verheiratet gewesen. Diese wiederum war die Schwester und zugleich Gemahlin des Gottes Osiris, der in Ägypten das Bier erfunden haben soll; von ihm habe er die Kenntnisse im Bierbrauen erfahren. Aus dieser fernen Götterwelt sei er in die bierschwangeren Mythen der Gallier und Germanen übernommen worden ...

Nach einer der „wirklichen" Geschichte entlehnten Legendenversion ist der Name Gambrinus eine Verballhornung von Jan Primus = Johann I. Ein solcher Herzog Johann I. von Brabant hat wirklich gelebt und zwar von 1250 bis 1294, er soll auch als Minnesänger aufgetreten sein. Angeblich soll ihn die Brauergilde der belgischen Stadt Löwen zu ihrem Schutzherrn gewählt haben und er soll auch den Ehrenvorsitz der Brüsseler Brauerzunft bekleidet haben.

Er soll bei einem Duell ums Leben gekommen sein und zwar durch eine List seines tückischen Gegners. Die ihm zugeschriebenen Ehrenämter hat sein Nachfolger Johann II. eingenommen, aber aus einem Jan Secundus hätte man wohl kaum einen Gambrinus zusammenreimen können ...

Der immer wieder zitierte Gambrinus wird aber auch noch anderweitig mit Brabant in Verbindung gebracht. Die dortigen Klöster sollen angeblich erstmalig dem Biergebräu Hopfen beigegeben haben, um es haltbar und zugleich würzig zu machen. Eine andere Legende geht auf den Nürnberger Schuhmacher Hans Sachs (1494 – 1576) zurück, den populärsten Dichter und Reimeschmied seiner Zeit. Auch er bezog sich in seinen Gambrinus-Reimen auf einen anderen, völlig frei erfundenen Johann I. und dichtete ihm die Turnierpassion des Königs von Brabant an ...

Nach einer weiteren Legende sei ein gewisser Gambrinus der Hofbierbrauer Karls des Großen gewesen, der bekanntlich von 747 bis 814 lebte. Eine wahrlich verrückte Legende erfand der ansonsten sehr seriöse Geschichtsschreiber Aventinus in seiner Bayerischen Chronik: Gambrinus soll der Sohn eines Königs Marsus gewesen sein, er soll Hamburg gegründet haben, das zunächst Gambrivium geheißen habe. Der legendäre Marsus und sein Sohn Gambrinus gehen wohl auf Tacitus zurück, der von den zwei Germanenstämmen Marsi und Gambrivii berichtet ... Zu guter Letzt soll ein Buchdrucker in Antwerpen im 16. Jahrhundert beim Setzen der Buchstaben aus „Gambrivius" einen Gambrinus gemacht haben.

Gambrinus als Kunstwerk in Andechs

Demnach wäre Gambrinus gar ein Druckfehler!

In nachmittelalterlicher Zeit wurden verschiedene Sagen, ja sogar Gespenstergeschichten auf die rätselhafte Gestalt des Gambrinus übertragen: „In Oberfranken ißt er mit bei dem großen Geisterbankett, welches die alten fränkischen Könige an jedem ersten Mai bei Gräfenberg an dem sogenannten Teufelstisch halten, wo sich ein freilich nur wenigen Personen sichtbar werdender Zauberpalast aus Krystall erhebt. Einst kamen zufällig zwei arme Musikanten dahin und als sie am Morgen aufwachten, waren in dieser einzigen Nacht hundert Jahre verflossen. Bei ihrem Eintritt in die Kirche zu Gräfenberg zerfielen ihre Leiber zu Staub."[3] Diese Geschichte, 1872 niedergeschrieben, zeigt deutlich, dass es sich um eine Mixtur aus verschiedenen älteren Sagen handelt.

Einer weiteren Legende zufolge soll Gambrinus während eines einzigen Wirtshausbesuches 388 Humpen getrunken und ferner soll er 92 Kinder gezeugt haben ...

Jedenfalls kennt die Legendenbildung um Gabrinus keine Grenzen. Vielleicht hat man sich nördlich der Alpen für das Bier einen König und nicht nur heilige Männer als Patrone gewünscht, schließlich hatten die Griechen in Dionysos und die Römer in Bacchus richtige Götter als Schutzherren des Weines ...

Das Hexagramm wird zum Bierstern

Hält man sich wieder einmal vor Augen, in welchen Hexenküchen mitunter im Mittelalter Bier gebraut wurde, so scheint es nicht verwunderlich, dass der sechszackige Stern – griechisch Hexagramm – das Berufssymbol und Zunftzeichen der Alchemisten wie auch der Bierbrauer geworden ist. In vielen alchemistischen Handschriften des Mittelalters und sogar noch aus späterer Zeit ist das Hexagramm ein Symbol für die Gärung als eine Art der Verwandlung. Auf den Portraits berühmter Alchemisten deutet das Hexagramm öfters auf die Kunst der Verwandlung hin. Die rätselhafte Entstehung des Biers konnte als ein Vorgang gedeutet werden, bei dem die vier Grundelemente der Antike – Erde, Wasser, Luft und Feuer – zu einer rätselvollen Verwandlung zusammenwirkten. Mit etwas Phantasie lässt sich das Hexagramm auch in vier Dreiecke zerlegen. Für das Element Erde standen deren Früchte, also vor allem das Getreide, für das Feuer stand der Siedevorgang. Bekanntlich wurden die Alchemisten nicht müde, ihre Künste in alle möglichen kosmologischen Zusammenhänge zu stellen und nach dem „Stein der Weisen" zu suchen.

Älteste Darstellung des Biersterns um 1430

„Bier stand mehr als alle anderen gegorenen Getränke in der Tradition der Alchemie, und dass der Bierbrauer vom Alchemisten abstammt, spiegelt sich noch im Volksglauben wider ... Das Bier wurde aus der Wildheit der Natur durch menschliche Kunst zu einem alchemistischen Elixier der verfeinerten Kultur destilliert."[1]

Bei Alchemisten wie bei Brauern wurde noch vor 500 Jahren teilweise wild drauflos experimentiert. Als sich dann die Bierbrauerei endgültig aus dem Herumlaborieren gelöst hatte, blieb das Hexagramm als Bierstern den Brauern erhalten.

Im Mittelalter herrschte allerdings auch der Aberglaube, dass der magische Sechsstern vor Feuersbrunst und bösen Geistern schütze. „Angesichts der vielen Brände, die in Brau- und Malzhäusern ausgebrochen sind, ist dies ein weiterer möglicher Ansatzpunkt für die Verwendung als Braustern."[2]

Die älteste bisher bekannte Abbildung eines Hexagramms als Bierstern stammt aus der Zeit um 1430. Sie zeigt den klösterlich gekleideten Braumeister Herttel, der damals im Mendelschen Bruderhaus in Nürnberg lebte. Im Sudhaus dieser frommen Einrichtung rührt er mit einer Stange den Biersud in einem Kessel über einem gemauerten runden Ofen, in dessen Schüröffnung das Holzfeuer lodert. Über ihm hängt an einem galgenförmigen Ausleger der Bierstern, der später zum Aushängeschild mancher Schankwirte geworden ist. Dieser Sechsstern, vereinzelt sogar zum achtzackigen Stern erweitert, ist heute insbesondere in der Oberpfalz als Schankzeichen verbreitet. In dieser Region wird die Bierspezialität „Zoigl" gebraut; der Name dieses regionalen Gerstensaftes soll sich von „Zeigel", also Anzeiger ableiten, womit der um Kundschaft werbende Bierstern gemeint ist.

Wittelsbacher Brunnen in München: Wasser als Symbol für Reinheit und Heiligkeit in der Vorstellungswelt der Mythologie

Reinheitsgebote, Bierbeschau und Biersteuer

Bier, Magie und Aberglaube

Es war letztlich dieser mysteriöse Gärungsprozess des Bieres, diese bis dahin völlig unbekannten und unverständlichen chemischen Reaktionen, die wieder einmal naturwissenschaftlich erklärbare Vorgänge mit abergläubischen Vorstellungen überfrachteten. Wann immer der einfache Mensch sich etwas nicht zu erklären vermochte, griff er allzu gern auf sein magisches Denken zurück. Der mittelalterliche Aberglaube blühte und brodelte und gärte nur so um dieses sonderbare Gebräu, wann immer das Bier – allen Erwartungen zum Trotz – „sauer" wurde. Was gab es da zum Beispiel Naheliegenderes als an die Unreinheit einer gerade menstruierenden Brauerin zu denken? Das war noch eine harmlose Unterstellung, denn eine Brauerin konnte man damals ganz einfach des Brauhauses verweisen. Zur tödlichen Tragödie konnte das Misslingen des Brauvorgangs allerdings werden, als man plötzlich von Brauhexen sprach. Gegen Ende des Mittelalters steigerte sich der Hexenglaube zum Hexenwahn. Als Hexen galten im Volksglauben zauberkundige Frauen, die über gefährliche „okkulte" Kräfte verfügten. Diese sollen angeblich am wirksamsten in der Walpurgisnacht, der Osternacht und der Johannisnacht sein.

Hexe mit Teufel. Stich von Hans Burgkmair d.Ä. (1473-1531)

Zwischen dem 14. bis hinein ins 17. Jahrhundert waren in allen Gesellschaften Hexen unleugbare Realität, der man mittels strenger Gesetze alsbald zu Leibe rückte: Hexenverfolgungen und Hexenprozesse waren grauer Alltag. Grauenhafte Verhöre und grausame Folterungen wurden mitunter nicht nur dann durchgeführt, wenn das Bier sauer wurde – sondern sogar wenn es zu oft problemlos gelang. Denn das war noch verdächtiger!

Szenen aus der Walpurgisnacht von Kirchseeon

Der Verdacht eines Denunzianten genügte mitunter, um eine Frau als Bierhexe auf dem Scheiterhaufen verbrennen zu lassen. Es gibt genügend schriftliche Quellen, die diese Ungeheuerlichkeit belegen:

1589 wurde eine Münchner Brauersgattin namens Kaltenecker der Hexerei bezichtigt und die Brauerei „von Gerichts wegen" geschlossen. Die Frau soll spurlos verschwunden sein, die Brauerei wurde von da ab als Ort gefährlichen dämonischen Treibens wie die Pest gemieden.

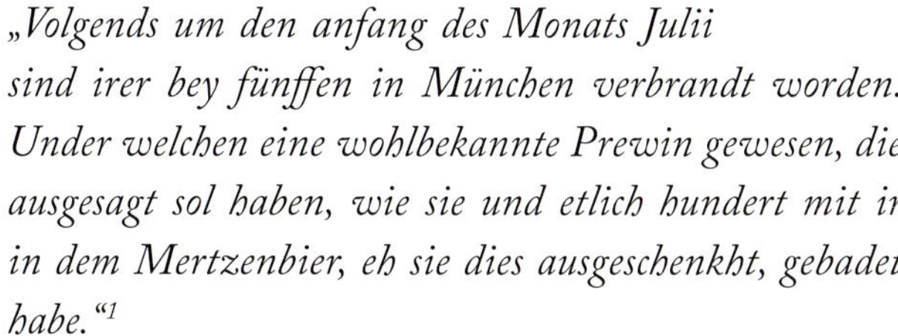
Gehörnter Teufel

Aus dem Jahr 1590 wird von einer Brauerin berichtet, die als Hexe verbrannt wurde:

„Volgends um den anfang des Monats Julii sind irer bey fünffen in München verbrandt worden. Under welchen eine wohlbekannte Prewin gewesen, die ausgesagt sol haben, wie sie und etlich hundert mit ir in dem Mertzenbier, eh sie dies ausgeschenkht, gebadet habe."[1]

Die angeblich letzte Verbrennung einer „solch vermaledeiten Brauhex" fand 1591 in der Mark Brandenburg statt. Als letztes Überbleibsel aus der Zeit des Hexenglaubens galt das Wegblasen des Schaums auf dem Bier. Damit, so glaubte man einst, konnte man die Macht der Hexen über den Biertrinker vereiteln.

„Mit fortschreitender Säkularisierung durch den Humanismus verkehrte sich die mittelalterliche Lehre von der Geisterwelt in eine Dämonologie, die seit dem letzten Viertel des 15. Jahrhunderts in einem perversen Hexen- und Teufelsglauben zunehmend grauenhaftere Formen annahm und durch eine unmenschliche Juristerei immer noch phantastischere Blüten trieb."[2]

Gleichzeitig wurden Alchemie, Astrologie, Dämonologie und die Magie zu einem regelrechten Religionsersatz, zu einer Pseudoreligion. Durch entsprechende Theoretiker und Systematiker erhielt dieses Unwesen obendrein noch einen gesellschaftlichen Wert, dem nur Wenige zu widersprechen wagten. Obwohl sich in dieser Epoche bereits großartige Leistungen auf naturwissenschaftlichen Gebieten abzeichneten, erlebte gleichzeitig die Zauberei und die Magie ihre Hochblüte.

Immer „bewusster" versuchte man in die Natur hineinzusehen, hineinzudeuten. In der Natur, so glaubte man, sei alles enthalten, was nützen, heilen, ja sogar Tote auferwecken könne. Jeder Pflanze gab man ihre Seele und plötzlich konnten die mysteriösen Wirkungen von pflanzlichen Narkotika und Giften durch den Dämonenglauben eine Erklärung finden. „Duft und Aroma enthielten ebenso wie Dämpfe und Rauch vegetabilische Essenz."[3] Lorbeer, Stechapfel, Bilsenkraut und deren geheimnisvolle Wirkungen waren schon der Antike bekannt.

Die Pflanzenseele hat bis heute Denker und Wissenschaftler in ihren Bann gezogen. Für den ursprünglichen Menschen ist sie Realität.

Hexensabbat. Hans Baldung Grien 1510

Der Fantasie waren im Mittelalter keine Grenzen mehr gesetzt. Ob bei der Aussaat einer Pflanze oder bei ihrer Ernte – es entstanden die irrwitzigsten Regularien: Ob man nun beim Säen nackt oder nüchtern war, in einer Phase sexueller Enthaltsamkeit oder unter Verfluchungen und obszönen Gebärden dies vollzog – allem wurde eine unglaubliche Bedeutung beigemessen. Auch der Zeitpunkt der Ernte wurde unter astrologischen Aspekten errechnet. Eine Unzahl okkulter Fehlerquellen konnte den Erfolg in Frage stellen ...

Farnkraut

Die gewaltigen Ausmaße des mittelalterlichen Gewürzhandels waren viel weniger kulinarisch als von dem magischen Glauben an sie bestimmt. Die Magie war es, die jeder Pflanze, Wurzel, Knolle, den Blättern und den Baumrinden unvorstellbare Macht zuwies. Genau aus diesem Grund gab man auch Muskatnüsse, Kümmel, Salz und so manches andere mehr in den Braukessel und verrührte alles unter Zaubersprüchen. Farnkraut landete wohl deshalb im Braukessel, weil es immer schon wegen seiner ungewöhnlichen Art der Fortpflanzung als besonders geheimnisvoll galt.

„Der Gebrauch des Farns als Gärstoff und Bierwürze ist schon für die germanische Frühzeit belegt. Doch bald sah man in ihm eine Hexennahrung, nicht umsonst soll der Farn den Namen Walpurgiskraut getragen haben ...“[4] Christian Rätsch erwähnt sogar ein genaueres Rezept: „Die Wurzelstöcke werden in Sibirien im Verhältnis 2/3 zu 1/3 Malz zu Bier gebraut, während sie in früherer Zeit als Hopfenersatz benutzt wurden ...“

Doch keine der Pflanzen hat so sehr vom Orient ausgehend bis weit hinein ins Abendland den Wunderglauben beflügelt, so viele Fabeln erzeugt, wie die Alraune. „Zunächst als Narkotikum und Liebeszauber im Vorderen Orient, in Griechenland und Ägypten gebraucht, hat sie in der Wurzel des gelben Enzians und der Zaunrübe ihre nördliche Entsprechung gefunden.“[5]

Alraunmännchen (Hortus sanitatis, Augsburg 1486)

Schon die Ägypter kannten das Alraunenbier, die Alraune galt einst als die „berühmteste Zauberwurzel der Menschheit“. Auch die Syrer und Hebräer, Ägypter und Griechen waren längst auf die Zauberkraft dieser Pflanze aufmerksam geworden. Doch nicht jedes Bier in Ägypten war mit der berauschenden Alraune gebraut.

Im Norden Europas herrschte die Vorstellung, dass der Alraun, das ist der Wurzelstock des Nachtschattengewächses, aus dem Urin oder dem Sperma eines Gelehrten, eines Diebes – oder eines unschuldig Gehenkten entstanden war, was ihm wiederum dessen übernatürliche Kräfte verlieh. Die Gier nach dieser Pflanze nahm unvorstellbare Formen an. Die Kirche wandte sich stets gegen jeglichen Aberglauben.

Einer der Anklagepunkte im Prozess gegen Jeanne d'Arc war der Besitz einer Alraune ...

Nicht anders als mit den Pflanzen verhielt es sich mit tierischen und menschlichen Stoffen. Quacksalber und „weise“ Frauen priesen ihre „Erkenntnisse“ ungeniert an. Abstruse Prozeduren wurden vollbracht, zuckende Organe und enthäutete Tiere bewahrten angeblich vor manchem Missgeschick. Vor nichts scheute man zurück: „Körperteile von Gehenkten,

Zeitgenössisches Bild eines Gehenkten

Diebesdaumen und -finger, Menschenhaut, Händchen und Organe unschuldiger Kinder waren wüsteste Secreta okkulter Spekulation."[6] So heißt es noch in der Neuen Bunzlauischen Monatszeitschrift von 1792: „Eines Gehangenen Finger ins Bierfass aufgehängt schafft dem Bier guten Abgang."

Dem Brauer boten sich eine Reihe von weiteren Möglichkeiten: Auch ein männliches Glied oder die „Vorhaut eines Gehangenen" erfüllte den nämlichen Zweck. „Die besten Kunden der Köchin, auch genannt die Meisterin, einer Hexe, waren Bierwirte, denen sie Totenfinger verkaufte ..."[7]

Finger eines Gehenkten dienten auch dazu, das Bier im Fasse wohlschmeckend zu machen und es zu vermehren. „Wenn man nämlich den Finger eines Gehenkten, zumal eines unschuldig Gehenkten, an einem Bindfaden befestigt im Fasse hinabhängen ließ, so wurde es nicht bloß wohlschmeckender, sondern man konnte aus besagtem Fasse doppelt, ja vierfach so viel zapfen wie aus einem gewöhnlichen Fasse von gleicher Größe ..."[8]

Im 17. Jahrhundert empfahl ein Braumeister allen Ernstes sein Geheimrezept, unter ein Fass Bier eine abgehäutete Schlangenhaut zu legen. Ein beispielhaftes gruseliges Hexenrezept fand sogar Eingang in die Weltliteratur, und zwar in der letzten der vier großen Tragödien von Shakespeare, die er zwischen 1603 und 1611 verfasst hat. In Macbeth, 4. Akt, 1. Szene sind drei Hexen um ihren „Hexenkessel" versammelt und kochen aus unheimlichen und Ekel erregenden Zutaten einen magischen Trank:

Um den Kessel dreht euch rund,
werft das Gift in seinen Schlund.
Kröte, die im kalten Stein
Tag und Nächte dreimal neun,
zähen Schleim im Schlaf gegoren,
soll zuerst im Kessel schmoren ...
Sumpf'ger Schlange Schweif und Kopf
Brat und koch im Zaubertopf:
Molchesaug und Unkenzehe,
Hundemaul und Hirn der Krähe;
Zäher Saft des Bilsenkrauts
Eidechsbein und Flaum vom Kauz:
Mächt'ger Zauber würzt die Brühe,
Höllenbrei im Kessel glühe![9]

Es geht an der Sache vorbei, wenn man nun annimmt, „dass es hier nur um ein auf materiellen Zweck ausgerichtetes Handeln, Tun, Wissen oder Glauben geht", resümiert Lenz Kriss Rettenbeck. „Es geht hierbei um ein sichtbares Zeichen für die Verbindung mit außermenschlichen Bereichen, je nach der vorherrschenden theologischen Idee: mit dem Reich der Engel, der Dämonen und Geister oder mit okkulten Kräften der Natur oder mit der Naturseele oder mit dem Weltgeist ..."[10]

Wetterhexen
Holzschnitt 15. Jhdt.

Die moderne Chemie

Es sollte noch einige Zeit verstreichen, bis der Franzose Louis Pasteur, Chemiker und Biologe, mit seinem selbst entwickelten Mikroskop im Jahre 1876 eine bahnbrechende Entdeckung machte: Mit Hilfe dieses Mikroskops sah er erstmals die Hefezellen im Bier, Sacchromyces cerevisiae nannte er sie. Und er kam in seinen „Études sur la bière" zu dem Schluss, dass genau diese Hefezellen für die Gärung des Bieres verantwortlich waren. Als er dann noch obendrein in den Hefezellen Kleinstlebewesen sah, erklärte man ihn kurzerhand für verrückt. „Doch Pasteur sollte Recht behalten: Er hatte ein jahrtausendealtes Geheimnis der Braukunst enträtselt – den mysteriösen Gärungsprozess!"[11]

Doch es sollte wiederum noch einige Zeit vergehen, bis die alten tief verwurzelten magischen Vorstellungen um diesen Gärungsprozess endlich der Vergangenheit angehörten und es allmählich in alle Bierschädel drang, dass die Hefe tatsächlich mikroskopisch kleine einzellige Pilze sind, welche die Gärung bewirken. Pasteur hatte erstmals die Aufspaltung des Malzzuckers im Bier in Alkohol und Kohlensäure nachgewiesen. Er entdeckte, dass durch schnelles Erhitzen Hefen und Bakterien abstarben und somit das Bier nicht mehr so schnell sauer wurde. Die Grundlage für ein keimfreies Bier war geschaffen.[12]

Auf den Grundlagen Pasteurs aufbauend gelang es dem Dänen Emil Christian Hansen, einzelne Hefezellen zu isolieren und eine bakterienfreie Reinzucht anzulegen. Durch die Erkenntnisse der Mikrobiologie begann sich nun ein völlig neues Bewusstsein zur Hygiene zu entwickeln. So heißt es im „Bayerischen Eilboten" vom 03. April 1843: „... in München gelangte die Bierbrauerei auf eine hohe Stufe der Vollkommenheit und fast alle Brauer zeichnen sich durch gutes Bier aus. In Bayern hat München, wie in allem so auch in der Bierbrauerei die großartigsten Einrichtungen aufzuweisen."[13]

Nicht zu vergessen ist Gabriel Sedlmayer, der im 19. Jahrhundert den königlichen bayerischen Hof belieferte und für das damalige Münchner Spaten-Bier verantwortlich war. Man könnte ihn auch den ersten Brauchemiker nennen, der die Wissenschaft in die Münchner Brauhäuser brachte.

Mit den Erkenntnissen der Mikrobiologie setzte sich ein völlig neues Hygienebewusstsein durch. Doch bis es endlich so weit war, tat sich noch so manches in der Geschichte des Bieres ...

Älteste Gebote und Verbote

Die in frühester Zeit als Bier deklarierten Getränke waren regional sehr unterschiedlich und mit unserem heutigen Bier kaum vergleichbar. Sie bestanden meist nur aus Wasser und verschiedenen Getreidearten, mitunter auch aus Früchten. Sie mussten vielfach am Tag der Herstellung getrunken werden, da sie schnell sauer wurden. Auch der Alkoholgehalt war unterschiedlich, die Palette reichte vom leichten Gerstenbier bis zum süßen Starkbier.

Obrigkeitliche Vorschriften zur Qualitätsregelung sind daher schon sehr früh erlassen worden, sie begegnen uns in deutschen Gebieten bereits seit dem 13. Jahrhundert. Sogar ein Verbot, Bier zu brauen, überrascht uns in Bayern schon gegen Ende des 13. Jahrhunderts: Die bayerischen Herzöge verboten damals für ein ganzes Jahr das Bierbrauen, da eine Missernte das Getreide arg verteuert hatte. Damals durfte jeder Bier brauen, der es nur konnte und wollte und so war Bierbrauen vor allem eine bäuerliche Familienbeschäftigung. Da musste man befürchten, dass für das Grundnahrungsmittel Brot zu wenig Getreide übrig blieb. Solche Bierbrauverbote sind vor allem aus Frankreich bekannt, und zwar aus dem 15. bis 18. Jahrhundert.

Die Bierbrauer führten Jahrhunderte lang einen

schier aussichtlosen Kampf gegen die kurze Haltbarkeitsdauer ihres Bieres, das schnell verderben konnte und dann sauer wurde. Um diesem Übel zu begegnen, haben die Brauer gebietsweise mit allerlei Zutaten experimentiert, um den Geschmack des Bieres zu verbessern oder dessen Säuerlichkeit zu verbergen. Es ist schier unglaublich, welche Kräuter und Wurzeln man dem Bier mancherorts beimischte, wie etwa Lorbeer, Laserkraut, Harz und Wacholder. Zur besseren Haltbarkeit wurde dem Bier statt Hopfen auch Pech und Asche beigegeben. Um die berauschende Wirkung zu verstärken, wurde mitunter auch Farn, Wermut, Mohnsaft und auch Branntwein ins Bier gemischt.

In den Sudhäusern ging es manchmal zu wie in einer Hexenküche. Unvorstellbar, was da alles im Sudkessel landete; sogar Ochsengalle, Froschschenkel und Fischblasen werden erwähnt.[14]

Waren die meisten dieser Substanzen zwar unappetitlich, aber zumindest harmlos, so konnte die Beigabe von sehr giftigen Pflanzen wie Tollkirsche und Bilsenkraut dem Biertrinker gesundheitlich schwer schaden, ja ihn unter Umständen sogar ins Jenseits befördern. Deshalb wurde besonders in Bayern schon sehr früh eine amtliche Regelung der Bierqualität angestrebt.

Kaiser Barbarossa hatte schon im Jahre 1156 der Stadt Augsburg eine Rechtsverordnung und damit das älteste deutsche Stadtrecht gegeben. Über das Bier bestimmte er, dass ein Bierschenk mit der schweren Strafe von fünf Gulden belegt werden sollte, wenn er schlechtes Bier braut oder betrügerisch ausschenkt. Zudem sollte das Bier weggeschüttet oder den Armen gespendet werden. Beim dritten Verstoß drohte der Entzug der Lizenz.

In Nürnberg durfte schon im Jahre 1293 auf Beschluss des Stadtrates nur noch Gerste zum Brauen genommen werden.

In Regensburg wurde im Jahr 1447 der Stadtarzt beauftragt, das dort gebraute Bier regelmäßig zu überprüfen, insbesondere hinsichtlich der Zutaten. Im Jahr 1453 wurde eine Brauordnung erlassen, wonach dem Bier „weder Samen noch Gewürz oder Gestrüpp" beigefügt werden durfte. Der dünne, nahezu ungenießbare Absud von Resten der Maische durfte nicht mehr verkauft werden.

„In München wurde beispielsweise im Jahr 1447 verbindlich festgelegt, dass Bier frühestens acht Tage nach dem Brauen ausgeschenkt werden durfte, um eine gewisse Mindestgärung sicherzustellen. Zuwiderhandlungen gegen diese und ähnliche Brauvorschriften wurden geahndet, wobei die Strafen von Geldbußen über Abmahnungen bis hin zum Zwang, das eigene schlechte Bier trinken zu müssen, reichten."[15]

Eine Landshuter Brauordnung vom Jahre 1409 sah als Strafe für schlechte Bierqualität das öffentliche Zerschlagen des Fasses vor. Von dieser Strafmaßnahme stammt das bekannte Sprichwort: „Das schlägt dem Fass den Boden aus." Ebenfalls aus Landshut stammt eine Vorschrift vom Jahre 1486, die neben sehr genauen Anweisungen zum Brauen auch das Verbot enthält, dem Bier schädliche Substanzen beizumischen. Die für den Brauvorgang unerlässliche Hefe ist in dieser Vorschrift nicht erwähnt. Man nahm daher öfters an, dass im Mittelalter die Hefe noch unbekannt gewesen sei; zufällig in der Luft vorkommende Hefen hätten die Gärung ausgelöst und deshalb sei der Sud in der Nähe von Bäckereien stets am besten gelungen. Diese Annahme ist jedoch heute widerlegt: „Die Tatsache, dass die Hefe nicht namentlich im Reinheitsgebot auftaucht, ist vermutlich dadurch zu erklären, dass sie durch den Brauvorgang selbst erzeugt und somit nicht als weitere Zutat, sondern als Ergebnis des Brauens angesehen wurde."[16]

Die Reinheitsgebote von 1487 und 1493

Das heute so viel gerühmte bayerische Reinheitsgebot für unser Bier hat einen – genauer genommen sogar zwei – Vorläufer. Herzog Albrecht IV. der Weise erließ am 30. November 1487 ein Gesetz, „das nicht nur die Preise und die Zusammensetzung für das Münchner Bier reglementierte, sondern die Münchner Bierbrauer auch verpflichtete, einen Preu-

„Hopfen und Malz Gott erhalts"

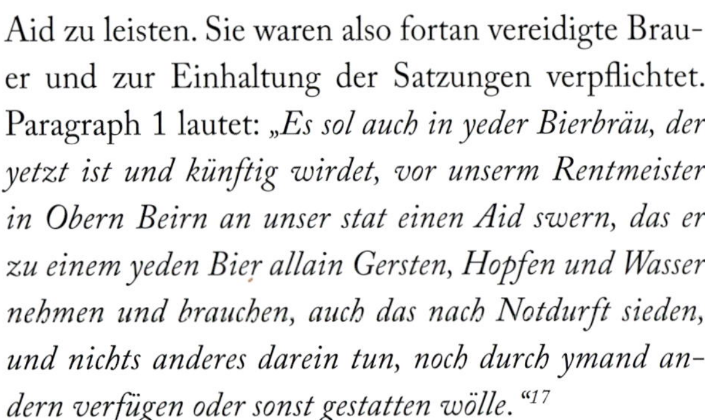

Aid zu leisten. Sie waren also fortan vereidigte Brauer und zur Einhaltung der Satzungen verpflichtet. Paragraph 1 lautet: *„Es sol auch in yeder Bierbräu, der yetzt ist und künftig wirdet, vor unserm Rentmeister in Obern Beirn an unser stat einen Aid swern, das er zu einem yeden Bier allain Gersten, Hopfen und Wasser nehmen und brauchen, auch das nach Notdurft sieden, und nichts anderes darein tun, noch durch ymand andern verfügen oder sonst gestatten wölle.*"[17]

In diesem Gesetz war also festgelegt, dass Bier nur aus Gerste, Hopfen und Wasser gesotten werden durfte. Malz durfte somit ausschließlich aus Gerste und keiner anderen Getreideart gewonnen werden.

Als zweiter Initiator des Reinheitsgebotes gilt Herzog Georg der Reiche von Niederbayern. Er hat im Februar 1493 das zunächst nur für München gültige Reinheitsgebot von 1487 auch auf das Teilherzogtum Niederbayern ausgedehnt, es galt nun auch für alle adeligen Braustätten und auch für die Klosterbrauereien und somit für das gesamte damalige Bayern. Dass sich nicht jeder an dieses Gebot hielt, können wir einer Mahnung entnehmen, die 1509 von Landshut aus erlassen wurde: *„Wer ein Bier gefährlich mischet oder anderes denn Malz, Hopfen und Wasser dazu nähme, der soll mit einem Pfund Pfennig gepönt werden.*" Nachdem Herzog Georg der Reiche 1503 ohne männliche Nachkommen gestorben war, kam es nach dem Ende des Landshuter Erbfolgekrieges zur Wiedervereinigung Bayerns unter Herzog Albrecht IV.

Das Reinheitsgebot von 1516 und sein Weg durch die Geschichte

Das berühmte Bayerische Reinheitsgebot ist Teil eines Gesetzbuches, das am 24. April 1516 im Landtag von Ingolstadt verabschiedet und von den Herzögen – und Brüdern – Wilhelm IV. und Ludwig X. unterzeichnet wurde. Dieses sehr umfangreiche Gesetz trägt den Titel:

„Das buch der gemeinen landpat. Landsordnung. Satzung / und Gebrauch / des Fürstenthombs / in Obe-

ren / und Nidern Bairn / im funfftzehenhundert unnd Sechtzehendem Jar aufgericht"[18]

Im vierten Teil dieses Gesetzbuches findet sich der Text, der nicht nur die Zutaten, sondern auch den Preis des Bieres festschreibt. Der volle Wortlaut in der damaligen Sprachregelung lautet:

„Wie das pier Sumer vnd winter auf dem Land sol geschenkht vnd geprewen werden.

Item wir ordnen, sezen vnd wollen mit Rathe unnser Landschafft, das füran allennthalben in dem fürstenthumb Bayern, auf dem Lannde, auch in unsern stetn vnd märckhten, da deßhalb hievor kam sonndere ordnung ist, von michaelis bis auf Georgy ain maß oder ain kopf piers, über ainen pfennig münchner werung vnd von sannd Jorgen tag bis auf michaelis, die maß über zwen pfennig derselbn werung, vnd dervnden der kopf ist über drey haller, bey nachgesetzter pene, nit gegebn noch ausgeschenckht sol werden.

Wo auch ainer mit mertzn sunder annder pier prauen oder sunst haben würde, sol er doch das kainswegs höher dann die maß vmb ainen pfennig schenckhen vnnd verkhauffen. Wir wolln auch sonderlichn das füran allnthalben in unsern Stetn märckhten vnd auf dem lande zu khainen pier meter stugkh dann allain gersten, hopffen vnd wasser genomen vnd gebraucht solle werden, welcher aber dise vnnsere ordnung wissentlich vberfarn vnd nit halltn würde, dem sol von seiner gerichtsobrigkkeit dasselbig vas pier zu straff vnnachlaßlich, so offt es geschieht, genomen werden. Jedoch wo am pierwirt von einem pierprewen in vnnsern Stettn, märckhten oder auf dem lande, jederzeitn eines Eimer piers, zwen oder drey, kaufn vnd wider vnntter dem gemainen Baursvolkh ausschhenckhn würde, demselbn allain, aber sonnsten niemannds, sol die maß oder der Kopf piers, umb ainen haller höher dann obn gesetzt ist, zegebn vnd auszeschenckhn erlaubt vnd vnverpotn sein."[19]

„Da zu diesem Zeitpunkt bereits ältere und detailreichere städtische Brauordnungen mit ähnlich lautenden Inhalten existierten, darf dieses Reinheitsgebot jedoch weniger als eigenständige Neuheit, sondern ‚vielmehr als eine redaktionelle Meisterleistung' seiner Zeit gelten."[20]

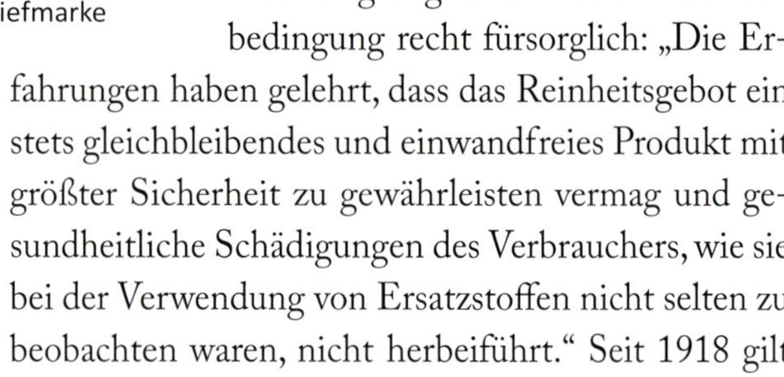

Jubiläumsbriefmarke

Von den zahlreichen gesetzlichen Bestimmungen für das Brauen und den Verkauf von Bier hat sich nur das Reinheitsgebot von 1516 in Deutschland trotz aller Widerstände erhalten. Die Bedeutung dieses Reinheitsgebotes lässt sich schon daran ermessen, dass beim Eintritt Bayerns in das Deutsche Kaiserreich 1871 die „Bierhoheit" zu seinen verbrieften Sonderrechten gehörte. Baden übernahm das Reinheitsgebot 1896, Württemberg 1900, obwohl es dort schon im 18. Jahrhundert ein entsprechendes Gesetz gab. Seit 1906 galt das Reinheitsgebot bereits in allen Teilen des Deutschen Kaiserreiches. Bayern erhob 1918 dieses Reinheitsgebot sogar zu einer unverzichtbaren Forderung für den Beitritt zur Weimarer Republik. Der Freistaat Bayern erklärte sogar, er trete nur dann der Republik bei, wenn das Reinheitsgebot im ganzen Reichsgebiet eingeführt werde. Der Landtag begründete seine Beitrittsbedingung recht fürsorglich: „Die Erfahrungen haben gelehrt, dass das Reinheitsgebot ein stets gleichbleibendes und einwandfreies Produkt mit größter Sicherheit zu gewährleisten vermag und gesundheitliche Schädigungen des Verbrauchers, wie sie bei der Verwendung von Ersatzstoffen nicht selten zu beobachten waren, nicht herbeiführt." Seit 1918 gilt das bayerische Reinheitsgebot in ganz Deutschland. Im Rahmen der erstrebten Importfreiheit hat der Europäische Gerichtshof 1987 dieses Reinheitsgebot

Jubiläumskrüge, Brauereimuseum Aldersbach

aufgehoben; es galt, Handelserschwernisse zwischen den Partnern der Europäischen Union aufzuheben. Das Reinheitsgebot gilt seither nur für deutsche Biere. Für ausländische Biere, die nach Deutschland verkauft werden, gilt es nicht, diese Importbiere dürfen auch andere Zusatzstoffe enthalten. Ihr Marktanteil blieb jedoch recht bescheiden, sie bilden für unser „reines" deutsches Bier keine wirkliche Konkurrenz. Zur heutigen Bierqualität in Deutschland ist ein humorvolles Wort von Richard von Weizsäcker überliefert: „Man könnte froh sein, wenn die Luft so rein wäre wie das Bier ..."[21]

Die Bierbeschau

Schon im Jahr 1420 erließ der Magistrat von München eine Verordnung, wonach das Bier „pfennigvergeltlich", das heißt seinen Pfennig auch wirklich wert sein musste:
„Da durch den Genuss eines ungesunden, schlechten oder gar verdorbenen Bieres Krankheiten entstehen und durch den fortgesetzten Genuss unterhalten würden, ist es eine wichtige Pflicht der Polizei, dass gesundes und nahrhaftes Bier gebraut wird."
Die auf dem Reinheitsgebot begründete Qualitätskontrolle, die sog. Bierbeschau, war streng geregelt: Der Ausschank des Bieres wurde erst gestattet, wenn das Bier zuvor „beschaut" worden war. In den Städten und Märkten wurden durch die bürgerliche Obrigkeit Bierbeschauer bestellt und vereidigt; sie hatten ein gerechtes, von der Person des Bräuers nicht beeinflusstes Urteil über die Güte des Bieres abzugeben.[22] Diese Beschauer setzten sich aus honorigen Persönlichkeiten zusammen, die über den Verdacht der Bestechlichkeit durch die Brauereibesitzer erhaben waren. In München bestand dieses Gremium beispielsweise aus fünf Männern: einem Stadtrat, zwei Brauern sowie zwei Bürgern der Stadt. In Bruck, dem heutigen Fürstenfeldbruck, waren es „g'standene" Mitbürger aus dem Markt, Handwerksmeister und Hausbesitzer. Die Beschauer mussten nüchtern zum Probetrunk antreten und durften nur eine beschränkte Zahl von Bieren verkosten, in München waren dies höchstens sechs Biere an einem Tag. Um sich einen klaren Geruchs- und Geschmackssinn zu bewahren, durften sie vor dem Trunk weder Rettich, Zwiebel, Kümmel, Hering, Käse, Schinken, Zuckerwerk noch Senf zu sich nehmen. Auch jeglicher Genuss von Tabak war verboten ... Die Beschauer waren gebietsweise berechtigt, bei geringeren Beanstandungen den Preis einer Maß um einen Kreuzer oder einen Pfennig herabzusetzen.
Wie peinlich genau die Bierbeschau geregelt sein konnte, sei am Beispiel der Dienstanweisungen für die Freisinger Beschau aufgezeigt. Eine Verordnung der hochfürstlichen Hofratskanzlei in Freising vom 12. August 1718 lautet:
„1. Alle vier Bierbeschauer sollen bei einer angesetzten Bierbeschau vollzählig erscheinen. Wenn einer derselben krank oder anderweitig verhindert ist, muß er zum Gerichtsschreiber schicken und sich exaisieren lassen, auf daß weitere Anstalten gemacht werden oder eine andere Stunde zur Beschau genannt werden möge.
2. Neben dem Gerichtsschreiber soll auch der vom Freisinger Stadtrat deputierte Beamte erscheinen. Er hat die Aufgabe, alle im Keller befindlichen Fässer, welche der alle Zeit mit in den Keller gehende Amtmann oder Knecht kennzeichnen muß, sicher zu verpetschieren [versiegeln] hat.
3. Wenn von jedem Faß eine Kanne Bier zur Beschau gebracht worden ist und die Fässer verpetschiert worden sind, hat sich der Bräuer zu entfernen. Dann sollen alle vier Beschauer das Bier verkosten und darüber ihr Urteil abgeben. Der Gerichtsschreiber hat diesen Entscheid dem Bierbräuer anzukündigen.
4. Nach vollendeter Beschau soll keiner der Bierbeschauer einen Nachtrunk tun oder etwas vom Bräu fordern, sondern alle vier Beschauer haben miteinander wegzugehen, damit der Respekt nicht hierunter leide oder allerhand Mißbrauch oder Eigennützigkeit sich nicht einschleichen können.
5. Keiner von den Beschauern soll heimlich dem Bierbräu eröffnen, was jeder von ihnen votiert hat. Auch soll sich keiner unterstehen, dem Bräu das Bier in seiner Gegenwart zu loben noch herabzumindern, sodaß dieser,

„Historische Bierbeschau" Aquarell Joseph Puschkin 19. Jhdt.

wenn ihm das schlecht befundene Bier abgesetzt worden ist, nicht um dessen Passierung oder Wiederaussetzung bitten kann, sondern jeder soll das Silentium halten. Sonst würde er der gebührenden Strafe verfallen.
6. Wenn das Bier durch die Beschauer gar so schlecht erfunden wird, daß es wegen des üblen Geschmacks oder anderer Mängel ohne Schaden für die menschliche Natur oder die Gesundheit nicht genossen werden kann, so ist es beim Hofpflegegericht sowie beim Hofrat zu hinterbringen, sodaß dieses schädliche Bier auf den Platz geführt und den Fässern der Boden eingeschlagen wird."[23]

Die Bierbeschau, die mit der Lederhose im 15. und 16. Jahrhundert als Variante geübt wurde, ist berühmt geworden:
„Zwei bis drei Männer setzten sich auf eine naturbelassene Eichenholzbank, auf die zuvor der Inhalt einer frisch gezapften Mass gleichmäßig verteilt worden war. Nach zwei Stunden, mit der Sanduhr gemessen, während derer sie mit Speis und Trank versorgt wurden, standen sie auf Kommando gemeinsam auf. Blieb die Bank an den Böden der vollgesogenen Lederhosen kleben, hatte der Brauer die Prüfung bestanden, da genug klebriger Malzzucker im Bier enthalten war."[24]
Für einige andere Städte sind andere, wohl ebenfalls legendäre Spielformen von Lederhosen-Bierbeschauen überliefert. Am einfachsten soll es in Augsburg abgelaufen sein. Hier soll man sich mit einem einzigen Prüfer begnügt haben, der sich nur auf einen Hocker setzte ...

Schlechtes Bier trotz Reinheitsgebot

Es ist erstaunlich, wie viele Klagen über schlechtes, verdorbenes und sogar schädliches Bier es auch noch nach dem Erlass des Reinheitsgebotes von 1516 gegeben hat. Bis ins 19. Jahrhundert muss trotz des Reinheitsgebotes die Güte des Bieres gebietsweise so schlecht gewesen sein, dass ein Zeitgenosse um 1817 klagte, es habe „allmählich an Güte so abgenommen, dass es an erquickender Kraft sich oft nicht über das Wasser erhebt, an Schmackhaftigkeit und Gedeihlichkeit ihm sogar nachsteht." Mit dem bayerischen Reinheitsgebot wurden erstmals auch Kräuter als Bierzusatz verboten, die das Bewusstsein erweitern oder verändern, die als erregender Liebeszauber oder sonst irgendwie berauschend wirken und mit dem bösen Ruf der Magie behaftet waren. Solche Kräuter hatten also im christlichen Sinne sündhafte Wirkungen, die es sicherlich auch zu bekämpfen galt.
Ein Gutachten von Dr. Johann Georg Krünitz aus dem 17. Jahrhundert lautet:
„Es ist daher gar keine zu harte Strafe, wenn der Braueigentümer, der das Bier mit Wurzeln, Tabak, Galgant, Kienruß und anderen schädlichen und ungesunden Sachen verfälscht, mit 10, 20 bis 50 Reichsthalern, und wenn er dessen zum zweitenmahl überführet wird, mit dem Verlust der Braugerechtigkeit auf seine Lebenszeit, der Braumeister aber, so sich zu solcher Verfälschung gebrauchen lassen, mit der Cassation und einer von der Cammer zu bestimmenden exemplarischen Strafe, bestrafet wird. Ja selbst die Verfälschung des Bieres mit Nach- oder Speisebier und mit Wasser, muß sowohl in dem Brauhause als in dem Schenkkeller, sorgfältigst verhütet und nachdrücklich geahndet werden. In dieser Absicht soll der brauende Bürger das Nachbier, bei

nahmhafter Strafe, nicht in seinem Hause, sondern im Brauhause, verkaufen, auch davon weiter nichts nach Hause nehmen als was er für sich und die Seinigen höchst nöthig gebrauchet, und von den Braudeputierten determinieret worden; als welche deswegen, sobald das Brauen vollendet ist, sich in das Brauhaus verfügen, die Quantität und Beschaffenheit des Biers untersuchen, und nicht eher fortgehen müssen, als bis das Bier völlig weg- und in die Keller getragen werden."

In seinem Kräuterbuch von 1731 fordert Tabernaemontanus sogar die Todesstrafe für Bierpanscher: *„Die aber / so Lulchsaamen / Ruß / Bilsensaamen/ Indianischen Kockelkernen und anderen dergleichen schädlichen Dingen das Bier stärcken / sollen verworffen und verdamt werden / und solte man auch diejenigen / so mit dergleichen schädlichen Künsten das Bier verfälschen / als abgesagte Feind des menschlichen Geschlechts / als Dieb und Mörder am Leib und Leben straffen."*

Über die Bierpanscherei der Augsburger Brauer klagt der berühmte Prediger Abraham a Santa Clara (1644 – 1709) schon im Jahr 1700 von der Kanzel herab: „Bei manchem Bräuer aber findet man so kraftloses Bier, dass die Regentropfen, wenn sie ihren Weg über die Dachschindeln nehmen, eine bessere Kraft in sich haben. Auch findet man manche, die einen so liederlichen Trunk machen, dass solcher mehr schädlich als nützlich und oft in dem menschlichen Leib nicht besser haust als in Kriegszeiten ein Regiment Husaren in einem Land."[25]

In seiner „Reise durch den Baierischen Kreis" aus dem Jahre 1784 klagt Johann Pezzl mit bewegenden Worten über miserables Bier, die offensichtliche Gleichgültigkeit der Obrigkeit und die Bestechlichkeit der Bierbeschauer:

„Aber der Regierung sollte doch auch das Wohl jedes einzelnen gemeinen Mannes, dessen einzige Nahrung oft nur Bier und Brot ist, besser am Herzen liegen. Man nennt Baiern das Bierland, und der gemeine Mann bekömmt oft selbst in der Hauptstadt nicht einen guten Tropfen Bier, und muß ein gefärbtes Wasser hineintrinken, schlechter als das natürliche, welches seinen Magen mit Blähungen ausspannt, und ihn, da er sich zu stärken glaubte, entkräftet. Daran ist in München nebst andern Umständen auch dieser hauptsächlich Ursache, weil es den Bräuern nicht erlaubt ist, ihr Bier in gleicher Zeit zu verkaufen; sondern es geht nach Loosen, und da machen allemal nur zwei Bräuer allein auf, und diese behalten so lange offen, und es darf kein anderer auffschließen, bis nicht ihre Fässer, sie mögen nun Gutes oder schlechtes Getränke enthalten, ausgeschenkt sind. Und dann die Bierbeschauer eine der einträglichsten Stellen beym Münchner Stadtmagistrate, die, so oft ein Keller aufgemacht wird, bei demselben Bräuer auch allemal wieder ein sonderbares Festin haben, und für ein gespicktes Papierchen in die Hand gedrückt bei dem elendsten Biere das Aug zudrücken."[26]

Diese Klagen waren sehr wohl berechtigt. Noch im Jahre 1800 starben bei einem Schützenfest im niederbayerischen Pfarrkirchen 13 Leute an verdorbenem Bier! Die schädlichen Zutaten und deren Lieferanten waren nicht zu ermitteln, da auch der Brauer unter den Toten war ...

Wenn es um Kritik an schlechtem Bier geht, klingt gelegentlich Skepsis gegen norddeutsches Bier an; Bier bildete in Bayern stets auch eine Bastion des Patriotismus. Siebert konstatierte 1860 in seiner „Bavaria":

Humorige Bierwerbung der Brauerei Unertl Haag

„Bierverkostung"

„Nachweisungen bezeugen den sehr starken Bierverbrauch in Bayern und nicht ohne Grund ist derselbe bei unsern norddeutschen Brüdern schon oft eine Quelle des Sarkasmus geworden. Dieselben spielen sehr häufig auf diesen Hang zu materiellen Genüssen an, der nothwendig Verdummung herbeiführen müsse, wie sie sagen; wenn sie aber selbst nach Bayern kommen, scheinen sie fast immer die Furcht vor dieser Verdummung zu verlieren und trinken gleich den Eingeborenen tapfer mit, unterlassen auch nicht bis am äußersten Saume der Nord- und Ostsee zahlreiche Brauereien nach bayerischem Muster zu gründen, die es jedoch mit den besten Bieren Bayerns an Güte, Haltbarkeit und Billigkeit noch lange nicht aufnehmen können."

Ein Gerichtsprotokoll von 1834 preist den Triumph bayerischen Biers über preußischen Branntwein: „Gegenwärtig ist ein Betrunkener selbst in den Seestädten eine Seltenheit. Wenig Reformen mögen so viel zur Hebung der Sittlichkeit in Norddeutschland beigetragen haben wie die Einführung des bairischen Bieres."

Skepsis gegen „nordisches Bier" schien angebracht, noch um 1800 erließ ein „preußischer" Bürgermeister ein Verdikt, wonach am Wochenende die Notdurft nicht in den Bach verrichtet werden darf, da am Montag Bier gebraut wird ...

Trotz bayerischem Bierpatriotismus gab es nach dem Ersten Weltkrieg im Grenzgebiet zu Salzburg einen wechselseitigen „Tanktourismus": Je nach dem Wert der Inflationswährungen betrank man sich auf der jeweils billigeren Seite der Grenze, von deren Bahnhöfen dann von „betrunken grölenden, rülpsenden und speienden Horden" berichtet wurde.

Dass die Qualität des Bieres einem echten Bayer wichtiger war als weltgeschichtliche Ereignisse, zeigt folgende kleine Anekdote im Originaltext:

Als der Erste Weltkrieg sich 1917 seinem Ende zuneigte, mangelte es sogar in Bayern an Braugerste, und das Bier wurde immer dünner. Damals kam es in einem Münchener Biergarten zu einer Begegnung, die exemplarisch genannt werden kann. Ein Einheimischer blies verächtlich am Schaum seiner Maß herum, setzte an, trank, prüfte, schnalzte traurig und sagte schließlich:

„s' Bier wird aa allweil dünner!"

„Aber ich bitte Sie", wetterte ein Herr mit gezwirbeltem Durchhalteschnurrbart, der ihm gegenübersaß, „det kann man doch nich so saachen. Wir leben eben in einer großen Zeit!"

„Na ja", raunzt der Münchner weiter, „de kloane war ma liaba!"[27]

Bier und Steuern

Wie alle anderen alkoholischen Getränke wurde auch das Bier allenthalben seit alters her mit einer Steuer belegt. Zu den wichtigsten Aufgaben herrschaftlicher Kanzleien gehörte die Buchführung über Vermögen und Einkommen. Dies bedeutete auch, dass die Abgabepflichten mit ihrer Steuerschuld registriert wurden. Wie andere Landesherren ließ auch Herzog Otto II. von Bayern seine Güter und die ihm zustehenden Abgaben von Höfen um 1230 in einer einzigen Handschrift, dem sog. Urbar zusammenstellen. Urbare, aber auch Sal-, Zins- oder Giltbücher heißen die Verzeichnisse der Einkünfte.

Die Ausübung des Braugewerbes war in München spätestens unter Herzog Ludwig II. dem Strengen (1229 – 1294) an seine Genehmigung gebunden. Das Recht, Bier zu brauen, galt seither als so genanntes Regal des Herzogs. „Regalien bezeichneten ursprünglich alle Hoheitsrechte und Güter eines Königs, die ihm als Grundlage für die Ausübung seiner Herrschaft dienten.“[28] Regalien waren im Mittelalter die Basis des Finanzwesens.

Von da an ging die Entwicklung des Münchner Brauwesens im Vergleich zu anderen bayerischen Regionen eigene Wege. Das Urbar Herzog Ludwigs II. des Strengen von 1280 ist die älteste Urkunde, welche die Besonderheiten des Münchner Brauwesens belegt.

Bereits im späten Mittelalter wurden fast überall in Deutschland Produktions- und Verkaufssteuern auf Bier erhoben. Mit Beginn der Neuzeit und des steigenden Bierkonsums wurde Bier für den städtischen Fiskus und die entstehenden Landessteuerbehörden von immer größerem Interesse. Damals soll trotz sehr niedriger Bierpreise gebietsweise fast ein Fünftel des üblichen Lohnes für den Bierkonsum aufgewendet worden sein.

Die bayerische Gesetzgebung von 1516 hatte zum Erzielen möglichst hoher Steuern festgelegt, dass „auf fünf Scheffel Malz mindestens 15 Eimer Bier“ gebraut werden sollten. Als Grundlage der Besteuerung sollte zumeist die Menge des versottenen Malzes dienen, die man bei den Brauereien ohne Schwierigkeiten feststellen konnte. Für den Einzug dieser Biersteuer, auch Bierpfennig oder Ungelt genannt, wurde in jeder Stadt und jedem Markt ein vertrauenswürdiger Mann berufen, der vereidigt wurde und von den Brauern die Steuer einzog. Dieser Ungelter gab die Steuern an das nächste Kastenamt weiter. Den Malzverbrauch der Brauerei erfuhr der Ungelter von den jeweiligen Müllern, die ebenfalls einen Eid schwören mussten, die Anzahl der für jeden Brauer gemahlten Scheffel Malz dem Ungelter genau zu melden.

Später wurde von diesem hohen Anteil an Malz, der besonders hohe Steuern ergab, abgegangen. Die Brauer gaben selbst zu, dass die strengen Festsetzungen von 1516 niemals befolgt würden. Unterm Jahr 1723 wurde daher verordnet, dass „aus fünf Scheffel trockenen Malzes vom Sommerbier 22 Eimer zu 64 Maß und vom Schenkbier 24 Eimer gegossen werden dürfen.“[29]

Die Reformen unter Montgelas wirkten sich auch auf die Steuerpolitik aus. Der Montgelas-Kataster stellte die Besteuerung des Bodenertrages auf eine neue leistungsbezogene Grundlage. Die im Jahre 1808 neu gestalteten Grundsteuern ergaben nun über zwei Drittel der direkten Steuern, die Gewerbesteuern der konzessionspflichtigen Gewerbe hingegen nur knapp 9 %. Die Landwirtschaft erbrachte damals etwa 65 % des bayerischen Sozialproduktes und war damit die wichtigste Steuerquelle in Bayern.

Im Jahr 1807 wurde im gesamten neuen bayerischen Staat einheitlich ein Malzzuschlag eingeführt, also eine Biersteuer; ein Chronist vermerkt: „zum immerwährenden Schmerz der Biertrinker.“ Diese Besteuerung war allerdings schon seit dem 16. und verstärkt seit dem frühen 18. Jahrhundert üblich, als vielerlei „Aufschläge“ auf Lebensmittel, so auch auf Bier, die zerrütteten Finanzen des prunksüchtigen Kurfürsten Max Emanuel sanieren sollten.

Schmeller definiert die Biersteuer aus seiner Sicht um 1830 so: „Aufschlag der Obrigkeit auf den natürlichen Preis. Der Bieraufschlag, heutzutage da er vom Malz erhoben wird, auch Malzaufschlag genannt, Wein-, Branntwein- und Metaufschlag existieren in Bayern seit 1543, wo auf dem Landtag ein ‚gemainer Aufschlag‘ auf alles Getränk – unter anderm auf den Eimer Bier 2 Kreuzer – bewilligt wurde, und zwar bis eine drückende Landschuld von 600 000 fl. rhein. abbezahlt sein würde. Da aber die Schulden nie abnahmen, sondern sich immer lieber vermehrten, so hörte auch der Aufschlag nicht auf, sondern stieg immerdar, so daß heutzutage z.B. vom Bier jede Maß 1 Kreuzer bezahlt.“[30]

Die Verfassung von 1818 legte auch den Malzaufschlag zum Bier als Dauerabgabe fest. Diese Aufschläge sind die Vorläufer der späteren Verbrauchssteuern und auch der seit 1916 sogenannten Umsatzsteuern. Seit dem Jahr 1910 wird der Malzaufschlag nicht mehr nach Scheffeln, also nach dem Volumen, sondern nach dem Gewicht des Malzes erhoben.

Das Weißbiermonopol Maximilians I.

Für das Brauwesen im mittelalterlichen Bayern war das aus Weizen gebraute Weißbier ohne nennenswerte Bedeutung, ganz im Gegensatz zu Böhmen, wo es damals schon bekannt war. Von dort gelangte es erst im späten 15. Jahrhundert über die Oberpfalz nach Niederbayern. Das Weißbier hat den Vorteil, dass es auch im Sommer bei Temperaturen von 15 bis 20 °C gebraut werden kann, wogegen Bier aus Gerstenmalz nur bei Temperaturen zwischen 4 und max. 9 °C gebraut werden durfte. Um die Sommermonate zu überbrücken, wurde das braune Gerstenbier ab März stärker und dadurch haltbarer gebraut, es schmeckte auch besser als das dünne Winterbier, war aber auch teurer. Das bayerische Reinheitsgebot von 1516 erlaubte nur Gerste als Ausgangsstoff der Bierbrauerei. Kurfürst Albrecht V. hatte 1567 durch ein weiteres Verbot das Brauen von Weizenbier stark eingeschränkt und die Gründung neuer Weißbierbrauereien bei Strafe verboten. Die Verbote wurden unter anderem auch damit begründet, dass Weißbier ein unnützes Getränk sei, zur Trunksucht verleite und zu viel des lebensnotwendigen Weizens dafür vergeudet werde.

Am Weißen Brauhaus in München

Ausleger am Weißen Brauhaus

Diese Verbote wurden jedoch nur lasch überwacht. Jedenfalls gab es am Ende des 16. Jahrhunderts in Niederbayern über 20 Weißbierbrauereien, die sich auf alte Gewohnheitsrechte beriefen.

Eine Ausnahme von den Verboten genossen zwei begüterte niederbayerische Adelsgeschlechter: Herzog Wilhelm IV. hatte 1548 den Freiherren von Degenberg und Wilhelm V. 1586 auch den Grafen von Schwarzenberg das Privileg zum Weißbierbrauen erteilt. Diese beiden privilegierten Fürstenfamilien einigten sich nach anfänglichem Zwist auf ihre jeweiligen Absatzgebiete im niederbayerischen Raum und erzielten mit ihrem schmackhaften Weißbier beachtliche wirtschaftliche Erfolge.

In der Verleihungsurkunde von 1548 hatte Wilhelm IV. jedoch vorsorglich festgelegt, dass im Falle des Aussterbens der Degenberger deren Weißbierprivileg an die Wittelsbacher übergehen solle. Sein Sohn Albrecht V. zeigte am Weizenbier offenbar kein Interesse. Erst dessen Nachfolger Wilhelm V. hatte erstmalig, wenn auch nur zögerlich überlegt, durch eigene Weißbierbrauereien seine Finanzen zu verbessern. Er beließ es jedoch bei der Gründung des Hofbräuhauses in München, das zunächst nur das dunkle Gerstenbier braute. Eine Wendung in der Geschichte des Weißbieres trat mit dem Aussterben der Degenberger in männlicher Linie im Jahr 1602 ein.

Maximilian I., seit 1597 Herzog, seit 1623 Kurfürst, nutzte seine vertraglichen Ansprüche von 1548 und übernahm die drei Weißbierbrauhäuser der Degenberger. Das dortige, geschulte Personal wurde von ihm weiter beschäftigt und besoldet. Maximilian I.

baute nun sehr geschickt und zielstrebig das Brauen von Weißbier zu einem landesherrlichen Monopol aus. Dabei war er bemüht, sich durch Ankäufe konkurrierender Brauereien des einträglichen Weißbiermarktes zu bemächtigen.

Bis zum Jahr 1612 hatte er neun weiße Brauhäuser gegründet, darunter das weiße Hofbräuhaus in Traunstein. Bis 1642 trieb er Gründungen und Übernahmen von Weißbierbrauereien voran. Besonders bemerkenswert ist das soziale Verantwortungsbewusstsein Maximilians I. gegenüber seinen Untertanen; seine Sozialleistungen bestritt er teilweise aus den Gewinnen der Weißbierbrauerei. Bei der Zuteilung von Ausschankgenehmigungen für Weißbier bevorzugte er arme oder in Not geratene Antragsteller. Witwen verstorbener Braumeister konnten auf eine bescheidene finanzielle Grundsicherung vertrauen. Im Rahmen seiner staatlichen Armenfürsorge ließ er Almosen an Mittellose verteilen, neben Geldspenden auch Getreide aus dem herzoglichen Brauwesen. Er leistete für einige Städte und Märkte bei Brand- und Naturkatastrophen finanzielle Hilfen für den Wiederaufbau, förderte schulische und kirchliche Einrichtungen und stiftete zu besonderen Anlässen Freibier.

Sein Weißbiermonopol bestand fast 200 Jahre bis zur Aufhebung durch Kurfürst Karl Theodor 1798. Kurfürst Maximilian I. ist nicht nur durch die Begründung des Weißbiermonopols der Wittelsbacher bekannt geworden. Er gilt neben Kaiser Ludwig dem Bayern und König Ludwig I. als eine der bedeutendsten bayerischen Herrschergestalten.[31]

Weißbiersortiment der Brauerei Unertl, Mühldorf a. Inn

Bierkrieg, Bierkrawall, Bierboykott

Bierkrieg in der Literatur

„Die Bayern sind ein derbes, aber gutmütiges Volk, sie ließen eher Holz auf sich spalten, als dass sie zu einem Aufstand zu bringen wären. Doch man nehme oder verkümmere ihnen ihr Bier, und sie werden wilder revolutionieren als irgendein Volk.“[1] So stand es im Jahre 1832 in einer Pariser Zeitung.

In der Tat dürfte der Bierpreis in Bayern früher weit mehr als anderswo als wesentliches Kriterium für den Lebensstandard gegolten haben. Man behielt den aktuellen Bierpreis stets im Auge und begegnete jeder noch so kleinen Preiserhöhung mit Argwohn. Die Brauer standen stets im Verdacht, sich unmäßig bereichern zu wollen. Aber es blieb nicht nur beim Granteln, Murren und Knurren; wenn der Volkszorn irgendwo überkochte, dann beim erhöhten Bierpreis.

In den gehobenen Reimen vom „Nürnberger Bierkrieg“[2] aus dem Jahre 1924 ist dies humorvoll verklärt:

Zu Nürenberg, der alten Stadt
der Türmlein und der Erker,
wenn da der Mensch kein Bier nicht hat,
so wird er zum Berserker.
Es war ein Schlachten, glaubt es mir,
als wie vor Trojas Mauern:
Die Helene hieß hier Bayrisch Bier,
der Feldzug galt den Brauern.
Es galt dem Bier und nebenbei
dem öffentlichem Wohle.
„Bier her!“, so hieß das Feldgeschrei
und „billig“ die Parole.
Heil uns, dass noch ein deutscher Mann
steht auf der Freiheit Wache!
Dass er sich noch begeistern kann
für eine große Sache!
So lasst uns fest zusammenstehn,
der Bildung Pioniere!
Mag Erd' und Himmel untergehn –
Hurra! Wir geh'n zum Biere.

In der Sprache des Volkes klingen solche Reime ziemlich holprig:

Es war wo a Streit weg'n Bierteuerung –
An Kreuzer glei mehr, des is wirkli zu dumm.
Schreit oana: Die Brauer die werd'n reich
Und kriag'n alle ballongroße Bäuch.
Drum hab'ns a scho gestern, es is net dalog'n
Auf oamal, hört' an, zwoa Bierfahrer daschlog'n.

Die staatspolitische Bedeutung von Bier und Bierpreis betonte besonders Siebert in der „Bavaria“ von 1860 und forderte, „... dass das Publikum in einem Lande, wo das Bier gleichsam das fünfte Element ausmacht, nicht nur mit gerechtem, sondern auch mit wohlfeilem Biere versehen sein will, und wenn etwas in Bayern im Stande ist, das Volk aufzuregen, selbst Revolutionen herbeizuführen, wie es sich schon thatsächlich zeigte, so ist es der Gehalt oder der festgesetzte Preis des Bieres. Bierbrauerei und Taxierung des Bierpreises sind daher Sachen von der größten Wichtigkeit für die Regierung, welche es sich nicht selten für nöthig hielt, die Fragen darüber dem Staatsrathe, ja selbst den Ständen des Reiches zur Prüfung und Lösung vorzulegen ...“[3]

Schon um 1720 wird aus Stettin von einem Volksaufstand anlässlich einer Bierpreiserhöhung berichtet. Etwa 3000 wütende Menschen haben damals Brauereien und Wirtshäuser angegriffen.

Bierkriege in München

Besonders berühmt wurden aber die Münchner Bierkrawalle vom Jahre 1844. Am 1. Mai wurde der Preis für das teurere Sommerbier bekannt gemacht, der wegen des aufwändigeren Verfahrens gegenüber dem Winterbier um einen halben Kreuzer angehoben wurde. Was diese Verteuerung bedeutete, lässt sich am Tageslohn eines Taglöhners ermessen, der

etwa 40 Kreuzer betrug. Obwohl die Brauer beteuerten, dass der höhere Sommerbierpreis auch diesmal wie jedes Jahr von der Obrigkeit festgelegt worden sei, kam es zu einem blutigen Krawall; auch Soldaten wollten von ihrem geringen Sold den höheren Bierpreis nicht bezahlen. Von diesem Mai-Krawall wurde u.a. berichtet: „Es verging keine Viertelstunde, da waren im genannten Bräuhause (Maderbräu) alle Fenster zerschlagen, Türen und Türstöcke aus den Mauern gerissen und eine allgemeine Zerstörung aller Möbel in den Gastzimmern angerichtet ...“[4]
Die dort entfachte Wut der Massen ergoss sich über weite Teile Münchens, insgesamt wurden damals 33 Brauereien völlig verwüstet, ein Bürger und ein Soldat kamen ums Leben. Die wütende Menge konnte erst nach einigen Tagen durch den Einsatz von Polizei und Militär beschwichtigt werden, nachdem die Brauer die Preiserhöhung wieder zurückgenommen hatten.
Im Oktober 1844 kam es zu einem weiteren Aufstand, ein Zeitzeuge berichtete:
„Die Tumulte von gestern hatten sich in vergrößertem Maße wiederholt. Schon vormittags zog eine tumultierende Masse aus Soldaten, Gesellen, halb erwachsenen Burschen und Weibspersonen nach dem Thal und demolierte bei den Bräuern, was ihnen unter die Hände kam und betrank sich auf offener Straße unter viehischem Gebrüll.“ Die Gendarmerie verzeichnete seinerzeit neben der Verwüstung mehrerer Brauereien 7 schwer und 34 leicht Verletzte. Anlässlich dieser Revolution wurde der Ausnahmezustand über die Stadt verhängt und der Stadtkommandant abgesetzt. Das Bier wurde kurz darauf wieder zum alten Preis ausgeschenkt.

Wegen Bierteuerung stürmen im Jahre 1848 Münchner das Pschorrbräuhaus

„Im Oktober 1844 setzte König Ludwig I. den Bierpreis im königseigenen Hofbräuhaus sogar auf 5 Kreuzer herab, um dem Militär und der arbeitenden Klasse einen gesunden und wohlfeilen Trunk zu bieten.“ In der Folgezeit hat der König jeweils vor Beginn der Sommerbierzeit vorsichtshalber die Armee in erhöhte Alarmbereitschaft versetzt!
Einen abermaligen Bierkrawall verzeichneten die Münchner Annalen fürs Jahr 1848, als der Bierpreis im Oktober wegen erhöhter Kosten für die Rohstoffe angehoben wurde. Auch damals wurden mehrere Brauereien völlig verwüstet. „Nachdem sämtliche Brauer mehr oder weniger scharf mitgenommen waren, ging es zu Pschorr in die Neuhausergasse. Das Militär sperrte die Eingänge, und die Bräuknechte hieben mit Knütteln und Holzscheiten auf die Masse, wobei ein Mann getödtet, mehrere aber tödlich verwundet wurden. Hierauf entstand nun ein Greuel der Verwüstung furchtbarer Art. In der Privatwohnung des Brauers wurde total alles demoliert.“[5]
Der Volkszorn richtete sich dieses Mal nicht an die Obrigkeit, sondern unmittelbar gegen die reichen Brauer.
In der Folgezeit werden gewalttätige Ausschreitungen erst in den Jahren 1865 und 1866 erwähnt, abermals mit Toten und Verletzten. Dann kehrte für 20 Jahre Bierpreisruhe ein in München.
Am 23. März 1888 aber ereignete sich beim Salvatorausschank auf dem Nockherberg nach einer Preiserhöhung um einen Pfennig eine spektakuläre Bierschlacht. Der München-Korrespondent des Bayreuther Tagblattes berichtete 1890 darüber: „Schon an die 150 Jahre geht es her, dass die Münchner, wenn der Salvator ruft, in hellen Scharen den im Osten der Stadt gelegenen ehemaligen Paulaner Klosterberg erklimmen und sich, Kind und Kegel eingeschlossen, das köstliche Nass zu Leibe führen. Manchmal bleibt es nicht friedlich. Wie vor zwei Jahren, wo am Maria Verkündigungstag aus nichtigem Anlasse – ein Trunkenbold hatte einem Gast den Zylinder tief bis zur Nase über die Stirn geschlagen – eine furchtbare Saalschlacht entbrannte. In der Halle flogen so viele Maßkrüge gegen Köpfe, dass die Gäste sich unter die Tische flüchten mussten. Nachdem die Gendarmerie nichts gegen die Tobenden auszurichten vermochte, griffen Schwere Reiter von der nahen Isarkaserne ein und hieben mit ihren Säbeln brav auf die Trunkenbolde. Der Verletzten, darunter solche mit bösen Blessuren, waren viele. Schuld an dem Biergefecht trug der Umstand, dass zur Überwachung von 2000 Salvatorzechern nur ein einziger Gendarmerieposten abgestellt worden war. Dieser Übelstand soll nun abgeschafft und der neue Überwachungsdienst im jetzt sogar mit elektrischen Lampen versehenen Salvatorkeller ein vollkommener sein ...“[6]
Auch damals bewirkte der Volksaufstand die Rücknahme der Preiserhöhung. In der Folgezeit verzeichnen die Münchner Annalen keine weiteren, nennenswerten Bierkrawalle, die Leute scheinen abgestumpft zu sein oder sie hatten andere Sorgen ...

Der Dorfener Bierkrieg

Im 20. Jahrhundert wurde Dorfen im Landkreis Erding durch einen Bierkrieg bekannt, der 1910 zu schweren Unruhen führte und Anfang eines langen Streits um den Bierpreis wurde. Das Deutsche Reich hatte damals auch von Bayern höhere Steuern für seine militärische Aufrüstung gefordert. Das daraufhin beschlossene Malzaufschlaggesetz führte dazu, dass eine Maß Bier beim Wirt über Nacht 26 statt 24 Pfennige kostete. Dies erzürnte die Dorfener so sehr, dass sie am 5. Juni 1910 einige Brauereien und Bierwirtschaften in Brand steckten, die teilweise samt den benachbarten Gebäuden ausbrannten. Die herbeigerufene Polizei griff die wütenden Brandstifter sogar mit Steinen an; einige von ihnen wurden danach wegen Landfriedensbruch angeklagt, konnten sich aber vor Gericht an nichts mehr erinnern. Da die Brauer um ihr Leben fürchteten, zogen sie die Bierpreiserhöhung sofort zurück, worauf sich die Lage beruhigte. Gegen Jahresende wurden die Bierpreise allerdings wieder klammheimlich erhöht.

Bierboykott

Ein weiteres Mittel des allgemeinen Protestes war der schon lange zuvor mehrfach erprobte Bierboykott nach dem Motto: Jeder ist verpflichtet, so lange kein 26-Pfennig-Bier mehr zu trinken, bis der Preis wieder auf 24 Pfennig gesunken ist. Vielerorts erfolgte auch daraufhin eine Senkung des Bierpreises. Da die Arbeiter als Druckmittel statt des gewohnten Biers ordinäres Wasser getrunken hatten, vermutlich in schlechter Qualität, scheiterte jedoch diese Art von Boykott. Der „Bayerische Kurier" meldete darüber im Jahr 1910: „Das Wasser verursacht unseren Arbeitern heftiges Leibweh und starken Durchfall. In einer Werkstätte mussten sich 17 Arbeiter wegen zu starken Wassergenusses in ärztliche Behandlung begeben. Unsere bayerischen Mägen können eben Wasser auf die Dauer nicht vertragen ... Daran stirbt der Bierboykott."[7]

Bierboykotte gab es um die vorletzte Jahrhundertwende auch anderorts, so in Berlin 1894, in Hamburg und im Rheinland 1904, allerdings auch im Rahmen von Arbeitskämpfen zur Durchsetzung gewerkschaftlicher Forderungen. In Hamburg scheiterte dieser Boykott allerdings an mangelnder Solidarität, weil sich viele Bierliebhaber nicht schämten, das boykottierte Bier zu trinken ... Eine der jüngsten Bierrevolutionen fand am Ende des 20. Jahrhunderts statt. Die Anwohner der „Waldwirtschaft" in Großhesselohe zogen wegen nächtlicher Ruhestörung 1992 vor das Münchner Verwaltungsgericht und erreichten, dass diese beliebte Bieroase an zwei Sonntagen im Monat schließen musste, an den übrigen Tagen um eine halbe Stunde früher. „Vorbei schienen die Zeiten, als das Münchner Verwaltungsgericht noch die Biergärten zum öffentlichen Interesse der Bewohner erklärte und die Klagen der Biergartennachbarn abwies, so wie das bei einem Prozess 1995 um den Dachauer Zieglerkeller der Fall war. Doch da erhob sich das aufgebrachte Volk, das seine Tradition bedroht sah, zur Revolution. Im Mai 1995 demonstrierten 25 000 empörte Biergartenrevoluzzer auf dem Münchner Marienplatz und riefen die Biergartenrevolution aus." Nach vier Jahren hatten die Revolutionäre gesiegt und die gerichtliche Verfügung wurde gelockert – das rettende Gerichtsurteil aber kam ausgerechnet aus Berlin! „Prost Preußen! Die Revolution hat gesiegt!", triumphierte am 26. Juli 1996 die Münchner Abendzeitung.

Erinnerung an den Bierstreik in Mühldorf vom 22. Mai 1910

Bier im „richtigen" Krieg

Kurz vor dem Deutsch-Französischen Krieg von 1870/71 war bayerisches Bier Anlass für einen Konflikt zwischen den beiden Nationen geworden: Auf der Weltausstellung von 1867 hatten bayerisches und österreichisches Bier über das französische triumphiert. Nur das Bier aus Straßburg wurde mit einer Goldmedaille prämiert, aber das elsässische Straßburg gehörte nach diesem Krieg nun auch zu Deutschland! Viel verhängnisvoller war aber die bekannte Vorliebe der Franzosen für bayerisches Bier, das einfach besser schmeckte und schon seit 1862 zollfrei importiert wurde. Ein Pariser Wochenblatt startete 1886 einige Aufsätze gegen die Invasion des deutschen Bieres und fand unter renommierten Fachärzten Verbündete, die dem deutschen Bier allerlei böse Wirkungen bescheinigten. Es sei voller schädlicher Ablagerungen, es färbe daher den Urin rot, es verursache Kopfweh, Koliken und Blähungen, es mache dicke Bäuche und führe nicht nur zu Harnverhalt; die Mikroben in der deutschen Bierhefe könnten sogar tödliche Krankheiten verursachen. Als besonders wirksames Argument einer Pressekampagne gegen das schädliche deutsche Bier wurde behauptet, es mache impotent und es sei verständlich, dass die Deutschen die Vermehrung der Franzosen und deren militärischen Nachwuchs reduzieren möchten. Ein deutscher Oberst erklärte nach dem Deutsch-Französischen Krieg „... mit aller Bestimmtheit, dass in diesem Feldzuge der Alkohol ein mächtiger Verbündeter des deutschen Heeres gewesen ist."[8]

Eine recht traurige Rolle spielte das Bier im Ersten Weltkrieg, wo es in Maßkrügen und Fässern bis 1918 als erheiterndes Motiv militärischer Postkartenidylle zu dienen hatte. Die schäumende Maß in den Händen der tapferen Vaterlandsverteidiger sollte – neben dem Schnaps als „Offensivwasser" – die Angst vor dem Heldentod abbauen:

„Solang uns diese Blume blüht,
Der Feind vergeblich sich bemüht!"

Der Erste Weltkrieg hat übrigens die Bierproduktion sehr stark reduziert, obwohl das Heer einzelnen Brau-

Bier im Ersten Weltkrieg

ereien fast die Hälfte ihres Ausstoßes abgekauft hatte: Der Krieg beschränkte die Verwendung von Malz, die Gerstenpreise waren gestiegen, die kriegswichtige Kohle wurde rationiert, es wurde versucht, eine rationelle Zusammenlegung von Brauereien durchzuführen. Tatsächlich wurde 1916 das Braurecht auf etwa die Hälfte der Vorkriegszeit herabgesetzt.

„Als übrigens im Ersten Weltkrieg die Biererzeugung eingeschränkt wurde und die deutsche Bierlobby dagegen Sturm lief, erklärten die Berliner Behörden und Heeresdienststellen, dass Bier nicht zu den notwendigen Nahrungsmitteln gehöre, sondern ein entbehrliches Genussmittel sei. Die Heeresleitung meinte, die Verminderung des Bierverbrauchs im Kriege sei durchaus erwünscht im Interesse einer gesunden und sparsamen Volksernährung. Gegen die Abstinenzbewegung war ein ‚Deutscher Abwehrbund gegen die Ausschreitungen der Abstinenzbewegung' entstanden. Das Kriegsministerium verbot, dass seine Flugblätter unter den Soldaten verteilt würden …"[9]

Nach dem Zweiten Weltkrieg stand es mit dem Bier besonders schlecht. Schon im Oktober 1945 wie auch im Frühjahr 1947 war in München ein Bierverbot erlassen worden, mit dem man die Versorgung mit Brot verbessern wollte. Dies brachte die Gewerkschaften auf die Palme, da das Bier nach wie vor als unentbehrliches Volksgetränk galt. Der Kalorienmangel führte zu einem Kräfteverfall der Arbeiter und viele Betriebe sahen sich gezwungen, nur noch 40 statt 48 Wochenstunden arbeiten zu lassen. Im Mai 1948 kam es sogar zu Streiks und 10000 Frauen veranstalteten eine Hungerdemonstration vor der Feldherrnhalle.

Ein Zeitgenosse erinnerte sich: „Das war der Geruch dieser Jahre: Ganz München, oder das was von ihm übrig geblieben war, stank nach aufgewärmtem Sauerkraut … Die meisten Gaststätten hatten nur ein Stammgericht. Es bestand aus aufgewärmtem Sauerkraut, ein wenig fader Blutwurst und ein paar blauen Kartoffeln. Für diese Mahlzeit brauchte man keine Lebensmittelmarken abzugeben. Alles andere war markenpflichtig. Wenn man Glück hatte, gab es das

Bundeswehrsoldaten helfen beim Biertransport

sogenannte Molkebier."[10] Das erstaunliche Fazit vom Bierkonsum in den beiden Weltkriegen:

Vor dem Ersten Weltkrieg war die Bierproduktion mit durchschnittlich 270 Litern je Person etwa doppelt so hoch wie heute – und übrigens zweieinhalb Mal so hoch wie im übrigen Deutschland. Der Zweite Weltkrieg brachte nach statistischen Erhebungen eine vergleichbare Entwicklung, allerdings in noch wesentlich stärkerem Ausmaß: In den westlichen Besatzungszonen lag der durchschnittliche Bierkonsum im Jahr 1948 nur noch bei kläglichen 25 Litern! Den weltweit wohl höchsten Bierpreis brachte übrigens die Inflation nach dem Ersten Weltkrieg mit sich. Die Geldentwertung hatte sich zwar schon während dieses Krieges angedeutet, erreichte aber im Herbst 1922 ihren Höhepunkt und führte 1923 zum endgültigen Zusammenbruch der Währung. Diese Inflation traf die Bayern besonders hart: Ein Glas Bier kostete damals 150 Milliarden Mark und auch dafür bekam man nur noch Dünnbier! Dagegen half auch keine Revolution mehr …

Vom Wohlgeschmack zum Rausch

Der Rausch in der Antike

Schon in frühester Zeit dürften die Menschen die berauschende Wirkung des Alkohols erlebt haben, vermutlich beim gierigen Verzehr von vergorenem Obst. Recht humorvoll klingt eine journalistische Version über die prähistorische Entdeckung des Alkohols und die allmähliche Abhängigkeit von seiner wohltuend berauschenden Wirkung:

„Der Sündenfall hat wohl nicht mit einem Apfel begonnen. Sehr viel wahrscheinlicher ließ eine Handvoll matschiger Feigen den Menschen vom rechten Weg abkommen. Ein Mensch der Vorzeit klaubte Fallobst vom Boden auf und stopfte es arglos in den Mund. Angenehm breitete sich ein bittersüßes Aroma in seinem Gaumen aus. Dann mischte sich Alkohol in sein Blut. Seither funkte sein Hirn eine neue Botschaft: MEHR DAVON!

Dieses verhängnisvolle Verlangen nach mehr und immer noch mehr ist wohl der Ursprung der Alkoholabhängigkeit. Denn einmal vertraut mit der angenehmen Wirkung des Alkohols auf die Gemütslage setzten die Menschen nun alles in Bewegung, um sich mehr davon zu verschaffen.“[1]

Offenkundig gehörte die Versorgung mit alkoholischen Getränken sehr viel früher als allgemein angenommen zu den erworbenen Grundbedürfnissen und Errungenschaften der Menschen. Schon vor 9000 Jahren rührten Bewohner eines steinzeitlichen Dorfes in China eine Art Met mit 10 % Alkoholgehalt an ... Die negativen Wirkungen von „zu viel davon“ werden schon in ältesten Dokumenten beklagt. Den Bierrausch kannte und verdammte man schon im alten Mesopotamien: „Bier lässt aufhören, ein Mensch zu sein, denn es lässt deine Seele herumirren. Du bist dann wie ein verbogenes Steuerruder in einem Boot, oder wie ein Schrein ohne Götterbild, oder wie ein Haus ohne Brot. Du stolperst und fällst der Länge nach hin und bist nun besudelt mit Kot ...“[2]

Auch die alten Ägypter fanden es vergnüglich, sich zu berauschen. Beim alljährlichen Fest der Göttin Hathor in Dendera haben die Pilger in ihrem Durst Unmengen von Bier getrunken. Die Ägypter kannten aber auch die verheerenden Wirkungen maßlosen Biergenusses, wie eine hieroglyphische Inschrift aus der Zeit um 1500 v. Chr. zeigt:

Rausch im Alten Ägypten

„Mach dich nicht selber hilflos durch Trinken in der Bierkneipe, damit sich die Worte deiner Rede nicht wiederholen und aus deinem Mund herausquellen, ohne dass du weißt, dass du sie geäußert hast. Du fällst hin, brichst dir die Knochen und keiner deiner Saufkumpane gibt dir die Hand, um dir zu helfen. Sie werden aufstehen und sagen: Raus mit dem Trunkenbold.“[3]

Von der unkontrollierten Redseligkeit bis zum Verlust des Gleichgewichts reichen die Mahnungen und Warnungen in der ältesten Literatur.

Eines der trefflichsten Worte zum Suff umspannt Jahrhunderte des Rauschgefühls: „Den Wilden kommt der Zustand des Rausches himmlisch vor, die Griechen hielten einen immerwährenden Rausch für das schönste Dasein nach dem Tod, und die Teutonen glaubten sich durch den Rausch nach Walhalla versetzt.“[4]

Was nun die Einstellung der alten Griechen zum Rausch betrifft, so machen wir eine interessante Feststellung: Unterschied doch der griechische Philosoph Platon den „profanen Rausch“ vom „göttlichen Rausch.“ Im „göttlichen Rausch, in dem der Berauschte mit göttlichen Energien in Verbindung trat und im Zustand der Ekstase eine mystisch-heilsame Erfahrung machte, erwuchsen ihm schöpferische Kräfte.“ So lehrt uns Brigitte Veiz. Der „profane Rausch“, der maßlose Rausch, der hemmungslose

Lust versprach, endete im hemmungslosen Chaos. Dionysos war der Gott des Rausches, der Fruchtbarkeit und des Weines. Aus der gesamten antiken Welt, von Babylon über Athen bis hin nach Rom lassen sich dionysische Feste nachweisen. Und genau diesen ausschweifenden Dionysos-Kult ließ der gefürchtete Tyrann Peisistratos (600 – 527 v. Chr.) zum Staatskult erheben! Als orgiastisch exzessive Weinfeste unvorstellbaren Ausmaßes werden die dionysischen Feste beschrieben, die „einen Taumel, eine sinnliche oder auch seelische Erregtheit oder Entzückung hervorriefen, bei der man seiner Sinne nicht mehr mächtig war ..." Brigitte Veiz schreibt weiter:
„Diese jeweils 3 Wochen dauernden Dionysien im antiken Athen waren weinselig, euphorisch und von unvorstellbarer sexueller Freizügigkeit geprägt." Aus allen Ecken der antiken Welt von Babylon bis Rom lassen sich diese dionysischen Feste nachweisen. Eine Fortsetzung des Dionysoskultes fand sich schließlich in den Bacchanalien der Römer vom 5. bis zum 2. Jahrhundert v. Chr. „Die Orgien auf diesen Festen nahmen schließlich derart überhand, dass sich der Römische Senat im Jahr 186 v. Chr. schließlich gezwungen sah, restriktive Maßnahmen zu ergreifen ..."

Der mittelalterliche Suff in deutschen Landen

Aus dem 13. Jahrhundert v. Chr. beklagt eine Inschrift: „Man sagt mir, von Straße zu Straße stinkt alles zum Himmel nach Bier. Bier wird die Männer von dir abwenden und deine Seele in Verderbnis bringen."
Sebastian Brant (1457 – 1521), einer der bedeutendsten Dichter und Humanisten seiner Zeit, geißelt in seinem berühmten „Narrenschiff" von 1494 die Laster und Torheiten seiner Zeit. Seine Mahnung zur Mäßigung kleidete er in originelle Verse:

Die Biersäufer dazu ich meine
Wenn einer trinkt 'ne Tonne alleine
Und wird dabei so toll und voll
Man stieß mit ihm die Tür auf wohl.

Rausch im Mittelalter (Ende 14. Jhdt.)

Ein Narr muss saufen erst recht viel
Ein Weiser trinkt mit Maß und Ziel
Und ist dabei doch viel gesunder,
Als wer's mit Kübeln schüttet runter.[5]

Über die Sauflust der Sachsen entrüstet sich 1536 Boemus Aubanus: „Zum Getränk brauchen die Sachsen Bier, welches sie so gierig und unmäßig einschlucken, dass man bei ihren Gastungen und Trinkgelagen, wenn die Trinkgesellen aus Gläsern und Kannen nimmer genug eingießen können, einen vollen Kübel aufstellt, eine Schale hineinlegt, und dann anmahnt, nach Belieben zu trinken. Es ist ganz unglaublich zu sagen, wie viel von diesem Getränk sie saufen, wie sie einander ermuntern und zwingen. Bis zur Trunkenheit und zum Erbrechen getrunken zu haben, ist nicht genug, sondern wieder bis zur Nüchternheit, indem sie Tag und Nacht fortmachen. Wer alle übersäuft, trägt nicht nur Lob und Ruhm davon, sondern auch einen Kranz aus wohlriechenden Blumen und

Seligkeit im Rausch. Postkarte um 1900

Rosen, oder sonst einen Preis, um den sie gestritten. Kommt ein Gast oder eine andere Person an einen Ort, wo getrunken wird, so stehen alle Tischgenossen auf und bitten ihn, nach dargereichtem Becher, dienstwilligst zum Mittrinken. Schlägt er es, ohne vorgebrachte Ursache, etliche Male aus, so wird er für einen Feind gehalten ...“[6]

Sebastian Franck von Wörd schildert in seiner Weltbeschreibung von 1567 den Suff der Sachsen besonders drastisch: „Solche Biertrinker sind es, dass man ihnen etwa mit Kannen nicht genug zutragen mag, sie setzen vielmehr einen Melkeimer voll Bier auf den Tisch, darin ist eine Schüssel. Wer Durst hat, der trinkt, ja, sie saufen einander daraus zu. ... Keine Kuh könnte so viel trinken wie eines dieser Säue, schier unglaublich zu sagen. Sie trinken Tag und Nacht, bis sie voll und wieder nüchtern werden; wer im Trinken ihr aller Meister ist, der empfängt nicht aller Lob, sondern Lohn und einen Kranz dafür. Wer nicht mitsäuft, der packe sich.“[7]

Dass ein Trinkgelage zwangsläufig im Rausch endete, hatte seinen Grund in einem gewissen Saufzwang. Man hätte die Regeln der Geselligkeit verletzt, hätte man vorzeitig aufgehört oder einen angebotenen Trunk ausgeschlagen oder nicht erwidert. Noch im 16. Jahrhundert endete jedes ordentliche Trinkgelage im Vollrausch: „Jeder, der es vorher beendet hätte, hätte die Gemeinschaft beleidigt und sich von dieser ausgeschlossen. So entstand eine ambivalente Verbindung von freundschaftlicher Zuneigung und sozialer Kontrolle, die keinem ohne weiteres gestattete auszubrechen. Ein derartiger Ausbruchsversuch oder eine Verletzung der festgelegten Trinkrituale führte zur zünftigen Schlägerei ...“[8]

Der Suff in der Neuzeit

Vor dem Dreißigjährigen Krieg hieß es in einem Traktat über die deutsche Trunksucht: *„Was möchten die Teutschen beym Trunck ärgeres thun, dann sich biß an die Gurgel vollsaufen, das Wasser unter den Tisch abschlagen, die Gläser zerbeissen, Lichtbutzen fressen, und zum Abschied Weiber und Töchter nothzwingen wollen?“*[9]

Als ab 1550 das Bier in Bayern den Weingenuss zurückgedrängt hatte, blieb dies nicht ohne sichtliche Folgen. „Dick, gravitätisch, mit großen Bäuchen treten uns Kurfürsten wie biedere Bürger auf Bildern des 16. bis 18. Jahrhunderts entgegen. Der Tag des Bürgers begann mit Bier und endete mit Bier.“ Johann Pezzl klagt in seiner „Reise durch den Baierischen Kreis“ 1784: „Überhaupt ist eben das viele Biertrinken in Baiern Ursache von der außerordentlichen Dicke der Einwohner; und wenn weniger Bräuhäuser wären, würden auch die Obstbäume besser gezogen werden ...“[10]

In einem Physikatsbericht für das Landgericht Freising 1858 – 1861 zeichnete ein Amtsarzt ein drastisches Sittengemälde: „Das Wasser ist dem Bauern zu naß und er hält es viel lieber mit dem Biere, mit welchem sich zu berauschen er im Geringsten nicht ansteht; ja ich möchte behaupten, daß derartige Trinksucht die nie versiegende Quelle allen Uebels, der Prozesse der Körperverletzungen etc. ist ...“

»Von uns das erste Bier ausgeschenkt, sehr gut und alles voll Leut. Michl und Müller von Höhenkirchen solche Räusch, dass sie zehnmal umgeworfen.«

Tagebucheintrag des Brauereigründers Johann Liebhard vom 2. Februar 1878

Durch die Jahrhunderte ziehen sich Anordnungen und Strafandrohungen gegen die anstößigen Folgen übermäßigen Bierkonsums. So findet sich schon unterm Jahr 1600 in einer „Krugordnung“ für Schneidergesellen u. a. folgende Sanktion: *„Da jemand so unmäßig trincket, und er's auf der Herberg ungebührlich wiederumb von sich giebt, soll umb ein Marck unnachläszlich gestraffet werden.“*

Trefflich hatte Goethe das Suchtverhalten auf den Punkt gebracht: „Das erste Mal schauert man, und hat man 's eine Woche getrunken, so kann man 's nicht mehr lassen.“ Von Goethe gibt es aber auch noch ein wahrlich böses Bierwort: „Das Bier macht das Blut dick und verstärkt zugleich die Berauschung durch den narkotischen Tabaksdampf. So werden die Nerven abgestumpft und das Blut bis zur Stockung verdickt. Wenn es so weitergehen sollte, wie es den Anschein hat, so wird man nach zwei oder drei Menschenaltern schon sehen, was diese Bierbäuche und Schmerlümmel aus Deutschland gemacht haben.“

Goethes Zeitgenosse Johann Pezzl fand 1784 aber auch einsichtige Worte für die Trinkgewohnheiten des gemeinen Mannes, dafür beleuchtet er seltsame Übelstände in der Metropole des Bieres: *„Die Baiern lieben den Trunk sehr. Es giebt abscheuliche Säufer unter ihnen; und wenn Handwerker oder Bauern Bankrott werden, ist die Ursache gemeiniglich im Bierkruge zu suchen ...“*

Als dann im 19. Jahrhundert im Zuge der beginnenden Industrialisierung der billige Alkohol vor allem in der Arbeiterschaft zum Problem wurde, lesen wir in der Nürnberger Ordnung für Fuhrleute und Knechte von 1825 in unmissverständlicher Sprache: *„Wenn du zu Tische bist, so denke nicht, wenn du nur alles auffressen oder aufsaufen könntest, es kostet ja doch nicht mehr als die Mahlzeit. Du möchtest dich toll und voll saufen, welches doch das Vieh nicht thut und hernach auf dem Weg im Dreck herumkugeln wie ein Mistschwein.“*

Unnachahmlich bleibt eine bitterböse Passage im „Münchener Panorama: „Ein Biertrinker, der den Namen verdient, ist stattlich beleibt, seine Hände sind fleischig, dick, die langen Finger sind nicht mehr wie durch Schwimmflossen verbunden, sondern sie stehen eben, gleichwie kurze Bratwürste auseinander. Der Bauch ist schön aufgebläht und schlottert nicht, sondern er lässt sich gravitätisch vorwärts schieben. Der gewöhnliche Ausdruck des Auges ist ein festes Vorsichhinsehen, in der vulgären Sprache Stieren oder Glotzen genannt. Während der Mund trinkt, offenbart sich darin aber ein hoher Grad an zärtlicher Schwärmerei. Nun endlich die

„Der dicke Schorsch“ Postkarte um 1910

Besoffene Bergsteiger. Postkarte um 1900
Darüber: „Muatta, wann hat denn da Vatta ausgschlafen?"
„Bal er halt wieder Durscht kriagt ..." (Simplicissimus um 1900)

Katzenjammer Postkarte um 1910

Nase: Ein Schwamm im Entstehen – glühend wie ein roter Fingerhut ..."
Ums Jahr 1900 schildert ein Franzose das Biermilieu kurz und drastisch: „Die Münchner sind große Säufer. Da saßen Kopf an Kopf die bereits betrunkenen Saufbolde, grölten aus vollem Hals, schunkelten und schlugen die leeren Maßkrüge in Scherben, Händler boten Brathendl feil, verkauften Steckerlfische, Brezeln, Semmeln, Wurstwaren, Zuckerzeug, Reiseandenken, Ansichtkarten."[11]

Strafen gegen Suff

Strafandrohungen gegen exzessiven Alkoholgenuss ziehen sich wie ein roter Faden durch weite Teile der Menschheitsgeschichte. Strafen bei Suff finden sich vor allem in den mittelalterlichen Städten. Dort konnten notorische Trinker den allgemeinen Besitzstand schmälern, da die Gemeinschaft auch für Bürger aufzukommen hatte, die durch Suff in Not und Elend geraten waren.
Der in ständige Kriege verwickelte Kaiser Maximilian I. versuchte schon im 15. Jahrhundert, seinen Untertanen den Suff zu verbieten. Besoffene Söldner waren nicht kriegstüchtig und neigten zur Meuterei.

Als wiederholte Verbote vergeblich blieben, verkündete er auf dem Reichsabschied zu Köln 1512: *„Darumb und sonderlich, die weil aus dem Zutrinken Trunkenheit, und aus Trunkenheit viel Laster entstehen, also das sie die Zutrinker in Fährlichkeit ihrer Ehren, Seel, Vernunft, Leibes und Guts begeben."*[12] Er forderte, „das bei merklich hohen Pönen zu verbieten", und zwar für jedermann, ohne Rücksicht auf sozialen Status. Als letztes Druckmittel drohte er an, dass das Kaiserliche Kammergericht empfindliche Strafen gegen notorische Säufer verhängen solle.

Gewalttaten im Suff

Exzessiver Alkoholgenuss war in Deutschland namentlich zu Beginn der Neuzeit – im 16. Jahrhundert – und mehr noch im 17. Jahrhundert verbreitet. Im Zuge der Zentralisierung der Staaten erfolgten strenge Verbote und Regelungen in großer Zahl. Auch in der Gegend von Regensburg war man in angetrunkenem Zustand bei Meinungsverschiedenheiten nicht zimperlich. Auch hier neigte früher der Bayer dazu, nicht mit den Waffen des Geistes und der hehren Worte zu kämpfen, damals griff man zu den Waffen, die einem zu Gebote standen – und das war im Wirtshaus praktisch alles, was nicht niet- und nagelfest war: Vom Bierkrug bis zu den massiven Holzstühlen, von der Bratpfanne bis hin zum Schnappmesser. Man machte seinem Zorn ganz spontan Luft – ohne Rücksicht auf Verluste. Da wurde nicht lange herumgefackelt und wenn es sich ergab, scheute man auch nicht davor zurück, dem Wirt mit dem Schnappmesser, mit dem man gerade noch den Speck geschnitten hatte, direkt in seinen feisten Bauch zu stechen. Genau das hat sich im Jahr 1885 in Zigetsdorf bei Regensburg abgespielt und der leidtragende Wirt Anton Schneider hat das ohne mit der Wimper zu zucken weggesteckt, hat den Angreifer noch zur Tür hinausgeschmissen und sein durchstochenes Bauchnetz ohne jegliche Infektion und ohne weiteres Gejammere überlebt. Nicht einmal angezeigt hat er seinen Kontrahenten bei der Polizei ...

Die Gerichtsakten und Gerichtsprotokolle vom 17. bis zum Beginn des 20. Jahrhunderts sind reich an dramatischen, aber auch an skurrilen und auch an lächerlichen Vorkommnissen. Nicht nur junge Burschen, auch „g'standene Mannder", ja sogar Greise gerieten im Suff handgreiflich aneinander. So waren laut Gerichtsakte des Marktes Dachau im Jahre 1721 ein greiser Austragler und ein Metzger zusammen beim Wasserlassen. Dabei fragte der Greis den Ortsfremden, wer und woher er sei. Dieser fühlte sich von dem Jüngeren *„vexiert und tribuliert"* und schlug ihm ohne Anlass einen Maßkrug ins Gesicht. Eine Stunde später kam die Revanche – der Metzger schlug seinen Gegner ohne weiteren Wortwechsel vom Stuhl, wobei er dem Greis einen Zahn ausschlug. Vor Gericht machte der angeklagte Metzger geltend, er sei infolge des vorausgegangenen Schlages mit dem Bierkrug noch nicht ganz bei Sinnen gewesen. Das Amtsgericht verurteilte salomonisch jeden der beiden Raufbolde mit einem Pfennig Geldstrafe, der Metzger musste dem Greis auch noch die Behandlung durch den Bader bezahlen ...
Ein Dachauer Schlossermeister war 1637 *„wegen seiner Trunkenheit und unbeschaidner Reden in das Stible gelegt worden, da hat er den Creizstockh spöttisch ausgebrochen und ist ausgerissen."* Einen Kreuzstock – also einen Teil des Fensterstocks – ausbrechen, das ist ein Kraftakt ohnegleichen! Des Schlossermeisters Strafe wurde daraufhin verschärft, er wurde *„in die Eisen geschlagen und in den Stern (= Verlies im Rathaus)"* geschafft. Sogar Frauen konnten sich im Suff recht ungehörig benehmen: Eine Weißbierzäpferin hatte im Zorn einem Weißbierführer *„den Hindern gezaigt..."*[13] Für dieses 1645 begangene Delikt verhängte das Gericht eine Schandstrafe – sie musste sich die Schandgeige anlegen lassen und damit am Pranger stehen ...

Bier für kleine Kinder

Schon im Mittelalter hielt man Bier als durchaus geeigneten Nahrungszusatz auch für kleine Kinder und

Postkartengruß um 1900

das hatte seine guten Gründe: Bier hatte damals einen geringeren Alkoholgehalt als in späteren Zeiten; es war durch das Kochen der Bierwürze weitgehend keimfrei, was man vom damaligen Brunnenwasser nicht erwarten konnte. Es war durch seinen Kalorienreichtum eine wichtige Ergänzung zu der armseligen Nahrung. Außerdem konnte man im Bier auch minderwertiges Getreide halbwegs genießbar machen. Man wusste es sicher auch zu schätzen, dass Kleinkinder nach einem Biertrunk rasch einschliefen …[14] Mit erstaunlicher Unbefangenheit gab man auch noch später, besonders in den armen Bevölkerungskreisen, kleinen Kindern Bier zu trinken. Erst nach 1870 wurde dieses Übel angeprangert; besonders Professor Max von Pettenkofer (1818 – 1901) hat in München dagegen gewettert, „dass die Kinder schon betrunken zur Welt kämen, weil sich deren Mütter als Schwangere, um gesund und bei Kräften zu bleiben, täglich mit mehreren Maß stärkten."[15]

„Noch um 1900 bekamen viele Münchner Säuglinge ihr ‚Schlafquartl' oder ihre gesüßte Biersuppe eingetrichtert, bis sie sanft entschlummerten. Noch erinnerten sich die Leute der jahrhundertealten Tradition des Osterbieres, mit dem die frommen Patres vom Franziskanerkloster im Lehel am Ostersonntag auch die sich an ihrer Pforte einfindenden kindlichen

„Frühschoppen" Postkarte um 1910

Bittsteller labten, soweit die Drei- oder Vierjährigen bereits über genügend Kraft und Geschicklichkeit verfügten, beidhändig einen Krug voll mit süffigem, schäumendem, hochprozentigem Sommerbier als Festgabe zu stemmen.“

Der Maler Rupert Stöckl erzählt über seine Kinderjahre im Münchner Stadtteil Haidhausen vor dem Zweiten Weltkrieg: „Die Zubereitung des Abendessens war grundsätzlich eine Sache der Großmutter. Sie kochte jeden Abend das gleiche Gericht, eine Suppe aus angewärmtem, mit Zucker und Sacharin gesüßtem dunklen Bier, in das sie, wenn die Suppe im Teller war, je ein Ei quirlte. Wen wundert's, dass die so gespeisten Knaben – mein vier Jahre jüngerer Bruder und ich, meist kurz nach dem Zubettgehen tief und fest schliefen.“

In seinem Buch über das 19. Jahrhundert in München erzählt Georg Jakob Wolf: „Natürlich nahm man die Kinder auch zum Bier und besonders ‚auf den Keller‘ mit, denn ein Wirtshausverbot für Jugendliche gab es anno dazumal noch nicht. Ein Vorrecht der Kinder war es, das Bier für die Erwachsenen ‚über die Gasse‘ holen und dann einen Trunk, so fest er nur ging, aus dem Maßkrug tun zu dürfen. Ein eingefleischter Alkoholgegner wird sich darüber ebenso aufregen wie eine hygienisch empfindende Seele über das ‚Fatschen‘ der Münchner Wickelkinder. In Alt-München dachte man darüber toleranter.“

Zu dem Kapitel Kind und Bier gibt es ein nettes Geschichtchen, das Philippi in seinem „Münchener Bilderbogen“ erzählt: „Ein vierjähriges Mädchen aus dem Volke erregt durch sein jämmerliches Plärren das Mitleid der Passanten.

Wer is denn die Mutter?
Des woaß i net!
Wia hoaßt denn die Mutter?
Des woaß i aan et!
Wo wohnt denn dei Mutter ?
Des woaß i net!
Wo holt denn die Mutter 's Bier?
Beim Franziskaner!

Früh übt sich ... (Foto Huber)

Wirtsfamilie Unertl, Weißbräu, Mühldorf

Man hat dann das Kind im Franziskaner zwischen zwei Banzen auf die Lade gestellt, und richtig holte die liebevolle Mutter beim Einkauf des Mittagstrunkes das Unterpfand der Liebe ab."[16]

Bekannt und beliebt war früher der Kopfkissenspruch:
Von der Wiege bis zum Grabe
Bleibt das Bier die beste Labe.

Auch aus viel früheren Zeiten wird berichtet, dass Bier kleinen Kindern verabreicht wurde. So wurde Bier in Österreich in den frommen Stiftungshäusern kleinen Kindern zugeteilt. „Die Stiftsordnung eines Waisenhauses in Linz schrieb jedem Waisenkind mittags und abends je ein halbes Seidel Bier zu, älteren ein ganzes, zu kirchlichen Feiertagen zusätzlich ein halbes oder für die größeren ein ganzes Seidel Wein."
Es ist auch überliefert, dass Herzog Georg von Sachsen, der von 1500 bis 1539 regierte, seinen Rentmeister anwies, seiner Gemahlin vor der Entbindung vier oder fünf Eimer Bier auszurichten, *„auf dass Ihro Gnaden dies in ihrem Kindbett genießen möge."*[17]
In England wurde im 16. Jahrhundert kleinen Kindern Bier schon zum Frühstück aufgetischt. Die heutige Fachliteratur warnt ausdrücklich davor, Kindern und Jugendlichen jedwede Form von Alkohol zu verabreichen und auch während der Schwangerschaft und der Stillzeit muss von Alkohol dringend abgeraten werden.

Krug einer Studentenverbindung

Das Ritual der akademischen Saufgelage

Das akademische Gegenstück zum eher zwanglosen ländlichen Stammtisch ist die strenge Ritualisierung der studentischen Trinkkultur in den Universitätsstädten. Als Vorläufer der studentischen Burschenschaften und Verbindungen entwickelten sich im 17. Jahrhundert die ersten Landsmannschaften und Korporationen. In den fremden Universitätsstädten fühlten sich die jungen Studenten zunächst gewiss etwas vereinsamt. Es ergab sich mitunter fast von selbst, dass sich Studenten aus den selben Gegenden und erst recht solche, die vom selben Gymnasium kamen, zusammenfanden und zur lockeren Freundschaftspflege zusammenschlossen. Bei dem gemeinsamen Beisammensein stand das Trinken stets an erster Stelle aller Vergnügungen, wobei sich Bier als das privilegierte Getränk etablierte. Es bildeten sich bald an jeder Universität mehrere, oft nach Fakultäten ausgerichtete Trinkgesellschaften, wo man anfänglich ohne Regeln und Satzungen Freundschaften begründete, die mitunter ein Leben lang hielten und nicht selten zum Sprungbrett für die spätere berufliche Laufbahn wurden.
Das Bruderschaftstrinken und der Willkommenstrunk standen am Anfang jener Trinksitten, die schließlich eine umfassende Ritualisierung erfuhren. Im Kommers fand das ins Feierliche gesteigerte Trinkgelage mit Gesang entsprechender Studentenlieder seinen alkoholischen Ablauf. Die mit dem unvermeidlichen Rausch einhergehende Unsicherheit wurde in feste Bahnen gelenkt. „Beim gemeinsamen Saufen konnte der Einzelne die Kontrolle verlieren, aber nur selten sein Gesicht. Denn er trank in definierter Umgebung nach festgelegten Vorschriften. Zutrinken, ob als Bruderschafts- oder Begrüßungstrinken, drückte gegenseitige Verbundenheit und Verpflichtung aus und definierte Hierarchien als Ausdruck und Teil des materiellen Austausches."[18]
In ritualisierten Saufgelagen konnte der geübte Trinker sich an die Spitzenposition einer humoristischen

Hierarchie emporsaufen und promovierte schließlich humoris causa zum Doctor Cerevisiae et Vini. Schon das Aufnahmeverfahren war ein bierseliges Ritual und ein alkoholisches russisches Roulette. Der aufnahmewillige Kandidat musste mit einigen von ihm selbst gewählten Gegnern um die Wette trinken – Maß um Maß in höchstmöglicher Geschwindigkeit, bis er total besoffen unter dem Tisch lag. Das fast unvermeidliche Erbrechen galt dabei nicht als Schande. Hatte ein Kandidat mehrere solcher Duelle überstanden, konnte er nach einiger Zeit in den erlauchten Kreis der Doctores aufgenommen werden.

Neben diesem biertriefenden Initiationsritual gab es in manchen studentischen Kreisen allerlei Saufspiele. Das verbreitetste war das Papstspiel, bei dem man sich an die Spitze der militärischen, dann der adeligen und schließlich der geistlichen Hierarchie emportrinken konnte. Jede Stufe, die man höher emporsteigen wollte, war nur mit dem Leeren von einer Maß Bier zu erkämpfen, wobei auch das Pfeiferauchen unerlässlich war.[19] Bei dieser Art von Burschenherrlichkeit waren zum Ende des Spiels alle Teilnehmer wegen der vielen durch Suff zu erklimmenden Beförderungen sturzbetrunken. Zum Schluss sank auch die höchstmögliche Charge, der „Papst", unter lautem Gejohle volltrunken von seinem Thron herab. Typisch für die vielerlei Trinkrituale und Saufspiele war der häufige Gebrauch eines Nachttopfes, der von vornherein in den Mittelpunkt des Geschehens gestellt wurde und der meist reichlich Zuspruch fand. Hier hinein konnte sich ein jeder erbrechen, der die Verträglichkeit des Bierkonsums überschritten hatte, ohne sein Gesicht zu verlieren. Nach dem Erbrechen wurde wacker weiter gesoffen. Neben der oft recht blutigen Mensur, dem Zweikampf mit blanker Waffe, bildete der biertriefende Kommers den wichtigsten Teil des früheren Burschenschaftslebens. Dabei scheint auch das Wetttrinken eine Art Zweikampf-Charakter erlangt zu haben. Jedenfalls erinnert es an den ersten studentischen Trunkkomment, der schon im Jahre 1616 von einem gewissen Blasio Multibibus (=Vielsauf) verfasst worden war und dessen Kernsatz lautete: „Saufen ist ein ernsthafter, mit Bechern, Gläsern, Krausen und dergleichen weinfähigen Geschirren vorgenommener Streit ..."[20]

Das Wirtshaus

Das Wirtshaus auf dem Lande und in der Stadt

Untrennbar verbunden mit dem Biergenuss war früher der Wirtshausbesuch. Kirche mit Friedhof und Pfarrhaus, mit Wirtshaus und später auch noch mit Schulhaus bilden bis heute den traditionellen Ortskern und die signifikante Mitte vieler alter Dörfer, die sich ansonsten oft neueren Siedlungsgebieten angleichen.

Kirche und Wirtshaus, Pfarrer und Wirt gehörten früher in Bayern einfach zusammen und waren in ihrem Miteinander tief im Herzen des Volkes verwurzelt. Keine Taufe, keine Hochzeit, keine Beerdigung ohne anschließenden Wirtshausgang, der den zeitlichen Rahmen des kirchlichen Rituals bei Weitem überbot. Selbstverständlich auch keine Wallfahrt, keine Prozession und erst recht keine Kirchweih ohne Einkehr im Wirtshaus. Ein Dorf ohne Wirtshaus war kein richtiges Dorf, allenfalls eine Einöd oder ein Weiler ...

Die Anbindung des Wirtshauses an die Kirche ist noch heute vielerorts prägend.

Die ältesten Schenken waren Trinkstuben, da sich eine Beherbergung noch erübrigte. Erst die Kirche

Historische Wirtshäuser (von links oben nach rechts unten): Schellenberg bei Berchtesgaden, am Saalachsee bei Reichenhall, Jettenberg bei Reichenhall und Melleck bei Reichenhall

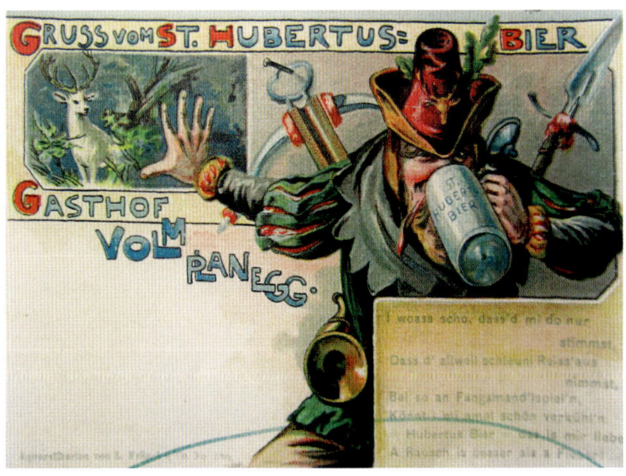

Postkarten um 1900

errichtete später Pilgerhäuser und Hospize. Daneben entwickelte sich in Altbayern nach römischem Vorbild die Tafernwirtschaft, zunächst am Ein- oder Ausgang der Dörfer, später in deren Mitte, möglichst neben der Kirche. Dem sonntäglichen oder außergewöhnlichen Kirchgang folgte im Dorfe unweigerlich der Gang zum Wirtshaus – es war nach einem Sprichwort „die Kirch'n, wo ma mit'm Maßkruag zsammaläut."

Das Wirtshaus unterschied sich in seiner Größe und Bauweise deutlich von den Bauernhäusern. Während diese bis 1800 gänzlich oder zum Teil in Holzblockbauweise gezimmert waren und ein flaches Legschindeldach, gebietsweise sogar noch ein Strohdach besaßen, waren die behäbig-gravitätischen Gasthöfe ebenso wie der Pfarrhof in „herrschaftlicher" Massivbauweise und mit steilem Ziegeldach errichtet.

Wirtshaus in der Ramsau

Der städtische Gasthof war in die Häuserzeilen des Marktplatzes eingebunden, stach jedoch meist durch eine besonders imposante Erscheinung hervor.

Fritz Seehuber verdanken wir eine kurze, aber sehr prägnante Charakteristik seines väterlichen Gastho-

Gasthof Neuhaus in Berchtesgaden 1913

Postkarte von 1926

fes in Traunstein: „Stadtplatz 37. Wie der Eckpfeiler einer mächtigen Trutzburg wirkt das Gebäude an der Einfahrt zur Höllgasse. Wuchtige, schräg ausgestellte Grundmauern geben dem Haus einen optisch festen Stand. Das Gebäude ist dreistöckig mit einem riesigen Speicher. Die Stadtplatzfront ziert ein kleiner, schmaler Erker im 2. Stock. Das Schmuckstück dieses Hauses ist jedoch ein schmiedeeisernes Nasenschild, das den Teufel darstellt, wie er auf einer Sudpfanne sitzt und darin mit einem großen Löffel umrührt. Darunter steht in goldener Schrift ‚Höllbräu'.“[1]

Man unterschied stets zwischen Wirtshaus, Gasthof, Gast- oder Tafernwirt einerseits und dem „Zapfen-Wirt“, der Bierschenke andererseits. Bei vielen Tafernen beginnt erst nach dem Dreißigjährigen Krieg ein sozialer Aufstieg. Meist hatten Tafernen seit alters die „Beckhen-Gerechtigkeit“, durften also Brot backen und verkaufen. Nun kamen noch andere Rechte hinzu wie das Schlachten und Verkaufen von gekochtem Fleisch und Würsten. Daraus entwickelte sich nach 1800 die Verbindung mit der Metzgerei. Auch die Verbindung mit einer Krämerei war nicht selten. Bei Postwirten kam noch die Einnahme aus der Posthalterei dazu. Fast immer war der Tafernwirt auch Bauer, oft der größte am Ort.

Gasthof in Kochl

Das Wirtshaus als Psychotopos

Mit der Einführung der Gewerbefreiheit wuchs in der zweiten Hälfte des 19. Jahrhunderts die Zahl der Dorfwirtshäuser, es gab nun neben dem „Gasthof zur Post“ den „Ober“- und „Unterwirt“, den „Alten Wirt“ und „Neuwirt“. Dem „Zapfen-Wirt“ war es hingegen nicht gestattet, warme Speisen zu verabreichen, Gäste über Nacht zu beherbergen, deren Pferde einzustellen und Veranstaltungen wie Taufschmaus, Hochzeitsessen oder Totenmahl auszurichten. Diese „Bierzäpfler“ besaßen also nur das Schankrecht und sind die Vorläufer der Biergärten, wo man teils noch heute seine eigene Brotzeit mitbringt, ohne unangenehm aufzufallen. Denn im Biergarten ist das Essen nur ein Art Bierbeilage.

Das Wirtshaus war öffentlicher Versammlungsort für die Gemeinde, hier pflog man Rechtsgeschäfte, Handel und Wandel. Zum Biergenuss nach Feierabend gehörte früher die Einkehr im Wirtshaus, sie gehörte einfach zur bäuerlichen, aber auch zur bürgerlichen Tagesstruktur. Der Gerichtsarzt August Berger aus Fürstenfeldbruck schrieb 1860 zum Psychotopos Wirtshaus:

„Das ganze altbayerische soziale Leben ist nun bekanntlich ein Wirtshausleben. Im Wirtshaus verschwindet die Einsilbigkeit, hier sind die Zungen ohne alle Rücksicht gelöst. Alle wichtigen Angelegenheiten der Gemeinde wie der Familie finden in demselben ihre Entscheidung und jeder einigermaßen bedeutende Handel findet dort seine endgültige Erledigung. Die höchsten Wünsche von weltlicher Glückseligkeit konzentrieren sich bei den Bauern auf den Besuch des Wirtshauses, und selbst das weibliche Geschlecht hat eine Anzahl von bestimmten herkömmlichen Tagen, an welchen der Besuch des Wirtshauses von ihnen als ein unabweichbares und hohes Anrecht in Anspruch genommen wird. Wer dasselbe nicht besucht, gilt für arm oder blöd und hat auch wirklich keinen Einfluss auf die Gemeindeverhältnisse."[2]

Beim alten Dorfwirt gedieh bäuerliche Zusammengehörigkeit; wer nie dazustieß, galt als Außenseiter und machte sich unbeliebt, ja sogar verdächtig.

Der Reiseschriftsteller Jules Huret berichtete im „Figaro" hingegen seine Eindrücke über den städtischen Wirtshaustopos, in dem sich „multikulturelle" Gemeinschaft und Gemeinsamkeit bilden: „Das Bierhaus ersetzt den Salon, den häuslichen Herd, ist der einzige Ort, wo man zusammenkommt, bildet das Band zwischen den verschiedenen Klassen. Es arbeitet dem Demokratismus in die Hände, denn um sein Bier in seiner ganzen Schmackhaftigkeit zu genießen, muss man in das Bierlokal selber gehen, vor das frisch angestochene Fass, und da man es nur in ganzen Litern erhält und zum Trinken die erforderliche Zeit benötigt, werden zwischen Arbeitern, Kutschern, Bürgern, Beamten vor der alles gleichmachenden Maß Unterhaltungen angeknüpft, Gedanken ausgetauscht."

Hannes Burger sieht auch einen gewissen Zusammenhang zwischen dem ländlichen Wirtshaus und der Kirche zu früherer Zeit: „Die Grenzen zwischen Kirche und Wirtshaus verschwanden ebenso wie die zwischen Wallfahrt und Schützenfest. Das religiöse Brauchtum mit seinen vielen sinnlichen Genüssen überwucherte oft den religiösen Kult und ließ aus

Schrammel-Trio in Garmisch

Historisches Foto aus Garmisch

Wirtshausleben heute

der katholischen Religion mehr und mehr eine bayerisch-barocke Weltanschauung ohne theologisches Fundament werden."[3]

Wirtshausgang war früher wohl überall vorwiegend Männersache. Tatsächlich hatten Frauen im 19. Jahrhundert nur selten bis ausnahmsweise Zutritt zu den Wirtsräumen. Sie treten dann weniger als Begleitpersonen ihres Mannes auf als vielmehr stellvertretend für seinen Status. So etwa lud die Witwe eines verstorbenen Bürgermeisters nach seiner Beerdigung zum Leichenmahl ins Gasthaus ein. Bei Kindstauf und Hochzeitsschmaus waren Frauen gelegentlich sogar in der Überzahl.

Das Wirtshaus in der Vorstadt

Auch die Wirtshäuser in den früheren Vorstädten, wo die Arbeiter und die vielen anderen kleinen Leute wohnten, hatten ihr eigenes Milieu, wie es Birgit Eckelt beschreibt: „In der bedrückenden Enge der Vorstädte, wo die Wohnungen winzig und ungemütlich waren, wurde das Wirtshaus zur zweiten Heimat der kleinen Leute. Die ‚Zuagroasten' knüpften in der Wirtschaft erste Kontakte und bekamen Gelegenheit, sich einen Platz in der neuen Umgebung zu erobern. Hier wurden gemeinsame Anliegen besprochen und Vereine aller Art gegründet. Bayerische Beamte sollen dort rund vier Stunden täglich verbracht haben, schrieb Ministerpräsident von der Pfordten 1861.

Gedeckte Tische gab es im 19. Jahrhundert nur in vornehmen Etablissements. Der gewöhnliche Gast saß an einfachen, gescheuerten Holztischen; Tischdecken, Servietten und Zahnstocher galten lange Zeit als Luxus, und das Besteck wurde zum Schutz vor Diebstahl mit kleinen Ketten am Tisch befestigt."

Nicht nur in der großstädtischen Enge und Armut der Arbeiterwelt war das Wirtshaus ein Zufluchtsort. Die Bauern, namentlich reiche Großbauern auf

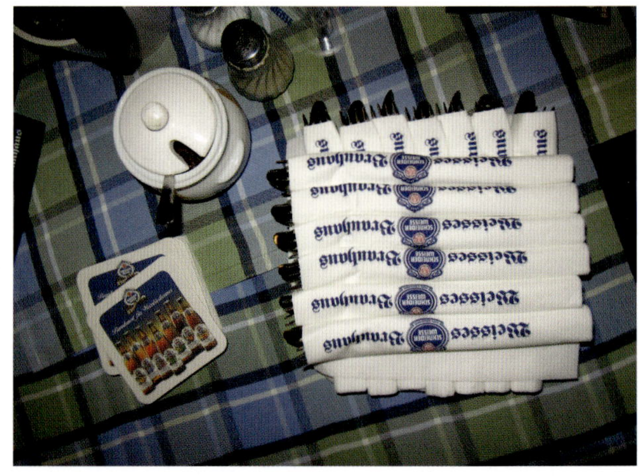

Gedeckte Tische heute

riesigen Vierseithöfen in weltfernen Weilern und Einöden flohen aus ihrer psychosozialen Isolation. Mit wem wollte der Bauer hier schon politisieren und überhaupt „dischkutieren“? Mit der „Bäuerin“, die man oft aus Vernunftgründen geheiratet hatte, wusste man sich bald nicht mehr viel zu sagen und das Wenige kreiste um wirtschaftliche Dinge und betriebliche Abläufe. Der eigene Hof war hauptsächlich Arbeitsrevier. So wurde das Wirtshaus mitunter auch zum Asyl, wenn man vor der feixenden Ehefrau flüchten und sich vielleicht mit anderen Leidensgenossen austauschen wollte.

Wirtshausgespräche

Das Thema ist uferlos und würde und wird in theatralischen und folkloristischen Darbietungen immer wieder ausgewalzt. Wirtshausszenen haben aber auch Eingang in die Literatur gefunden. Lena Christ, 1881 unehelich in Glonn geboren, kam im Alter von acht Jahren nach München zu ihrer Mutter, wo sie in deren Gastwirtschaft mithelfen musste. Als sie erkrankte, versuchte sie vergeblich zu fliehen. Mit 19 Jahren heiratete sie einen Alkoholiker, gebar in acht Jahren sechs Kinder, dann trennte sie sich von ihrem Mann ... In ihrem bekanntesten Werk „Die Rumplhanni“, 1916 erschienen, beschreibt sie eine typische Bierdiskussion in einer Dorfwirtschaft unnachahmlich echt:

Gasthaus-Bierglas im Bavariapark in München

Bräustüberl der Klosterbrauerei Au am Inn

„Beim alten Wirt zu Schönau ist die Gaststube schier übervoll von Gästen, Rauch und Qualm, so daß der Hauser nicht unrecht hat, da er zum Meßmer von Niklasreuth sagt: ‚Bruader, in der Höll bals amal a so zuageht und dampft, nachher kennt si leicht der Teife selber nimmer aus!' Kein Platz ist mehr da zum Sitzen; die Bauern haben den Herrgottswinkel und das Ofeneck ausgefüllt, und an den übrigen Tischen hocken die Jüngeren und die Dienstigen. Man redet vom Krieg. Und der eine meint: Ja no; 's Belgien ham mir scho. 's Frankreich ham mir aa scho glei; Paris kriagn man auf d'Woch und 's Russland aufn Kirta. Bis Allerheiling ham mir nachher an Engländer umbracht und z' Weihnachten sauf i mir mein Friedensrausch o.' – ‚Wenn dir der Italiener net 's Krüagl aus der Hand haut, derweil!' meint der Meßmer von Niklasreuth; ‚woaßt, den Schlawiner tat i scheucha!' Aber: ‚Was!? Den Katzlmacha!' heißt's da; ‚den Polantifresser! Den Maronibruada möchst ferchten! Was willst denn! Was will denn der macha! Hat ja grad oa Loch, wo er außikann, der Italiener!' – ‚Und dees is zuapitschiert!' meint der Hauser. ‚Dees ham eahm d'Österreicher a so verpappt, daß er a Jahr braucht, bis er si durchefrißt!' Und so wird weiter disputiert und politisiert, bis jeder voll ist und jeder genug hat und der Wirt sagt: ‚Feieramd, meine Leutln! Ins Bett wird gangen.' Da wünscht einer um den andern allerseits eine ‚guate Nacht', der Wirt zündet seine Laterne an, nimmt den Schlüsselbund aus der Schenke und geleitet die letzten noch hinaus bis auf die Straße. ‚Alsdann, kemmts guat hoam und kehrts wieder zua!' sagte er noch; dann schlägt er die Haustür zu, indes die Gäste draußen noch eine Weile verhandeln, einen alten Brauch ehren und dann ihren Weg dahintrotten, der Heimstatt zu."[4]

Das Wirtshaussterben

Seit etwa 1960 ist in vielen Dörfern ein Wirtshaussterben im Gange. Dafür gibt es eine Reihe von Gründen. Den Anfang vom Ende machten die Bierbrauereien mit der Einführung des Flaschenbiers um 1900. Zwar holte sich der Bauer und der Häusler auch schon vorher sein Bier vom Wirt mit nach Hause, dies jedoch offen im Krug. Mit dem Flaschenbierhandel war der Bierkonsum nicht mehr an das Vertriebssystem Gastwirtschaft gekoppelt. Ein unwiderstehlicher Gegner des Wirtshausbesuches wurde das Fernsehen. Anfänglich noch vielfach im Wirtshaus angesiedelt, eroberte es bald unsere Wohnzimmer, wo es mitunter die Rolle des Hausaltars einnahm. Auf dem gemütlichen Sofa verfolgte man nun mit der Bierflasche in der Hand das Fernsehprogramm. Der Kreis der Familie ersetzte vielfach die dörfliche Tischgemeinschaft und das gesellige Beisammensein unter seinesgleichen. Die Verlagerung mancher Festivitäten und Feieranlässe in den erweiterten familiären Bereich waren mit ein Grund zur Abkehr vom Wirtshausbesuch. Auch das 2010 erlassene Rauchverbot veranlasste sicherlich viele, dem Wirtshaus den Rücken zu kehren. Viele alte Wirtshäuser sind mittlerweile abgebrochen oder umgenutzt worden. Eine stattliche Anzahl aber hat sich erhalten – nicht selten unter der Obhut des 1973 in Kraft getretenen bayerischen Denkmalschutzgesetzes.

Auch sprachlich scheint die gute alte Gastwirtschaft zu einem recht profanen Begriff herabzusinken. Wenn heute von „Wirtschaft" die Rede ist, so ist vorwiegend Volkswirtschaft, Betriebswirtschaft, Weltwirtschaft oder sonst irgendein merkantiler Wirtschaftszweig gemeint. Als Bayern noch ein Königreich war, dachte man beim Wort „Wirtschaft" nur an Bier und Brotzeit.[5]

Stammtisch und Nebenraum

Der innerste Zirkel des Wirtshauses ist der Stammtisch, der sich seit Beginn des 19. Jahrhunderts einbürgerte. Er ist der Inbegriff bieriger Geselligkeit. Seiner Bestimmung gemäß ist er durch ein Etikett reserviert. Gertrud Benker hat das Stammtisch-Milieu trefflich beschrieben: „Dabei erscheint der großstädtische Lebensstil ein weniger guter Nährboden als der in mittleren und kleinen Städten. Der regelmäßige Gang des Lebens erlaubt hier ein wöchentliches Zusammenkommen. Ruhe und Behaglichkeit schlagen dem Kleinbürger aus der reservierten Ecke entgegen. Keine vorfabrizierte Unterhaltung gibt es am Stammtisch, kein Wärmen an fremden Kohlen: der Zeitvertreib der Runde ist selbstgeschneidert, für das Niveau ist jedes Mitglied mitverantwortlich. Nicht nur Stadtklatsch und familiäre Ereignisse werden ‚umgerührt', man setzt auch sachliche Mittelpunkte, ficht mit Vehemenz und Hartnäckigkeit kommunale, politische und weltanschauliche Sträuße aus. Dem ‚Unter-sich-Sein', dem unkontrollierten, auch nicht durch die Anwesenheit des andern Geschlechts stilisierten oder angeheizten Betragen scheint ein bedeutender Erholungswert innezuwohnen. Ein deftiger Männerwitz wird nicht verübelt, eine Maß über den Durst gilt nicht als unangemessen.“[6]

Der lustige Stadtführer von München vom Jahre 1922 gibt über den Stammtisch ebenfalls eine treffliche Milieustudie:

„Diese Gasträume und der kastanienbeschattete Garten sind Treff- und Sammelpunkte kernigkonservativer Eingeborener, Bürger und Beamten, die hier gern unter sich sein wollen und erworbene Stammgast- und Stammtischrechte gegen Eindringlinge energisch halten und verteidigen. Bollwerk gegen alles allzu Neuzeitliche.“ Widerspruchslos und unangefochten behauptete jede soziale Spezies ihren Stammtisch.

Auch Ludwig Thoma schildert diese Tischehierarchie und nennt auch den Burschentisch, an dem hauptsächlich die Ehhalten, die unverheirateten Knechte saßen und sich sogar zu vorgerückter Stunde Spottlieder auf die Bauern am Nebentisch zu singen trauten. So eine knechtliche Tischrunde wirkte gruppenbildend und ermutigte dazu, gemeinsam Nöte und Konflikte unter Alkoholkonsum gemeinsam in Liedtexten zu grölen.

Der Wirt vermied es, Partei zu ergreifen, denn er wollte auch die Knechte nicht als Kundschaft verlieren. Im Interesse seines Inventars suchte er für Ruhe und Ordnung zu sorgen, im Ernstfall stellte er sich auf die Seite der Großbauern. Dorfgastwirte hatten eine soziale Zwischenstellung – sie waren oft reicher als die Bauern, mussten diese aber trotzdem bedienen und wenn sich einer zum Alkoholiker zu entwickeln drohte, sollten sie auch noch mäßigend eingreifen. Da sie relativ wenig körperlich arbeiteten und viel Bier tranken, wurde der dickbäuchige Wirt mitunter zu einem dörflichen Typus bis hin zur Karikatur.

Ludwig Thoma geht auch auf den unterschiedlichen Charakter von öffentlicher Wirtsstube und privatem Nebenraum ein; im herausgehobenen „Nebenzimmer“ entfaltete sich die soziale Hierarchie der Dorfhonoratioren: Lehrer, Förster, Gutsverwalter, Polizeikommandant, und natürlich der Pfarrer oder Kaplan. Die am stärksten aufgegliederte bäuerliche Rangordnung in

schlimmer als Heimweh
Stammtisch
Günni
Herby
Sepp
Elmar
Gustl
Hugo
Wiggerl

der Wirtsstube beschreibt Joseph Schlicht in einem niederbayerischen Wirtshaus um 1870:
„Die gewöhnliche Zechstube, die einer wahren Reitschule gleicht, faßt in sich sechs massive geräumige Tische, denn die Ellenbogen der bayerischen Bauern wollen allerorts und insbesondere am Wirthstische zur Geltung kommen. An den sechs Taferntischen gliedert sich nun die bayerische Bauernschaft ausgeprägt aristokratisch.
Der erste Tisch, in die Mitte sämmtlicher Fenster gestellt und den Blicken aller Eintretenden ausgesetzt nimmt unbestritten den Ehrenplatz ein. An ihm sitzen die Großbauern mit 200 bis 300 Tagwerken. Am zweiten Tische sitzen dann die Mittelbauern mit 130 bis 180 Tagwerken. Am dritten Tische sitzen die Kleinbauern von 90 bis 180 Tagwerken, vermischt mit den Großsöldnern zu 80 Tagwerken. Am vierten Tische sitzen die Mittelsöldner von 30 bis 60 und die Kleinsöldner von 15 bis 20 Tagwerken. Am fünften Tische die Gütler mit 8 bis 14, die Häusler mit 5 bis 8 und die Leerhäusler mit 2 bis 2 ‚Taberln'. Am sechsten Tische endlich sitzen die durchziehenden Schnapsbrüder, Zigeuner, Schnallendrücker, Buttenträger, Gänstreiber, Mausfallenhändler, Bilderpritscher, Stiefelwichskrämer und dgl. Die Knechte, die in unsern Zeiten Sonntags wie Werktags um die Wette mit den Bauern zum Bier gehen, sitzen am fünften, vierten und selbst dritten Tische; nicht mir nichts dir nichts, sondern streng nach Alter, Rangstufe, Amt, Baarschaft und Leumund …
Während nun Stand und Rang an den letzteren Tischen sich leichter vermengen, bleibt der Großbauerntisch geschlossen und den Söldnern, Gütlern, Häuslern, Leerhäuslern unnahbar. Von den zehn Insassen des Herrntisches hat sogar jeder seinen eigenen nach Tagwerkzahl angestammten Sitz, welchen der bayerische Großbauer im schweren Weizengau ohne viel Federlesen mit dem allgeltenden Worte behauptet: ‚Da is a mei Aehnl gseßn'. Es herrscht am ersten Tische ausgeprägtes Selbstgefühl, bauernaristokratischer Grundschollenstolz und jeder trägt seinen Hut fest auf dem Kopfe."[7]

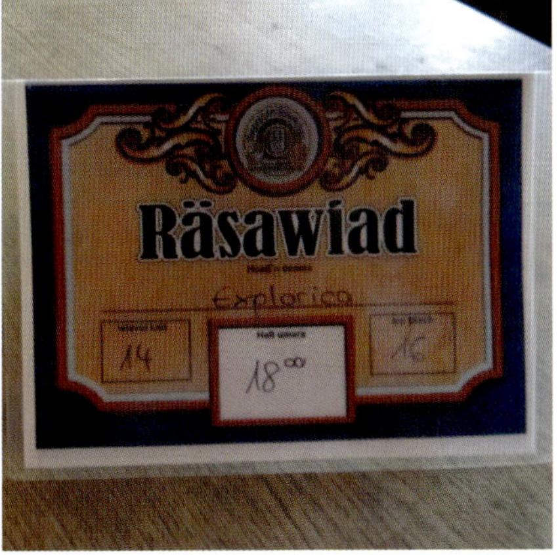

Kegelspiel

Wirkliche Entspannung unter seinesgleichen, etwa beim Kegeln, Preisschießen oder Kartenspiel, fand man nur im Wirtshaus; je reicher die Bauern waren, umso früher gingen sie hin, mitunter schon „uma viere".
Ein recht beliebter geselliger Zeitvertreib war früher das „Kegelschieben", heute würde man sagen, es war ein Volkssport. Jedes richtige Dorfwirtshaus hatte eine Kegelbahn, zumindest eine einfache Bahn unter freiem Himmel mit einem Aufstellplatz für drei bis neun Kegel. Überdachte Kegelbahnen wurden erst in der 2. Hälfte des 19. Jahrhunderts üblich. Es waren einfache offene Ständerbauten von 16 bis 22 Metern Länge mit einem flachen Satteldach. An der einen Seite errichtete man zumeist noch ein ausreichend großes Gartenhäuschen, in dem sich die Kegelbrüder bei einer Maß Bier aufhalten konnten.
Es gab verschiedene Spielarten, man spielte meist um Bier, mitunter aber auch um Geld. Große Wirts-

Rundkegelbahn

Postkarte von 1900

häuser veranstalteten regelmäßig ein Preiskegeln, das sich über mehrere Tage hinziehen konnte. Für die Sieger gab es neben Geldpreisen auch nahrhafte Sachpreise und zusätzlich gebietsweise auch eine Fahne. Die Preise wurden vom Wirt gestiftet, seine Unkosten kamen durch die Zeche der Kegelbrüder und der Zuschauer vielfach herein. Zum Kegeln gehörte auch ein Kegelbub, der die umgefallenen Kegel wieder aufzustellen hatte, er verdiente an einem Abend zwei bis drei Mark. Ein „Kegelbua" berichtete aus der Zeit um 1930, ein besonders geschäftstüchtiger Wirt nahe der Klosterkirche Grafrath habe schon „um sechse in da Frua" die Kegel in seiner Kegelbahn hin- und hergeschmissen, um durch den Krach aus den Kirchgängern potenzielle Kegelbrüder anzulocken. Das Kegeln dauerte mitunter bis ein Uhr nachts, bis die Polizei kam ...[8]

Das Kegelspiel war schon im Mittelalter bekannt. Vom Jahre 1646 ist überliefert, dass einige Zechgenossen aus Dachau in einer Arrestzelle einsitzen mussten, weil sie *„am hl. Pfingsttag mit 9 Kögl kuglet haben"*.[9]

Sogar manche Geistliche waren dem Kegeln verfallen. In einem Verhörprotokoll von 1845 ist über den Pfarrer von Germering zu erfahren, „dass am genannten Abende, wo die Gemeinde Pfaffenhofen in der Kirche schon hier eine gute Viertelstunde des Priesters harrte, Kooperator ... mit vielem Zureden vom öffentlichen Kegelplatze in die Kirche zur Abhaltung der hl. Vesper gebracht werden konnte, und während dieser hl. Funktion zum Gelächter aller Anwesenden geworden ist; die hl. Vesper habe er ganz verwirrt nicht nach kirchlichem Ritus abgehalten."[10]

Wie man an diesem Beispiel sieht, ging auch das Kegeln nicht ohne reichlich Bier ab.

Scheibenschießen

Schützengesellschaften lassen sich bereits seit etwa 1250 nachweisen, ihr Zweck bestand von Anfang an im sportlichen Schießwettkampf:

Zur Übung und zum Zeitvertreibe
Nicht um Gewinnst
Schieß ich zur Scheibe!
Drum ist mir beydes einerlay
Obs schwartz trifft oder weiß mein Bley!

„Das Entstehen der Schützengesellschaften fällt in die Zeit des aufblühenden Städtewesens, das wiederum untrennbar mit dem Aufstieg des Bürgertums verbunden ist. Trotz ihres Wohlstandes rangierten die Bürger aber gesellschaftlich unter dem Ritterstand. Um ihr Selbstwertgefühl zu heben, suchten sie es daher den Rittern und ihren glanzvollen Turnieren gleichzutun. Sie begannen, selbst Wettkämpfe zu veranstalten und erhoben den Schießsport zu ihrem Metier. Der Schwerpunkt dieser bürgerlichen Bewegung scheint in Flandern gelegen zu sein, aber auch in der Schweiz, in Österreich und Böhmen existierten bereits vor 1300 Schützengesellschaften.“[11]

Auch in Süddeutschland gibt es solche Vereinigungen schon im 14. Jahrhundert, so in Ulm 1388, in Augsburg 1392, in München 1393, in Kehlheim 1404.

Geschossen wurde anfangs mit der Armbrust, die seit dem 12. Jahrhundert gebräuchlich ist; im 17. Jahrhundert wurde sie von Handfeuerwaffen abgelöst. Man schoss anfänglich im Freien auf größere Distanzen. Erst ab 1850 bürgerte sich der Schießsport von den Städten und Märkten auch auf dem Lande ein und verlagerte sich hier alsbald in die Gastwirtschaften; geschossen wurde nun mit Zimmerstutzen und Luftgewehren. Nach dem Deutsch-französischen Krieg 1870/71 bis etwa 1920/30 wurde in fast jedem Dorf ein Schützenverein gegründet – sofern dort ein Wirtshaus bestand. Auch heute wird das Scheibenschießen im Keller oder in einem Anbau des Wirtshauses ausgeübt. Bemalte Schießscheiben bilden ein eigenes Kapitel der Kulturgeschichte; in den Museen von Tittmoning und Trostberg sind wahre Kunstwerke auf Schießscheiben zu bewundern.

Aus seinen Jugenderinnerungen an den früheren Traditionsgasthof Höllbräu in Traunstein erzählt Fritz Seehuber im Originalton:

„Auch die Königlich Privilegierte Feuerschützengesellschaft hatte ihre Schießabende bei uns. Geschossen wurde mit dem Zimmerstutzen oder mit dem Luftgewehr, und zwar auf 10 Meter Entfernung. Der Schießstand war der Hausgang. Am Gangende, etwa auf 170 cm Höhe, befanden sich die zwei Zielscheiben. Darunter saßen, abgeschirmt durch einen umgekippten Wirtshaustisch, der Ostermayer Wast und ich als so genannte Zieler. Nach jedem abgegebenen Schuss mussten wir auf einer neben dem Ziel befestigten Holzscheibe die Anzahl der geschossenen Ringe herdrehen und mit einem Metallstab auf der Zielscheibe anzeigen, ob der Schuss hoch oder tief, links oder rechts saß. Unsere etwa dreistündige Arbeit wurde stets mit einem großzügigen Trinkgeld belohnt. Unter den Schützen befand sich auch ein älterer, grauhaariger Herr, den wir Buben mit bewundernden Blicken betrachteten. Es war der Herr Büchsenmachermeister Emil Pachmayr. Dieser war ein hervorragender Schütze und in seiner aktiven Zeit viermaliger Deutscher Meister und einmal sogar Weltmeister im Zimmerstutzen-Schießen. Zu unserer Zeit war es aber wegen seines hohen Alters nicht mehr weit her mit seiner Schießkunst. Unter seine abgegebenen Schüsse schlichen sich immer viele Fahrkarten ein und wenn wir diese dann pflichtgemäß auf der Ringscheibe aufzeigten, ergoss sich über uns eine wütende Schimpfkanonade, denn seiner Meinung nach konnte ein ehemaliger Weltmeister ja gar keine Fehlschüsse abgeben.“[12]

Schießscheibe von 1841

Schießscheibe von 1891

Schießbuden am Oktoberfest

Kartenspielen

Das Kartenspiel im Wirtshaus setzte sich in Bayern erst im 17. und 18. Jahrhundert allgemein durch. Es gab unzählige Kartenspiele, von denen manche nur regional verbreitet waren; viele dieser Spiele sind heute in Vergessenheit geraten. Besonders beliebt war Schafkopfen, Watten und Tarock. Unter den Spielen gab es auch Wertigkeiten: „Grasober“ spielten diejenigen, denen Schafkopfen zu teuer und Watten zu primitiv war; es wurde meist nur um einen Pfennig gespielt. Aber es gab einst auch das Spiel um sehr hohe Einsätze, das namentlich bei Großbauern und reichen Viehhändlern riskiert wurde. Schulbuben, aber auch ihre Lehrer spielten nur um Pfennigbeträge. Jedes Spiel verläuft anders und es gibt vielerlei Taktiken. Die unerfahrenen Jungen schauen den alten Routiniers stundenlang interessiert zu und erst nach längerem Studium dürfen sie bei den Alten mitspielen. Auch gemütliches Schafkopfen konnte früher in eine Schlägerei ausarten, wie Fritz Seehuber aus Traunstein weiter erzählt:

„Eine gemütliche, manchmal auch streitbare Stammtischrunde war meistens gegen Spätnachmittag, wenn die Bräuburschen Feierabend hatten oder die Geschäfte und Handwerksbetriebe ihre Türen schlossen, in unserem Lokal versammelt. Ein bunt gemischtes Grüppchen von zehn bis fünfzehn Personen genoss nun hier sein kühles Bier und eine deftige Brotzeit oder man klopfte einen zünftigen Schafkopf.

Schafkopf-Turnier-Krug

Historisches Kartenspiel

Manchmal aber ging es auch rau her, wenn man sich wegen kleinster Meinungsverschiedenheiten in der Politik oder aus persönlichen Gründen gegenseitig an den Kragen ging. Wie ein Blitz aus heiterem Himmel konnte es geschehen, dass einer dem anderen sein Noagerl Bier ins Gesicht schüttete, worauf sich dieser postwendend eine kräftige Watschn einhandelte. Solche Wut- oder Temperamentsausbrüche kamen sehr selten vor und der das Ganze ohnehin vorausahnende Wirt konnte die Aufwallung meist kurzerhand mit einigen wuchtigen Ochsenfiesl-Hieben im Keim ersticken.“[13]

Wie man sich beim „scharfen Tarock“ nach und nach finanziell ruinieren konnte, beschreibt unnachahmlich wirklichkeitsgetreu Ludwig Thoma in seinem unvergesslichen Roman „Der Ruepp“, der von der tragischen Säuferkarriere eines Bauern aus dem Dachauer Land handelt.[14]

Wirtshausrauferei

Im Wirtshaus wurde früher nicht selten Haus und Hof versoffen und verspielt, hier wurde deshalb auch gerauft und geprügelt bis zum Totschlag. Zahlreich sind Zutritts- und Sperrstundenregelungen, wie beispielsweise von Mödingen aus dem Jahre 1585: *„Item wir verbietten, das niemandt bey nechtlicher weil lang in die nacht in den wirtsheusern sitz, sonnder sy bey zeit haim mach zu frauen und kindern, unnd soll der wirth zu der achtten stundt sein hauß zusperren, auch*

aufsehen, das man nit zudrinkh oder spill, noch keinerley unfur gestatt.“[15]
Auch in der Landesordnung von 1612 wurde verfügt, dass in den Gastwirtschaften niemand des Abends nach 8 Uhr geduldet werden soll. Diese Sperrstundenregelungen gehören zu den strengsten, sind aber sicher kein Einzelfall und hatten ihren guten Grund. Einstmals bedeutete in München das abendliche Läuten der „Bierglocken“ das Ende der Schankerlaubnis für den jeweiligen Tag – anderswo läuteten die „Weinglocken“.
Das Landgericht Bruck hatte schließlich 1843 verfügt, dass „Gewohnheitsraufern und exzessiven Burschen bei nächster Veranlassung der Wirtshausbesuch zu verbieten sei, nachdem die Raufexzesse und Körperverletzungen unter den Bauernburschen sehr überhand genommen hatten.“[16]
Übermäßiger Biergenuss senkte bei jungen kraftstrotzenden Burschen die früher ohnehin sehr niedrige Hemmschwelle. Eine der Ursachen der hohen Reizbarkeit war die ständige Erfahrung körperlicher Gewalt im bäuerlichen Leben – schon bei der harten körperlichen Arbeit, besonders aber bei der Bewältigung täglicher Konflikte, auch in zwischenmenschlichen Beziehungen. Der „ideale“ Ort für Schlägereien war vor allem das Wirtshaus. Hier fanden rivalisierende Gruppen von rauflustigen Burschen, namentlich aus verfeindeten Dörfern, stets Anlass zu einer zünftigen Prügelei. Meist provozierte irgendein gewohnheitsmäßiger Streithansl mit Beschimpfungen die gegnerische Partei; Zündstoff gab es stets genug. Als Antwort flogen zunächst die allgegenwärtigen Bierkrüge, aber auch die handlichen Stuhlbeine waren schnell herausgedreht und als Prügel gut geeignet. Die entscheidenden Waffen waren nicht selten die einst recht gebräuchlichen Hieb- und Stichwaffen. Bei den meisten Raufereien konnte die Obrigkeit schon deshalb nicht einschreiten, weil sie nicht schnell genug erreichbar war. Wenn sie aber, fast immer verspätet, dennoch eintraf, war der Tatort zwar mit Scherben, Splittern und demoliertem Inventar übersät, wer „zerscht angfangd hod“, war oft nicht zu ermitteln. Täter wie Opfer waren alkoholisiert und konnten sich auf Gedächtnislücken berufen, auch die Zeugen hatten „nix g'seg'n“. In vielen Fällen wurde die Polizei auch gar nicht erst gerufen. Viele Raufereien beendete das ebenfalls rabiate Eingreifen des stämmigen Hausknechtes. Der richtige „Hausl“ hatte Bärenkräfte und ausreichende Routine, um Streithähne zu trennen und vor die Haustür zu werfen. In der Linken der Rosenkranz, in der Rechten das Messer – dies galt einst als Markenzeichen von Bayerns wildem Süden!

Das Wirtshausraufen in der Literatur

Es gibt so gut wie keinen Erlebnisbericht eines damaligen aktiven Wirtshausraufers. Wer sich in dieser Szene genauer informieren will, ist auf staubtrockene Vernehmungsprotokolle angewiesen. Unbeteiligte ortsfremde zufällige Beobachter aber haben sich an manch blutiger Schlägerei geradezu berauscht und darüber literarische Schlachtengemälde niedergeschrieben.
Die blumigste Beschreibung einer Wirtshausschlägerei in Niederbayern findet sich in bezeichnender Weise in der Leipziger Illustrierten Zeitung von 1872:
„Erst sind nur ein paar Burschen aneinandergerathen. An Gründen hierfür fehlt es nicht leicht, und im Nothfall wirft man sich die gewichtigen Steinkrüge auch ohne sie an den Kopf. Im nächsten Augenblick schiebt und drängt alles wie verabredet, aber gleichwol nur instinctiv, nach einem Punkt und in einen unentwirrbaren Knäuel zusammen, und nun regnet es von allen Seiten wuchtige Schläge, daß auch die dicksten Schädel krachen. Das nächste beste dient den Wüthenden zur Waffe: Bierkrüge und Stöcke, Stuhlbeine und Bänke, Holzscheite und Bilderrahmen, ja der geschnitzte Herrgott aus der Ecke über dem Haupttisch wird von der Wand gerissen und zersplittert an irgendeinem kraftadeligen bajuwarischen Haupt. Nirgends aber fehlt es an dem im Griffe feststehenden Messer, das der Niederbaier

„Auseinanda sog I!" Holzschnitt 19. Jhdt.

Rauferei in einer niederbayerischen Schenke 1872

allem Polizeiverbot entgegen jederzeit in einer eigenen Tasche an der Hüfte trägt. Blitzend fährt es im Gewühl auf den Gegner nieder, nicht selten auch auf den Freund, denn es ist ein Krieg aller gegen alle, und die bloße Anwesenheit an Ort und Stelle genügt vollkommen, um als Theilnehmer an der Fehde zu gelten und demgemäß behandelt zu werden. Ohne Blut keine niederbairische Rauferei, selten eine ohne einen Todten oder schwer Verwundeten. Und wären die Schädelknochen nicht so staunenswerth hart, so ginge es meist noch schlimmer aus. Aber in dieser Hinsicht erlebt man geradezu unglaubliches. Ein Bursche erhielt einen Stich in den Hinterkopf, dass die Klinge des Messers darin abbrach und stecken blieb. Trotzdem ging er noch drei Stunden weit heim und starb, nachdem ihm der Schuster des Orts das Eisen mit seiner Kneipzange herausgezogen, nur an den Folgen eines Diätfehlers.

An Versuchen, die Raufenden zu trennen, fehlt es zwar in der Regel nicht, aber sie sind meist nur formeller Natur. Denn was vermöchte die Kraft eines einzelnen oder selbst die der vereinten Kräfte zweier oder dreier Personen gegen die Berserkerwuth ebenso vieler Dutzende ..."[17] Auch in München war man offenbar vor Schlägereien beim Biergenuss nicht ganz sicher. Die Süddeutsche Post berichtete am 24. März 1877:

„Alle Jahre wiederholen sich zur Schande Münchens und zur Belästigung der Einwohner dieselben widerlichen Erscheinungen in Folge des Salvatorgenusses. Auf dem Keller gibt es viele viehische Scenen, deren viele zu beschreiben der Anstand verbietet. Da wird gebrüllt, gerauft, gestochen, mit Maßkrügen geworfen ..."[18]

Im Münchner Hofbräuhaus aber begeisterte sich der preußische Reise- und Theaterschriftsteller August Lewald an einer Schlägerei um 1835 wie an einer siegreichen Schlacht:

„Was ist das? Welches Klirren? Gläser fliegen, leichtbeschwingt durch kräftigen Wurf, in der Luft hin und her, die Scheiben fallen schmetternd getroffen auf den Boden, und die fliegenden Gläser suchen das Weite. Ein herrlicher Anblick! Schon bluten die Köpfe, die Gesichter glühen in roth und blauen Flammen, ganze Nester zorniger Raufer wälzen sich am Boden – man glaubt es wäre auf Mord abgesehen – aber Alles ist nur ein Athemzug der tobendsten Lustigkeit – mehr als Bacchanal – ein Gambrinal – ein Fest dem hochheiligen Bierpatron zu Ehren! – Da treten die fatalen Grünröcke ein, die Feinde aller Poesie, die Freunde der bürgerlichen Ordnung; die furchtbaren Gendarmen! Man arretirt, führt fort, stößt, schimpft, und Alles muß hierauf den Keller verlassen."[19]

Das Ende der Wirtshausrauferei

Der bekannte Schriftsteller Georg Queri hat in seinem „Wörterbuch der erotischen und skatologischen Redensarten der Altbayern“ von 1912 das drohende Ende der traditionellen Wirtshausraufereien trotz allem geradezu wehmütig beklagt:

„Die Raufereien sind in Bayern heute selten geworden. Eine Kette von Regierungsverfügungen hat das Robeln (Raufen unter gewissen Regeln) abgeschafft und auch die schönen, schier verabredeten Sonntagsraufereien haben sich wesentlich verringert. Ich höre heute noch mit Vergnügen von den Raufreisen meines Vaters und seiner Brüder erzählen; aber ich erinnere mich nicht, jemals in dem in Betracht kommenden Revier wieder von Raufereien gehört zu haben, die etwa den Charakter bäuerlicher Bestimmungsmensuren getragen haben. Die ländlichen Kirchweihfeste und die Rekrutenmusterungen bringen wohl ab und zu noch Äußerungen der alten bayrischen Rauflust; aber Verfügungen um Verfügungen und eine hässliche Mode, vor Gericht um einiger Schrammen willen zu klagen, lassen die Neigung zum Kraftmessen seltener werden.“[20]

Wirtshausraufereien haben sich nicht nur in trockenen Gerichtsakten und poetischen Schilderungen erhalten. Auch Maler, Zeichner und Karikaturisten haben dieses derbe Szenarium trefflich dargestellt. Nach dem Ende des Ersten Weltkriegs haben sich diese Raufereien allmählich aufgehört und zu Legenden verflüchtigt. Auch auf dem Land gab es nun immer mehr Polizeistationen, die im Zuge der fortschreitenden Technisierung Telefone und Dienstwagen erhielten. Aber auch die Mentalität hat sich gewandelt – heute ruft man schon wegen lächerlicher Bagatellschäden nach der Polizei.

Fingerhakeln und Faustschieben

Eine ritualisierte Form des Kräftemessens war das bekannte, heute wohl meist nur noch folkloristisch geübte Fingerhakeln. Es wurde fast durchwegs im Wirtshaus ausgetragen, wobei stets reichlich Bier geflossen ist. Von dieser nahezu olympischen Disziplin bayerisch-österreichischer Provenienz gibt es einen besonders anschaulichen Bericht von Karl Adrian in seinem Buch „Von Salzburger Sitt und Brauch“, das 1924 in Wien erschienen und hier im Originaltext wiedergegeben ist:[21]

„Das so genannte Hakeln besteht darin, daß zwei Burschen vermittels der gekrümmten Mittelfinger der rechten Hand sich aus der gefassten Stellung zu ziehen und dadurch ihre Gewandtheit und Kraft zu zeigen suchen. Manchmal bedient man sich dazu auch eines Hakelringes, der die Verbindung zwischen den beiden Mittelfingern herstellt. Er ist kranzförmig aus einer dünnen, zähen Haftwurzel der Fichte geflochten. Schon in früher Jugend verlegt man sich mit Eifer auf dieses Spiel und es gilt für die größte Ehre, in einer Gemeinde für den gesuchtesten Hakler angesehen zu werden.

So kamen im Dezember 1908 eine Schar Tiroler nach Saalfelden, noch mehr Leute aber strömten von Alm, Leogang und der Umgebung des vorgenannten Ortes herbei, um einem großen Hakelziehen zuzusehen. Dieses fand beim Simonwirt statt. Der bisher unüberwindliche Tiroler Hakelzieher, der Silzmüller von Kirchdorf, 44 Jahre alt, der in Wien einen Athleten mit Leichtigkeit besiegt hatte, wollte mit dem 24-jährigen Christenbauersohn von Alm ‚hakeln‘. Der Saal und die Zugänge waren von mehreren hundert Zuschauern besetzt, eine Unzahl Wetten gaben dem Interesse eine besondere Zugkraft. Die zwei Hakler traten auf, der Tiroler stark und korpulent, der Almer hager und schlank. Ringsum die Schiedsrichter. Ein angeschraubter Hackstock war der Schauplatz. In 20 Sekunden lag der unbezwingbare Silzmüller zur großen Freude der Pinzgauer auf dem Hackstock.

Raucher in Berliner Weißbierstube um 1845 (Detail)

Besonders leidenschaftlich scheint dieses Spiel im benachbarten Tirol betrieben worden zu sein. Ein Augenzeuge berichtet aus den Zwanzigerjahren des vorigen Jahrhunderts aus Zell am Ziller, daß die Zieher sich so sehr anstrengten, daß einigen das Blut zwischen den Nägeln hervorquoll und zweien sogar die Finger ausgekegelt wurden.

Die gegenteilige Übung ist das Faustschieben. Dabei wird die zur Faust geballte Hand mit dem Handballen fest auf den Tisch aufgestemmt und die Gegner suchen sich mit dem Aufgebot aller Kräfte aus ihrer Lage zu verdrängen.
Hierbei werden oft ganz bedeutende Preise ausgesetzt, beträchtliche Geldsummen, ja selbst Kälber und Kühe bilden den Einsatz."

Zum Bier wird auch geraucht

Nachdem der Tabak um 1550 aus Amerika nach Spanien gelangt war, wurde das Tabakrauchen in der Pfeife erst Anfang des 17. Jahrhunderts in den Niederlanden eine neue Mode. „Rauchen wurde damals als ähnliche Sünde angesehen wie die Trunksucht. Tabaktrinken nannte man das Rauchen und die Pfeifen hießen gelegentlich Tabaktrinkgefäße. Man fand, dass ein Bierchen neben dem Tabak ganz besonders gut schmecke, die Bierkanne sei geradezu die Gemahlin des Tabaks."
Beim genauen Betrachten alter Bilder und Fotos fällt sie zwar auf, aber selten ins Gewicht: Die Pfeife, später gelegentlich auch die Zigarre. Nicht nur der honorige Oberförster am Stammtisch hält sie über seinem Rauschebart an den Mund, auch dem Holzknecht hängt sie mitunter beim Fällen eines Baumes an den Lippen. Wenn der alte abgearbeitete Austragsbauer seinen sommerlichen Feierabend auf dem Bankerl vor dem Zuhaus verbringt, signalisiert in dieser gern abgebildeten Idylle auch die Pfeife geruhsame Gemütlichkeit.
Im bayerischen Wirtshaus kommt das Rauchen der Pfeife erst im frühen 19. Jahrhundert auf – man raucht zum Bier. Auch der Schnupftabak kam in Mode, vielleicht noch vor der Pfeife. Seinen Genuss schildert Josef Schlicht recht anschaulich: „... der edle Brasil wird unausgesetzt gekiest und geschnupft. Und im Gefolge wird alsdann weidlich gehustet, geräuspert, geschnäuzt, gespuckt, geniest, gegähnt,

geschnarcht, gegluckt, geschluckt, gerückt und geschoben, gerummelt und getrampelt: kurzum all das aufgeführt, was keine höfische Etikette braucht und doch die Einförmigkeit wesentlich belebt ...“[22]

Noch in der Barockzeit hatte der berühmte Prediger Abraham a Sancta Clara (1644 – 1709) in seinen feurigen Kanzelreden von Rauchteufeln, von Schnupfteufeln und vom Tabak als Teufelskraut gewettert. Seiner Überzeugung nach war das Rauchen kein unschuldiges Vergnügen, sondern eine Sünde. Im Jahr 1844 hingegen erschien von Moritz von Schwind das „Album für Raucher und Trinker“, das sich der neuen Lustbarkeit widmet. Maßkrug und Pfeife zeigt man nunmehr in Gemälden und bühnenreif arrangierten Fotografien auch außerhalb des Wirtshauses als typische Insignien bayerischer Gemütlichkeit und Selbstzufriedenheit: „Mir san' mir“.

Eine kennerhafte Beschreibung dieses bierig-rauchigen Wohlgefühls klingt wenig schmeichelhaft: „Leicht vornüber gebeugt, die Unterarme auf den Tisch gestützt, vor sich eine Maß Bier, der Blick nach innen gekehrt, der Gesichtsausdruck ohne jede Emotion, in der rechten Hand den rauchenden Zehnerstumpen, neben dem Bierkrug für zwischendurch eine Schnupftabakdose mit Bavariamotiv, in der linken inneren Joppentasche drei Virginia-Zigarren, die der Besitzer vor dem Rauchen kurz in das Bier zu tauchen pflegt: bayerische Haltung, bayerische Sachen.“[23]

Der Pfeifenkopf der mehrteiligen Gesteckpfeife besteht aus Porzellan und wird von Porzellanmalern als neuer Motiv- und Bildträger entdeckt. Pfeifenköpfe und Schnupftabakdosen werden zu wahren Kunstwerken der Miniaturmalerei ausgeschmückt und finden sich in vielen Heimatmuseen. Die Bildkompositionen zeigen meist ähnliche Motive und befriedigen verschiedene Zugehörigkeitsgefühle: patriotische, berufliche, heimatliche, musikalische ... Embleme des Königreichs Bayern wie Löwe, Krone, Bavaria deuten auf den Patrioten hin, Trompete und Zither auf den Musikanten, Gams und Büchse auf den Jäger; Sennerin vor der Almhütte, Tegernsee und Watzmann ziehen Liebhaber der engeren Heimat an. Die Pfeife mit kunstvoll verziertem Porzellankopf wurde ein beliebtes Souvenir. Zu Hause konnte man vorzeigen, wie schön es war in Berchtesgaden ...

Nach dem Rauchverbot von 2010 ist es endgültig vorbei mit der Zeit, als man noch sagen konnte: Der Tabakqualm gehört zum Wirtshaus wie der Weihrauch zur Kirche.

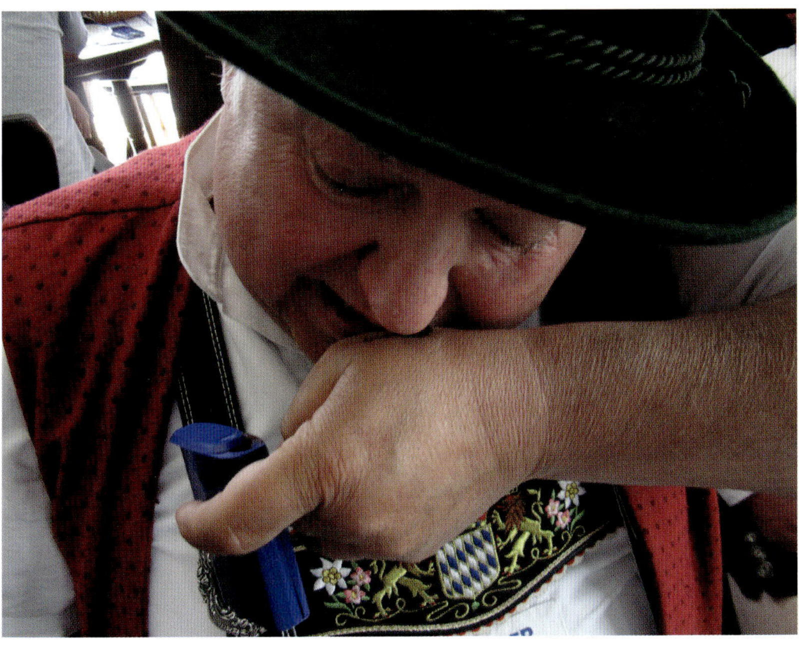

Schnupftabakgenuss heute ...

Das Hofbräuhaus

Die Gründungsurkunde

Wenn man heute in Bayern vom „Hofbräuhaus“ spricht, erübrigt sich der Zusatz „München“ – es ist das Hofbräuhaus schlechthin, vielleicht ist es sogar das bekannteste Wirtshaus weltweit. Allein die hierüber verfassten Stimmungsberichte sind Sittengemälde von literarischem Reiz. „Von der zartkolorierten Idylle bis zum tumultuarischen Überlebensbericht reicht es, was streitbaren Ruhmrednern oder zufriedenen Grantlern dazu aus der Feder floss.“ Wer sich heute in der Hochsaison tagsüber in den Dunstkreis dieser ehrwürdigen altbayerischen Institution begibt, sieht sich bald im Sog von Touristen, die von allen Seiten „zum Platzl“ herbeiströmen, vorbei an Souvenirläden, die von Maßkrügen aller Größen und Preisklassen überquellen. Fernöstliche Besucherscharen formieren sich zu Gruppenbildern, Kameras klicken, Blitzlichter zucken, aufmerksam wie Pilger lauschen die von weither Angereisten ihren Führern. Staunend und von Andacht durchströmt betritt man nun das bayerische Nationalheiligtum des Bieres …

Die Gründungsurkunde des Hofbräuhauses ist auf den 27. September 1589 datiert: sie ist ein Bericht von vier Hofkammerräten an Herzog Wilhelm V.

„Besonders gerne erinnern wir uns an das Hofbräuhaus, wo das gute Bier alle Klassenunterschiede verwischt.“

Nadeshda Krupskaja, Lenins Ehefrau

Der Herzog plante schon lange eine eigene Brauerei, denn die 600 bis 800 Bediensteten seiner Hofhaltung tranken Unmengen Bier, das er bisher bei klösterlichen und bürgerlichen Brauereien teuer einkaufen musste. Für seine eigene Tafel war ohnehin nur ausländisches Bier gut genug.

Das Gutachten befürwortete den Plan des Herzogs und zeigte auch den besten Standort auf – im Alten Hof, also neben der herzoglichen Residenz. Als erster Braumeister wurde der erfahrene Heimeran Pongratz aus dem Benediktinerinnenkloster Geisenfeld berufen; sein Bier geriet hervorragend. Als Maximilian I., der spätere Kurfürst, an die Regierung kam, ließ er ab 1610 das herzogliche Bier auch an Wirte und Privatleute verkaufen. Schon im Jahr 1603 „kam aus dem braunen Bräuhaus auch Weißbier, ein Getränk für gehobene Ansprüche, das sich trotz höheren Preises zunehmender Beliebtheit erfreute. Dieses ‚hochpreislich und vornehme Kammergut‘ behielt sich der Herzog als einträgliches Monopol vor, das heißt: alle Wirte, die das begehrte Weißbier ‚verleitgeben‘ wollten, mussten es vom Hofbräuhaus beziehen.“[1]

Im Alten Hof war es bald zu eng geworden, immer wieder wurde der Gebäudekomplex vergrößert. Im Jahr 1808 übersiedelte das Braunbier zum Platzl, aber noch war das Hofbräuhaus nur Braustätte und kein Wirtshaus, die Schänke bis 1828 Amtslokal für Hofbedienstete, die ihr Bier hier gegen Abgabe von Biermarken bezogen.

Volkstümlicher Biergenuss an der Quelle aber war den Münchnern schon lange vorher, während der „Bock-Saison“, möglich geworden. Das früher nur für die Tafel des Herzogs bestimmte Bier wurde teilweise aus Einbeck herangeschafft, einer traditionsreichen Kleinstadt südöstlich von Hannover. Der Ehrgeiz der Hofbraumeister zielte darauf ab, die herausragende Güte dieses Einbeckschen Bieres

Komödiant am Platzl

Hofbräuhaus-Stuhl

Altes Modell Hofbräuhaus

Festsaal

zu erreichen, was ihnen 1614 gelang. Diese Errungenschaft kam den Schweden zugute, die während des Dreißigjährigen Krieges 1632 über 1000 Eimer dieses Biers konsumierten – selbstverständlich ohne

zu bezahlen ... Bis 1818 konnte sich die Biergattung Bock als ausschließliches Vorrecht des Hofbräuhauses halten ...

„Bis 1793 wurde der Bock nur am Fronleichnamstag öffentlich ausgeschenkt; seit dem 19. Jahrhundert begann er Ende April zu fließen und heißt daher nach gut Münchner Gebrauch Maibock.“[2]

Von morgens um vier bis 10 Uhr nachts

Ein detailgetreues Sittengemälde nach Art eines Stundenprotokolls verdanken wir den peniblen Aufzeichnungen des Königl. Baier. Bau-Rathes Anton Baumgartner, der 1820 bis 1823 den Bockkeller des Hofbräuhauses beschrieb – als „biedermeierlich begütigende Idylle, frei von Exzessen,“ doch gerät die Beschreibung schließlich zu einer von durchgehendem Crescendo bestimmten Bock-Symphonie! Nachstehend gekürzt und gerafft die witzigsten Passagen:

„Morgens von 4 Uhr bis 6 Uhr. Da sieht es aus, wie auf einem Schlachtfelde von der verflossenen Nacht, und der Boden liegt voll von Papieren, Blumensträußen, Rettigblättern, Knochen, Nussschalen, und einigen Glasscherben mitunter. Auf den ganz aus der Ordnung geschobenen Tischen halbabgebrannte Kerzen, Ueberbleibseln von Brod, umgeschüttete Salzfässer. Einzelne Katzen suchen nach verlornen Wursthäutchen und Fleischknorpeln herum ... Alle ausgetrunkenen Gläser und Krüge werden in Schlachtordnung auf den Mitteltisch aufgestellt, und die Neigeln für arme Leuthe zusammengeschüttet ... Da setzt wohl zuweilen ein Latern-Anzünder, wenn er morgens die Lampen zusammen holt, geschwind seine Leiter hin, holt sich einen Pfiff [1/4 Glas] Bock ...

Bis 7 Uhr sind die Trinkgefäße ausgerieben, bis 8 die Einnahmen der Bräuknechte abgerechnet, bis 9 ziehen sich bereits Honoratioren vom Morgentrank zurück und machen Platz für Bürger, Ärzte und Unteroffiziere ... Die Köpfe sind noch alle heiter. Auf Löschpapier gedruckt werden Lieder oder komische Abhandlungen herumgetragen ... Daneben handelt und tauscht man mit Pferden, Holz, Heu und Fourage, mit Uhren, Papieren und Hausplätzen, und fragt sich am Ende, ob heuer die Passion in Ammergau oder in Rott gespielt wird ... Immer wird es lebendiger.

Mittags von 11 bis 12 Uhr. Unzählige Stimmen durcheinander. Der Lärm wird immer größer. Kaum, daß man die Musik durchschallen hört, welche im Mitteltische Platz genommen hat ... Man spricht über verschiedene Gegenstände miteinander, ohne darum in Händel auszuarten; doch, wenn einer wirklich den Arm gegen den andern ausgestreckt haben sollte – es schlägt 12 Uhr, man läutet zum Gebethe, und ein erwachsener reinlicher Knabe bethet den englischen Gruß vor. – Die Häfen mit den Würsherum, welche von älteren Weibspersonen zum Verkaufe hereingetragen werden …'

Eben so gedrängt ist es auf der Terrasse. Fällt ein Regen, so trinkt man daselbst unter den Regendächern.

ten dampfen. ‚Der Markt ist vorbey. Der Bauer führt seine Bäurin zum Bock, schaut bey dem Stadtleben nur darein, und begreift nicht, wo die Leuthe alle das Geld hernehmen …'

Eine Atempause am frühen Nachmittag, dann füllt sich das Lokal zunehmend mit buntgemischtem Publikum. Man tauscht Erfahrungen aus und spielt einander harmlose Streiche …

‚Tabakspeifen giebt es denn ohne Zahl nach den manigfaltigsten Formen aus allerhand Holz, Erde und Metall. Jeder lobt die seinige, und beynahe mit jeder Pfeife ist eine Mahlerey, Schnitzarbeit, oder Devise verbunden, welches die schönste Veranlassung zu allerley Gesprächen giebt. – Die fremden Steinmetzgesellen reden mit Selbstgefühl davon, was sie bey den großen Bauten der Glyptothek und im großen Theater gelernt haben, und erklären den Umstehenden die Glieder eines Kapitäls. Man gewahrt es deutlich, wie sie in ihrer Intelligenz zugenommen haben.'

Gegen Abend wird es so voll, daß man sich nicht mehr rühren kann. ‚Die Luft surret von Innen, daß man sein eigenes Wort kaum versteht. – In einem fort klopft man mit den zinnernen Kruglucken, oder läutet mit den Schlüsseln an den Gläsern. Eingeschenkt! – Da rumpeln die Nussen in den Körben

Um halb zehn erscheint die ‚Abschaffungs-Patrouille' das erste, zur Sperrstunde um 10 das zweite Mal und bleibt ganz ruhig an der Türe stehen. Dieses ist so viel als ein Kommando-Wort. Alles bricht auf … und über den Steg hinüber geht es schwätzend, scherzend und lachend nach allen Seiten hinaus …"[3]

Der seinerzeit 70-jährige Journalist Karl Braun veröffentlichte 1889 in der „Leipziger Illustrirten" folgende Erinnerung: „Ich lernte das Hofbräuhaus zuerst 1842 kennen. Zwei norddeutsche Freunde, die ich mitgenommen hatte waren außer sich darüber, wie man hier *en canaille* behandelt werde; daß man sich selber für ein Maßkrügl sorgen, ja, im Fall starken Andrangs dessen Benutzung einem anderen Gast abkaufen musste, wie man vormals in Oesterreich ein Lieutenantspatent kaufte; daß man sich das steinerne Gefäß selber am Brunnen zu waschen hatte; es dann, unter Einzahlung des Geldes für das in solches Gefäß zu füllende Bier, hinreichen, zugleich aber die Nummer desselben genau seinem Gedächtnis einprägen; dann aufpassen mußte, bis solche ausgerufen wurde; und endlich sich zu melden und sein Bier in Empfang zu nehmen hatte – unter Androhung des Rechtsnachteils, daß, wenn man die Nummer vergessen oder sonst nicht gehörig aufgepaßt hatte, man seines Geldes und des zu erwartenden Bieres, das

Krüge mit Diebstahlsicherung

wahrscheinlich in die ‚unrechte Gurgel' eines dritten floß, verlustig ging – ‚von Rechts wegen!' Ich kann nicht leugnen, daß mir diese einfachen Sitten gefielen, welche eine Zeit sparende Kooperation der Interessenten darstellten.
‚Seht ihr', sagte ich meinen norddeutschen Freunden, ‚hier gilt doch noch die von euch sonst so sehr gepriesene Weltanschauung, wonach die Götter den Schweiß vor die Tugend, die Anstrengung vor den Lohn gesetzt haben. Das Geld allein thut's nicht.
Nur der verdient die Halbi und das Krügel,
Der stündlich sie erobern muß!'
Allein auf die klassischen Reminiscenzen vermochte ich sie nicht umzustimmen; und als ich mir gar von einer alten Frau einen ‚Radi', gewöhnlich sonst Rettich genannt, kaufte, die gute Baucis mir dazu ein Stück Brot gab, auch ein Häuflein Salz auf den blank gescheuerten Tisch schüttete und mir dann den nötigen Unterricht erteilte, wie ich den ‚Radi' kunstgerecht zu schälen und zu schneiden, dann in dem Salzhäuflein auf dem Tische herumzuwischen und so, benebst Brot, brockenweise zu genießen habe, und als ich dann genau dieser Instruktion gemäß verfuhr und mir den ‚Radi' nebst Brot, Salz und Bier außerordentlich gut schmecken ließ, da nannten sie mich ‚eine Rothaut'. Kurz, es gefiel mir im ‚Hofbräu' ganz ausnehmend, und auch jetzt noch habe ich, so oft ich nach München komme, niemals versäumt, es zu besuchen."[4]
Übrigens kamen erst 1976 zum Oktoberfest Krügelwaschautomaten zum Einsatz ...

Ein Münchner im Himmel

Einen unsterblichen Hymnus auf das Hofbräuhaus schuf Ludwig Thoma mit seinem humorigen Einfall vom „Münchner im Himmel"; die meisten älteren Bayern kennen dieses Gschichterl fast auswendig: Dienstmann Alois Hingerl verrichtet einen Auftrag

Souvenir-Krüge

Krüge an Ketten

am Münchner Hauptbahnhof mit solcher Hast, dass er vom Schlag getroffen wird und stirbt. Im Himmel wird ihm ein Platz auf einer Wolke und der Name „Engel Aloisius" zugewiesen. Der himmlische Tagesablauf: von 8 bis 12 Uhr Frohlocken, von 12 bis 8 Uhr abends Halleluja und Hosianna singen. Zum Essen gibt es Manna, nach Bier und Zigarre lechzt Aloisius vergebens. Rasch beginnt er zu granteln, schließlich flucht er so laut, - „Luja, sog i, ze fix luja!" – dass der liebe Gott aus seinem Mittagsschlaf erwacht und den Petrus fragt, was denn da los sei. „Ein Münchner ...", lautet die Auskunft. Für diesen Sonderfall hat der liebe Gott eine geniale Lösung. Aloisius soll hin und wieder der bayerischen Regierung göttliche Eingebungen überbringen. Aloisius macht sich überglücklich auf den Weg, schwebt nach München hinab und kommt auf seinem Weg zur Regierung am Hofbräuhaus vorbei. Natürlich kehrt er ein, setzt sich auf seinen verwaisten Stammplatz und bestellt bei seiner Lieblingsbedienung eine Maß, dann noch eine und immer wieder eine und jetzt fühlt er sich endlich wie im richtigen Himmel. Er bleibt sitzen und die bayerische Regierung wartet vergeblich auf die göttlichen Eingebungen ... Der Engel Aloisius auf einer Wolke, mit einer Harfe zum Hosianna-Singen und einer Maß für den Durst, manchmal mit dem Hofbräuhaus im Hintergrund, ist als Urbild bayerischer Bierseligkeit bis heute ein unsterbliches Bildmotiv geworden.

Weißbier aus dem Hofbräuhaus Traunstein

Von Franz Haselbeck, Archivar und Leiter des Stadtarchivs von Traunstein (gekürzte Fassung)

„Traunstein und Erding, Vilshofen und Schärding sind in Bayern der Orte vier, wo man braut das beste Bier" – so hieß es früher im Volksmund, und wer dem Gerstensaft ein gewisses (vernünftiges) Maß an Geneigtheit entgegenbringt, kann diese Aussage auch heute noch durchaus bestätigen. Zwischen vier Brauereien kann der Biertrinker in Traunstein wählen (oder wechseln) und er ist ob dieses vielfältigen Angebotes durchaus zu beneiden. In vielen anderen vergleichbaren bayerischen Städten waren traditionsreiche kleine und mittlere Unternehmen der Konkurrenz der Großbrauereien nicht gewachsen und mussten den Betrieb aufgeben oder wurden übernommen. Alle vier Stadtplatzbrauereien von Traunstein wurden um das Jahr 1600 gegründet und aus bescheidenen Anfängen vergrößert ...

„Trinkt Weizenbier! Ärztlich empfohlen!" – so stand es 1925 in einer Anzeigenserie des Traunsteiner Wochenblattes zu lesen. Werbung, die durchaus ihre Berechtigung hatte; obwohl man heute Bayern und Weißbier ohne langes Zögern als Einheit assoziiert, damals wurde fast ausschließlich dunkles Bier getrunken.

Zu Anfang des 17. Jahrhunderts hätte man dieser Aufforderung ohnehin nicht Folge leisten können, denn im Reinheitsgebot von 1516 war auch die Herstellung des obergärigen Bieres, wozu Weißbier zählt, verboten worden. Doch es gab Ausnahmen: Die in Niederbayern ansässigen Freiherren von Degenberg brauten ein vorzügliches Weißbier. Als 1602 der letzte Degenberger verstarb, erkannte Herzog Maximilian eine Chance zur Erhöhung der Staatseinnahmen. Er erklärte das Weißbier zum landesherrlichen Monopol, betrieb die Sudstätten in eigener Regie weiter und überzog zusätzlich das ganze Land mit seinen „Hofbräuhäusern", die ausschließlich das neue Modegetränk produzierten. Es verdrängte nicht nur den Wein endgültig vom Markt, sondern fügte auch dem Absatz des gewöhnlichen Bieres starke Einbußen zu. Am Beispiel des 1611 errichteten Traunsteiner Hofbräuhauses lässt sich diese Entwicklung geradezu exemplarisch nachvollziehen. Schon in einen als „Marktanalyse" durchgeführten Probeausschank hatten sich „die Leuth dermaßen gelegt", dass die landesherrlichen Verwaltungsbeamten sich sicher waren: Es sollte „diß Preuhaus nit vergebentlich aufgericht werden". Zudem wäre das Bier der örtlichen Brauer „gar schlecht", würde oftmals früh zur Neige gehen oder verderben. Um den Durst der Traunsteiner zu stillen, musste des Öfteren sogar Bier aus Braunau, Trostberg und Wasserburg importiert werden.

Und die Rechnung ging auf. Sowohl die Bürger der Stadt wie auch die Bewohner des Umlandes sprachen dem Weißbier kräftig zu. Verständlicherweise tat das Hofbräuhaus alles, um die Nachfrage anzukurbeln, und vergab in den Anfangsjahren wahllos Schanklizenzen an so genannte „Weißbierzäpfler".

Sie brachten die eingesessenen Wirte und Brauer in derart arge Bedrängnis, dass der Kurfürst 1642 ihre Zahl von dreizehn auf vier beschränkte und statt dessen den Braunbierbrauern das Recht einräumt, ebenfalls Weißbier auszuschenken. Deren qualitative Verbesserung des eigenen Produktes ließ allerdings

Hofbräuhaus
HB
Traunstein

auf sich warten. Noch in den Dreißigerjahren des 18. Jahrhunderts wollte man ihnen von Amts wegen vorschreiben, besseres Bier zu brauen, nachdem erneut verschiedene Bürger verbotenerweise auf die Erzeugnisse auswärtiger Brauereien zurückgegriffen hatten.

Vom „besten Bier der Städte vier“ war man augenscheinlich noch ein ganzes Stück weit entfernt. Letztendlich rechtfertigten erst die brautechnischen Errungenschaften des 19. und frühen 20. Jahrhunderts dieses Attribut. Danach allerdings waren die bürgerlichen Brauer nicht nur in der Lage, dem Weißbier Paroli zu bieten, sondern es, wie erwähnt, zeitweise ganz an den Rand zu drängen. Der Staat hatte sich aus dem zunehmend unrentabler werdenden Weißbierwesen zurückgezogen und das Traunsteiner Hofbräuhaus zunächst verpachtet, 1820 dann veräußert. In privater Hand erweiterte es seine Produktpalette, im Gegenzug stellten die anderen Brauer Zug um Zug auch Weißbier her. Inzwischen ist es für jede Brauerei eine Selbstverständlichkeit, verschiedenste Biere zu pflegen, teilweise auch alkoholfreie Getränke anzubieten und auf aktuelle Trends wie beispielsweise die derzeit beliebten Leichtbiere entsprechend zu reagieren.[5]

Historische Zapfhähne

„Brauerballett“ des Hofbräuhauses Traunstein

„O zapft is“

Der Wirt und die Kellnerin

Der Wirt, der Vater der Gemeinde

Der königliche Assessor Josef Wimmer beschrieb 1858 die sozialen und volkswirtschaftlichen Zustände im Landgericht Eggenfelden und schilderte anschaulich die beherrschende Stellung des Wirtes im Dorf; sie gipfelt in der Aussage: „Der Wirt ist der Vater der Gemeinde."

Nach einer anderen Aussage waren Wirt und Wirtin sogar die „Gottheiten der Gemeinde", von deren Gnaden Gedeih und Verderb des Dorfes abhing. Nach sprachgeschichtlichen Gesichtspunkten ist der Wirt zumindest der Herr in seinem Haus; das Wort kommt vom germanischen Werdum, was tatsächlich Hausherr bedeutete. In der Tat war der Wirt einst eine zentrale Figur des dörflichen Lebens und ein begehrter Beruf, „denn schon immer hielten Essen und Trinken Leib und Seele zusammen oder, etwas deftiger und im urbayerischen Dialekt: s'fressade und 'as saufade Gschäft tragt se oiwei." (Haselbeck)

Im Wirtshaus wurde aber früher nicht nur getrunken – an 1. Stelle! – und gegessen, hier wurden auch alle wichtigen Ereignisse wie Geburten, Heiraten und Todesfälle besprochen und beurteilt. Der Wirt war für den Bauern auch seine Getreidebörse; der Bauer vergewisserte sich beim Wirt persönlich über den jeweils gültigen Preis von Getreide und anderen Früchten. Der Verkauf vollzog sich mitunter im Wirtshaus. Zum Wirt ging man auch, um sich Geld zu borgen, man machte ihm ein Angebot über vorrätiges Getreide und erzählte dabei über häusliche und nachbarliche Ereignisse. Bei der Beurteilung der Kreditwürdigkeit gab es auch beim Wirt große Standesunterschiede. Nach einer Polizeiordnung von 1787 durften Wirte einem Bauern bis zu vier Gulden leihen, einem Lehrer bis zu zwei und einem Söldner bis zu einem Gulden.

Dabei befanden sich Wirte meist in einer sozialen Zwischenstellung: Sie waren oft viel reicher als manche Bauern, mussten diese aber dennoch bedienen! Armen Leuten durften die Wirte übrigens gar kein Geld leihen.[1]

Kritisch beurteilt Gerichtsarzt August Berger 1860 die soziale Stellung des Dorfwirts: „Der Wirt auf dem Lande ist unbestritten die angesehenste und einflussreichste Person. In allen Beratungen der Gemeinde gibt er den gültigen Ausschlag und entscheidet in hartnäckigen Diskussionen durch Freigebung eines Eimers Bier die schwebenden Fragen in der Regel nach seinen Ansichten, wenn auch zum Nachteil der Gemeinde.

Am Ausschank

Jedes Kind auf dem Lande erkennt von Jugend auf in dem Wirt die mächtigste Person des Ortes, und der Schulbube glüht vor Verlangen, von der Schule befreit zu sein, um endlich das Wirtshaus besuchen zu dürfen. Mit dem Aufhören der Schulbildung beginnt der ersehnte Wirtshausbesuch und der Einfluss des Wirtshauslebens, die Ansichten und Grundsätze des Wirtes erlangen dann in kurzer Zeit die Oberhand und haben dann Gültigkeit für das ganze Leben; mit einem Wort, die Fortbildung nach der Schule fällt auf dem Lande dem Wirt zu.

Sein Ansehen wird durch persönlichen Mangel an Pflicht- und Rechtsgefühl oder durch eine unsittliche Haltung keineswegs vermindert. Hat der Wirt Söhne, so sind diese zunächst die Leiter der heranwachsenden Burschen auf dem Lande und genießen Ansehen unter denselben, welches gewöhnlich auf Übermut, Rohheit und auf unsittlichen Lebenswandel, wozu sie ein besonderes Vorrecht zu besitzen glauben, gegründet ist.

Unerklärlicherweise ist nun der Wirt in Bayern die einzige Gewerbebestellung, welche ohne alle Vorbildung und ohne allen Nachweis einer Befähigung von Jedem angetreten werden kann, welcher die nötigen Mittel zur Erwerbung einer Wirtschaft besitzt und in der Regel geht das Avancement zum Wirt vom Hausknecht, Metzgerknecht oder vermöglichen Bauernsohne aus ohne alle fernere Bedienung, als des Vermögensnachweises.

Wird man bei solchen Verhältnissen noch unbegreiflich finden, dass die guten Lehren der Schule mit dem abgeschlossenen Schulbesuche verschwinden, wird man sich nicht vielmehr überzeugen müssen, dass der Wirt auf dem Lande eine Person von größter Wichtigkeit ist und einen weit größeren Einfluss auf die geistige Richtung und Gesittung des Volkes ausübt, als der Pfarrer oder Lehrer.

Ich bin überzeugt, dass die Wirte auf dem Lande die intellektuellen Urheber vieler Vergehen und Verbrechen sind, wenn auch nicht immer unmittelbar, doch mittelbar. Ich bin überzeugt, dass das Volk so lange jeder feineren Gesittung widerstreben wird, als die in ihren Augen wichtigste Person ein Vorrecht zur Rohheit besitzt und ausübt.

Wenn ich daher zu der sonderbar klingenden Schlussfolgerung komme: ‚Will man auf den Kulturstand unseres Volkes mit Erfolg wirken, so muss man vor allem den Wirt bilden und seine Stellung von bestimmten Anforderungen abhängig machen', so spreche ich eine Überzeugung aus, die auf einer langen und fleißigen Beobachtung der auf den Kulturstand unseres Volkes einwirkenden Verhältnisse beruht."[2]

Kellnerin in Sonntagstracht um 1900

Ein Zeitgenosse des Gerichtsarztes, der niederbayerische Schlossbenefiziat Joseph Schlicht aus Steinach bei Straubing, resümiert um 1870:

„Ein bayerischer Bauernwirth, wie er sein muss, sitzt in einem Hügeldorf, welches aus den Bergen in's Donauland hinausblickt. Er hat einen unverwüstlichen Humor, ist immer guter Dinge und weiß jedem Gast zu jeder Stunde ein lustiges Späßlein aufzutischen. Sowie er vom Schießen redet, zwickt er auch schon ein Auge zu und legt den Arm an die Backe: kein Wort ohne die gehörige Gebärde. Er fragt um alle Neuigkeiten, erfährt alle und erzählt wiederum alle. Jeden, der bei ihm einkehrt, und wenn er auch landfremd ist, fragt er nicht nur um seine ganze eigene Lebensgeschichte, sondern auch um diejenige seines Vaters, seiner Mutter und ganzen Vetternschaft; erhält er darüber eine schiefe Antwort, nun so macht er sich nichts daraus, wischt sich mit der Faust um's Maul und schiebt gleichmüthig sein Schmeerkäppl vom linken Ohr auf's rechte. Er erkennt Jeden, der schon einmal bei ihm eingekehrt hat, und wenn es auch schon zwanzig Jahre ist, und redet ihn sofort an mit seinem Tauf-, Haus- und Spitznamen. Noch nie, auch im größten Unglücke, hat ihn Jemand traurig oder verdrossen gesehen.

Er schlichtet die Streithändel seiner Bauern mit Scherz und Ernst, mit gutem Wort und einschneidender Rede. Er hilft seinem Stammgaste, wenn derselbe wegen groben Mundstücks oder in Folge seiner Bauernfaust in Gefahr geräth, vor Gericht gestellt zu werden, so viel wie menschenmöglich wiederum aus der Patsche. Er ist deshalb in allen Anliegen der unbegrenzte Vertrauensmann der Bauern und macht dabei manchen guten Kuhhandel für sich.
Gegen leichtfertiges Volk hält er strenge christliche Wirthspolizei. Ein landfremdes Ehepaar, das ihm verdächtig scheint, schickt er gebieterischen Worts in gesonderte Schlafstuben und streut schlauköpfig Mehl zwischen den beiden Thüren: geht's nicht sittsamlich her, so überweist er sie dann aus ihren eigenen Fußstapfen. Zu Kirche, Opfergang, Kreuz, Prozession, jeder Provisur und Leiche ist der Wirth der Erste und Eifrigste, Geschäft und Christenthum gehen dabei Hand in Hand.“[3]
Bei manchem Wirt von altem Schlag stand seine väterlich angestammte Religion wie ein Fels in der Brandung seiner Wirtsstube. Joseph Schlicht erzählt von einem Ort an der mittleren Donau, was er um 1870 erlebt hat, als die Kirchturmglocke das abendliche Ave Maria einläutete:
„Sämtliche Bauern im Bräuhaus zogen ihre Hüte und Zipfelmützen, erhoben sich von den Sitzen, falteten die Hände und beteten: der kernhafte Bräu voraus, die Bauern nach. Aber siehe, am Ofentischl hockten vier lose Stadtvögel: die rumorten ganz frech in's Bauerngebet hinein. Die Bauern beteten das erste Gesätzl vom ‚Engel des Herrn‘ und trugen die Ungezogenheit. Das zweite Gesätzl: derselbe bübische Lärm. Die Bauern pusteten, warfen zornentflammte Blicke, das Christenblut kochte in ihnen. Dem Bräu selbst gab es einen Zornruck um den andern; er betete sich voll geheimen Grimms in das dritte Gesätzl hinein: immer ärgeres frevelhafteres Getös. Da wandte er sich zum Ofen wie ein brüllender Löwe und schrie mit Donnerstimme: ‚ös Stadtlümmeln da hinten, könnt's betn oda nöt? Malefizbande, an Ruah, oder ös werdt's nausg'schmißn! Gegrüßt seist du Maria …‘ Das wirkte; wie unwillkürlich eingeschüchtert zog das gottfeindliche Stadtvolk die Schwänze ein.
Es war aber auch Zeit, denn als die Bauern, zuvor einander den ‚Guten Abend!‘ zurufend, sich nunmehr setzten, da trank der Stärkste von ihnen hochergrimmt seinen Maßkrug aus, ballte funkelnden Augs zwei zermalmende Fäuste nach dem Ofentischl und drohte laut genug: ‚No amal wenn dös g'schiahgt, so nimm i a so 'n Sakra und wirf ihn, daß er durch 99 Landg'richta fliagt!‘
Gott, was Gottes ist, auch in der Zechstube …“[4]

Auf der Wiesn

Ein wahres Sittengemälde enthüllt auch Johann Heinrich Zedlers „Grosses vollständiges Universal-Lexikon“ von 1748:
„Ein Wirth soll mit dem Gemässe [Maß-Geräte] zu allen Zeiten und gegen jedermann richtig umgehen, selbiges nicht verfälschen oder unsauber halten lassen, den Gästen freundlich und bescheiden begegnen, Zimmer, Betten, Haus- und Tischgeräthe reinlich halten, gutes Brod, frisches Fleisch, ohngefälschtes Geträncke und andere Notdurften ec. haben und nicht mit doppelter Kreide anschreiben.
Denn wenn man kein gutes Tractament in einem Wirtshause findet, wenn die Zimmer ohnausgekehrt, Kammern und Ställe finster und voller Spinnenweben, Ratten und Mäuse, das Haus und Tischgeräthe unfläthig, die Betten und Stroh unrein, voller Flöhe und Wantzen oder gar Läuse sind, und es kommt noch des Wirths sauersehendes Gesichte und übermäßiges unbilliges Anschreiben dazu, daselbst wird ein Gast über einmahl nicht einkehren.
Ein Wirth soll ferner an Sonn- und Festtagen unter der Predigt, außer schwangeren Weibern, kranken Personen und reisenden Leuten niemanden nichts reichen, keine verdächtigen Leute, Spitzbuben, oder liederliche und unzüchtige Weibspersonen wissentlich hegen und

dulden, keine Schlägereyen und andere böse Händel, die in seinem Wirtshause vorgegangen, verschweigen, und wenn die Gäste einigen Schaden thun, die Verbrecher alsbald zur Erstattung des Schadens anhalten und sich allenthalben, wie einem guten Christen und ehrlichen Manne eignet und gehöret, erweisen. Ein Wirth ist befugt, vor die verschaffte Zehrung den Reisenden ihre Pferde oder Geräthe eigenmächtig zu hinterhalten, bis die Bezahlung erfolge."[5]

Nicht minder originell ist ein Dekret der freien Reichsstadt Kempten von 1788, das sich gegen unziemliches Verhalten zu unpassenden Zeiten wendet. Es ist an das ehrbare Bierbrauerhandwerk und an Weinwirte gerichtet:

„Einem Hochedlen und Hochweisen Magistrat ist äußerst misfällig zu vernehmen gewesen, daß gegen die so deutliche Verordnung der hiesigen Statuten, seit einiger Zeit, in hiesigen Wirthshäußern, an Sonntagen, so gar während des Gottesdienstes, zum Aergernus der ganzen Stadt, das Tanzen und Lermen geduldet wird.

Je weniger nun ein Wohllöbl. Magistrat dergleichen Religions- und Gesetzwidrigen Unfug gestatten kan, desto nachdrücklicher wird den sich hierinn verfehlenden bürgerlichen Wirthen solches ihr Vergehen von Obrigkeitswegen verwießen, allen und jeden Wein- und Bierwirthen, auch Weinschenken aber neuerdings und unter einer Geldstrafe von drey Reichsthaler, ja gar nach Umständen angemessenen Leibesstrafen anbefohlen, alles Tanzen an Fest- Buß- und Bettagen gar nicht, an Sonntagen nur nach dem Nachmittags Gottesdienst, an Feyertagen aber nicht vor vollendetem hiesigen Frühgottesdienst, weder Einheimischen noch Fremden zu gestatten, sondern den Spielleuthen alles Aufspielen zu untersagen, und wo die Gäste ihrem Verbot nicht Folge leisten wollen, solches ungesäumt bey Löbl. Bürgermeister- oder Stadtammannamt gebührend anzuzeigen und die nicht ausbleibende obrigkeitliche Hülfe nachzusuchen.

Auch werden die Wirthe gemessenst angewiesen, das so ärgerliche Johlen und Schreyen, besonders an Sonn- und Festtagen ihren Gästen zu untersagen, damit man von Obrigkeitswegen nicht genöthiget werde, dergleichen unanständiges Betragen auf misbeliebige Weise zu ahnden.

Diese obrigkeitliche Verordnung soll sich jeder Wirth und Weinschenk nicht nur selbst bekannt machen, sondern auch zur Nachachtung seiner Gäste in der Wirthsstube auf einer Tafel anschlagen."

Diesen strengen, bitterernst gemeinten Verhaltensregeln für den Wirt steht ein humoristischer Dekalog gegenüber, den ein gewitzter Wirt um 1870 für seine Gäste verfasst hat. Hinterglast, goldumrahmt und mit farbigen Vignetten verziert hingen in einer niederbayerischen Wirtsstube folgende Zehn Gebote, die für allgemeine Heiterkeit sorgten:

1. *Du sollst nur bei mir einkehren und keine anderen Wirtshäuser nebenbei besuchen.*
2. *Du sollst meinen Namen nicht eitel nennen und mich nur rufen, um zu bezahlen.*
3. *Du sollst täglich zu mir kommen, an Sonn- und Feiertagen aber mich gar nicht verlassen.*
4. *Halte mich und mein Lokal in Ehren, damit es dir wohl ergehe in meinem Hause.*
5. *Du sollst keinen Krug oder Glas noch sonst ein Geschirr zerbrechen.*
6. *Du sollst meine Frau ehren und achten und auch meinem weiblichen Personal nie zu nahe treten.*
7. *Du sollst nichts mitnehmen, was dir nicht gehört.*
8. *Du sollst kein falsches Geld hergeben.*
9. *Du sollst nicht begehren deiner nächsten Tischgenossen Speis und Trank.*
10. *Du sollst nichts verlangen, was ich nicht habe und darfst mir nie mit der Zeche durchgehen.*[6]

Die Kellnerin, die gute Seele des Hauses

Wie auf einem großen Bauernhof gab es in einer Tafernwirtschaft mehrere Bedienstete. Der Hausknecht, vulgo „Hausl", war der Mann fürs Grobe. Er schleppte die Bierfässer, fütterte die Gastpferde und ging bei Raufereien mit dem Haselnussstecken dazwischen. In der Küche tummelten sich die „Kuchlmenscha". Eine wahre Institution aber war die Kellnerin, zumeist recht familiär bei ihrem Vornamen gerufen: „Zenzi, no a Mass!"

Das Wort Kellner oder Kellnerin ist übrigens abgeleitet vom lateinischen Cellerarius = Kellermeister; es bezeichnet also eine Person, die in den Keller oder Vorratsraum geht, um Verpflegung zu holen.

Die Kellnerin war zumeist die gute Seele des Hauses. Fast jede Wirtshaushistorie kann wahre Originale dieser aussterbenden Spezies aufweisen – von der bezaubernden flinken Elfe über das „g'standene", geräumige, aber gutmütige Weibsbild, bis zu den Verhärmten, Verdrossenen, Grantigen, wie verschiedene Literaturexempel zeigen: „Der Ruf ihrer Schönheit hält sich über Jahrzehnte, ja, manifestiert sich geradezu in den Reiseberichten fremder Besucher. Es tauchen darin vornehmlich nur zwei Domänen des weiblichen Geschlechts auf: Die der Sennerin und der Kellnerin, zweier an sich harter Dienstleistungsberufe, die jedoch beide von romantisierenden Vorstellungen förmlich verklärt erscheinen." [7]

Ein Brandenburger Gutsherr geriet vollends ins Schwärmen: „Alle Gasthöfe in Bayern werden durch Kellnerinnen bedienet, wozu man die schönsten Mädchen aussucht aus Ursachen, die jeder gleich erraten wird. Die Geschöpfe verstehen vorzüglich sich reizend zu putzen. Das stark ausgerundete und hervorstehende Schnürleibchen ist mit silbernen Ketten, so mit vielen kleinen Rosen gezieret, ganz bezogen. In diesem aufgeputzten Behältnisse ist dem lüsternen Blicke nichts entzogen, was die gütige Natur, die das baierische Frauenzimmer überhaupt nicht stiefmütterlich behandelt, reichlich gegeben hat!"

Der Weltreisende J. G. Kohl notierte 1848: „Die Kellnerin widmet sich teilnahmsvoll den Sorgen und Herzensbedürfnissen ihrer Gäste. So mancher ältere Herr, der sich zu Hause bei seiner zänkischen oder gleichgültigen Ehehälfte nicht aussprechen konnte oder nicht wollte, trug sein übervolles Herz wohl zur Zenzi an den Stammtisch und beichtete ihr. Er blieb noch sitzen, wenn die ‚Spezis' nach dem vollendeten Tarock aufgebrochen waren, trank noch eine Maß und öffnete die Schleusen seiner kleinen Sorgen und Kümmernisse!"

Ludwig Steub schwärmt: „Eine Herrnkellnerin hat bekanntlich nur im Herrenstübl aufzuwarten und geht somit nur mit gebildeten Gästen um, einmal den

Reisenden und Wanderern, die aus der Ferne kommen, also mit geistlichen Herrn, den Beamten und anderen angesehenen Leuten ... Es ist daher nicht zu wundern, dass sich damals immer Freier fanden,

Stammtischrunde mit Kellnerin im Bräustüberl Au am Inn

Kellnerinnen auf der Wiesn

die aus den höheren Ständen herniederstiegen, um jene Huldinnen zu sich empor zu ziehen. Männer der Wissenschaft, Kriegshauptleute, Rittergutsbesitzer und andere Vertreter der Bildung und des Wohlstandes pflegten sich oft erst im Reich der Kellnerinnen umzusehen, um dann, wenn ihnen die Liebesgöttin hold gewesen, aus dem Herrenstübl irgend eine vielbewunderte Maid herauszunehmen und an den Altar zu führen.“[8]

Steub rühmt auch die Sittsamkeit der Kellnerin: „Wie der bayerische Bauernkopf nicht Höheres denkt, als Wirt zu sein, so scheint auch der bayerischen Landjungfer das edelste Ziel des Lebens, sich als Schenkin graziös unter den Haufen der zechenden Burschen zu tummeln und gegen alle schnippisch, auf jede Anspielung gefasst, die immer gefährdete Tugend stets glücklich aus dem Feuer zu führen!“

Peter Scher und Hermann Sinsheimer rühmen 1918 in ihrem Buch von München die positive Aura so mancher Kellnerin: „Reisende mit ausgeprägtem Hang zum Wahren, Guten und Schönen sollten es nicht versäumen, sich mit der Münchner Kellnerin vom guten alten Schlage in Kommunikation zu setzen. Schon mancher Fremde, der, nervös und von der Unzuverlässigkeit und Hast der Gegenwart angewidert, nahe daran war, in Depression zu fallen, ist durch die unbegreiflich solide Erscheinung der Münchner Kellnerin der Lebensbejahung wieder gewonnen worden.“

Das traurige Schicksal vieler Kellnerinnen

Wenn die Kellnerin ins „kanonische Alter“ kam – wenn sie also unbedenklich auch Pfarrersköchin hätte werden können –, so wuchsen ihr Eigenschaften zu, die für viele ältere Gäste die Reize der Jugend aufwogen: „Blendete die Kathi, die Mari oder die Agath nicht mehr durch äußere Reize oder Eleganz, so genoss man jetzt an ihr den Ton fraulicher Ehrbarkeit und Fürsorge. Sie brachte – eine nicht minder geschätzte Eigenschaft – den vitalsten Interessen ihrer Gäste tiefstes Verständnis entgegen, das will sagen, sie sorgte aufs angelegentlichste für ihre Schutzbefohlenen. Sie wusste, was jeder gerne aß, sie war unterrichtet, wie er seinen Rostbraten wollte und sie hatte in der Küche erspäht, was nicht auf der Speisekarte stand, aber als ‚Spezialität‘ zu empfehlen war: Kurz, sie hatte sich das Sprichwort ‚Liebe geht durch den Magen‘ für ihre Zwecke zurechtgebogen ...“

Weniger poetisch beurteilt Birgit Eckelt im Jahr 2000 das Kellnern um 1900, das sie als einen der härtesten Frauenberufe ansieht. Meist aus ärmlichen Verhältnissen stammend, mussten die noch sehr jungen Frauen als Biermädchen oder Krügelputzerinnen anfangen, bis sie den gehobenen Status einer Kellnerin erreichten. Bis in unsere Tage blieb „Fräulein“ die respektlose Anrede für Kellnerinnen jeden Alters.

Die Wirte beuteten sie früher schamlos aus, ihre Pflichten standen in grobem Missverhältnis zu ihren Rechten: sie galt als „kostengünstige Subunternehmerin, der man einen Großteil der Risiken aufbürdete.“ Kellnerinnen erhielten oft gar keinen Festlohn, sie waren mitunter drastisch unterbezahlt. So hatten im Münchner Café Luitpold die Kellnerinnen nur drei Mark Monatslohn ... Sie waren also auf Trinkgelder angewiesen, von denen sie aber auch noch das Wassermädel bezahlen mussten. Geradezu unglaublich lang hat der Dramatiker Franck Wedekind (1864 – 1918) ihre Arbeitszeit angegeben: Von morgens um 8 bis morgens halb drei Uhr! Das wären 18 ½ Stunden!

Lena Christ (1881 – 1920) schreibt über ihre Arbeit im elterlichen Wirtshaus: „Am meisten zuwider war mir der Aufenthalt in der Gaststube. War ich bei den Gästen ernst und schweigsam, so schalt die Mutter, dass ich ihr die Leute vertreibe, war ich aber freundlich und heiter, so nützten das viele rohe und wüste Kerle aus und belästigten mich nicht nur mit allerhand Zoten und zweideutigen Fragen, sondern quälten mich manchmal in der unsaubersten Weise ...“

Besonders drastisch schildert Franck Wedekind die Drangsal der Kellnerinnen in ganz bestimmten Münchener Lokalitäten in seinen Tagebüchern aus der guten alten Zeit:

„Ich gehe ins Café Bauer und anschließend ins Elysium, wo die Kellnerinnen die Aufgabe haben, ihre Gäste zu unterhalten. Jede hat eine Reihe von sechs Tischen, der Tisch zu sechs Plätzen, macht 36 Gäste oder 72 Hände, von denen sie sich ihre vier Gliedmaßen und speziell die von der Natur zum Geschlechtsgenuss, zum Gebären und Ernähren bestimmten Teile ihres Körpers von früh bis spät bereitwillig befühlen und drücken lassen müssen. Falls ein Gast nicht von selbst damit beginnt, haben sie die Pflicht, ihn auf die ihm zustehenden Freiheiten aufmerksam zu machen.“

Solche krassen Begleitumstände waren sicherlich eine Ausnahme, aber es war schon etwas Wahres dran. Jedenfalls wurde das Bedienen mancherorts zu einer anrüchigen Tätigkeit, denn je mehr Trinkgeld ein Reicher gab, umso dreistere Zudringlichkeiten meinte er sich „herausnehmen“ zu dürfen.

Vom Bierkeller zum Biergarten

Ein Biotop der bayerischen Seele

Die Wortzusammensetzung „Biergarten" soll im gesamten 19. Jahrhundert noch unbekannt gewesen sein, obwohl dieser Freiluftausschank in jener Zeit aufkam. Denn wie der Bamberger noch heute ging auch der Münchner früher nicht „in den Biergarten", sondern kurz gesagt „auf den Keller".

Ein Experte hält das Wort „Biergarten" gar für eine „rein journalistische Erfindung der Nachkriegszeit". Heute gibt es allein in München über 130 000 Sitzplätze unter freiem Himmel, an denen man sein Bier und seine – zumeist auch mitgebrachte – Brotzeit genießen kann, vielfach noch unter alten Kastanien, mancherorts unterm eigenen Maibaum, auf hellem Streukies und an langen Holztischen und Holzbänken mit eisernem Klappmechanismus. Es sind aber auch Klappstühle „erlaubt" und vieles andere mehr, ohne dass ein Biergarten unter strengen Traditionalisten um die Anerkennung reinrassiger Echtheit bangen müsste.

„Biergarten" ist mittlerweile in Bayern ein typisches Sommerwort geworden, es erblüht alljährlich im Frühling, wo es in keiner Gutwetteransage fehlt. Viele Zeitungen haben den Marktwert des Biergartens als verheißungsvolle Lektüre längst erkannt und füllen nun regelmäßig Spalten, ja ganze Seiten mit diesem Thema: Die besten Tipps und eingehende Vergleiche mit allen nur denkbaren Informationen, von den Verkehrsanbindungen bis zu den Speisen und Preisen. In den Buchläden informiert fast ein Dutzend Biergartenführer über das gut 100-fältige Angebot in München und Umgebung, mit herrlichen Farbbildern wie in Wanderführern.

Für Volkskundler stellt sich längst die Frage nach dem Geheimnis dieses bayerischen Erfolgsmodells: Trifft der Psychotopos Biergarten den weichen Kern bayerischer Mentalität? Ist gerade die Zwanglosigkeit dieser idyllischen Bieroasen das wahre Biotop der bayerischen Seele?

Den Ursprung unserer Biergärten verdanken wir der bayerischen Brauordnung von 1539. Danach durfte Bier nur im Winterhalbjahr gebraut werden – von St. Michaeli am 29. September bis St. Georgi am 23. April. Im Sommer durften damals die Münchner Brauereien kein Bier brauen; die Obrigkeit ließ die Sudpfannen angeblich wegen erhöhter Brandgefahr versiegeln. Tatsächlich konnten die lagerfähigen untergärigen Biersorten nur bei kühlem Wetter gebraut werden, bei Hitze kommen diese nicht zur Gärung. Man musste deshalb Bier auf Vorrat herstellen und braute deshalb gegen Ende der Brauperiode das länger haltbare, besonders starke „Märzenbier". Dennoch blieb das Problem, das Bier über den Sommer so kühl zu lagern, dass es nicht „umkippte“. Die Lösung fand sich im Bau unterirdischer Lagerkeller.

Die auswärtigen Lagerkeller

Über die Münchner Verhältnisse berichtet Hanns Glöckle in seinem amüsanten Werk namens „Seinerzeit“:

„In der zweiten Hälfte des 18. Jahrhunderts wuchs der Bierausstoß der Münchner Brauhäuser langsam, aber beständig. Die unter den Bräustadeln gelegenen Lagerkeller wurden zu klein. Der altstädtischen baulichen Enge wegen kam eine Vergrößerung nicht in Frage. Folglich begannen die ‚Bräus‘ damit, sich nach neuen, größeren und tieferen Lagerkellern umzusehen. Beiderseits der Stadt wurden sie fündig. Und zwar dort, wo die Isar gegen Ende der Würmeiszeit vor rund 12 000 Jahren hohe, zum Teil steil abfallende Uferhänge gebildet hatte, die München beidarmig umfassen. Im Osten trieben die ersten Münchner Brauer bereits zwischen 1755 und 1760 externe Lagerkeller ins Erdreich des Gasteig und Rosenheimer Berges ...“[1]

Einige Zeit sträubte sich der Münchner Magistrat gegen diese auswärtigen Gasteig-Lagerkeller, da nach einer der vielen Vorschriften das Bier auf dem Gelände der jeweiligen Brauerei gelagert werden müsste. Erst zu Beginn des 19. Jahrhunderts erhielten die damals 60 selbstständigen Brauereien Münchens das Recht, außerhalb des ehemaligen Burgfriedens eigene Bierkeller anzulegen.

Zur Kühlung des Bieres

Da die Bierfässer meist im März eingelagert wurden, nannte man diese Lagerorte auch Märzenkeller oder Sommerkeller.

„Nun waren aber alle Keller von wenig kühlendem Kies oder Lehm umgeben. Das hatte zur Folge, dass das während der warmen Jahreszeit dort gelagerte Bier der spärlichen Kühlung wegen schon nach wenigen Wochen sauer wurde. Alljährliche Bierknappheiten im August und September waren die Regel, bis die Bräus 1825 dahinter kamen, das im Winter auf dem Nymphenburger Kanal gestochene Eis zur sommerlichen Bierkühlung zu verwenden. Zusätzlich steigerten sie die Lagerfähigkeit ihres Sommerbieres mittels stärkerer Hopfung und durch Verwendung einer 13-prozentigen Stammwürze.“

Biergarten Ende November ...

Das Heraussägen von Eisblöcken aus nahe gelegenen Gewässern, der Transport und die Einlagerung in den Bierkellern entwickelten sich an vielen Orten zu einem winterlichen Nebenerwerb.

Die Anpflanzung von Kastanienbäumen mit ihrem flachen Wurzelwerk und dem dichten breiten Blätterdach erwies sich als idealer zusätzlicher Sonnenschutz, ebenso der reflektierende helle Kies. Den bedeutendsten technischen Fortschritt erfuhr die Brauereitechnologie mit der Erzeugung künstlicher Kälte durch Ammoniakkompressoren, die den Bau von Groß- und Exportbrauereien ermöglichte. Bevor der Pionier der Kühltechnik, Professor Carl von Linde 1876 diese Kältemaschine erfunden hatte, blieben diese Bierkeller mit den eingelagerten Eisblöcken die einzige Möglichkeit, die Bierfässer bei der Idealtemperatur von etwa 8 °C über den Sommer zu bringen. Bierkeller mit Eisblöcken blieben teilweise aber noch bis ins 20. Jahrhundert in Gebrauch und manche dieser gewaltigen Tonnengewölbe waren so geräumig, dass die Fuhrwerke vierspännig hineinfahren konnten. In gut gebauten Eiskellern betrug der jährliche Eisverlust nicht mehr als 20 bis 25 Prozent. Um 1900 kamen dann „Eisgalgen“ oder Eisgerüste auf, an denen im Winter künstlich Eis hergestellt wurde. Erst um 1930 wurden allenthalben die ersten mit Strom betriebenen Kühlhäuser errichtet.

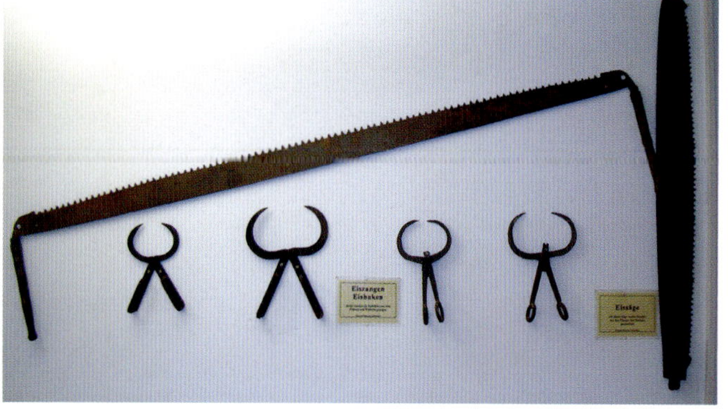

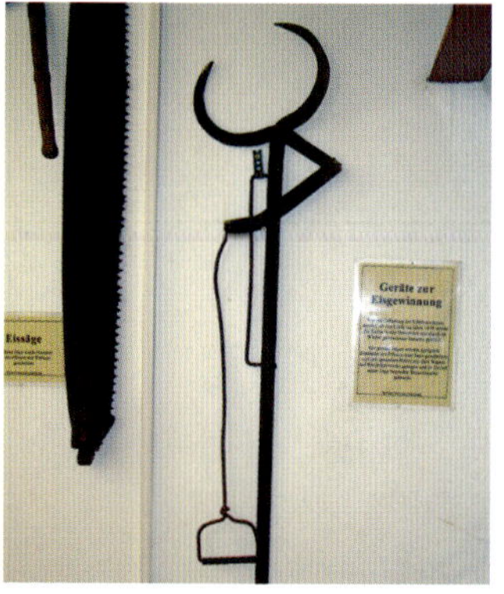

Aus dem Brauereimuseum Aldersbach: Eiszangen und Geräte zur Eisgewinnung

Warme Eisschuhe

Lindes Eismaschine von 1907, Brauereimuseum Aldersbach

Historischer Eisschrank, Brauereimuseum Aldersbach

Zu den lokalen Eigentümlichkeiten mancher Bierkeller gehörte einst der Bierochse, wie ihn Glöckle für den Augustinerkeller in München beschreibt. Ein ins Joch gespannter Ochse bewegte, stetig im Kreise gehend, über einen Göpel ein Windensystem und zog so aus dem Tiefkeller ein Bierfass nach dem andern ans Tageslicht.

„Und da diesen frisch an die Oberfläche beförderten Fässern noch eine besondere Kühle anhaftete, die dem Geschmack des Bieres zugute kam, ließ man sich den neuen Anstich bereits im Lagergebäude schmecken, wozu , um die Sache bequemer zu machen, die jeweilige Brauerei Tische und Bänke aufstellte. Selbst Bürger aus besseren Kreisen fanden es hin und wieder originell, zusammen mit ihren Damen beim Augustiner-Bierochsen zu erscheinen und sich in dessen unmittelbarer Nähe eine zünftige Brotzeit mit etlichen Mass Bier einzuverleiben. Ab und zu passierte freilich während des Speisens einige Schritte entfernt ein kleines, mitunter sogar ein größeres Malheur, da die Ochsen nicht zu einem zeitlich regulierten Stoffwechsel zu überreden waren. Was die Tischgesellschaften allerdings nicht besonders anfocht.“[2] Erst 1891 wurde der letzte Münchner Bierochse in den Ruhestand entlassen, die Arbeit wurde fortan mechanischen Aufzügen übertragen.

„Auf den Keller gehen …“

Ein Eldorado für Bierkellerforscher ist Bamberg, wo es noch heute heißt: „auf den Keller gehen“. Die drei größten Biergärten liegen dort direkt über Felsenkellern. Im Gegensatz zu den unüberschaubaren Stollenlabyrinthen der Sandbergwerke liegen am Oberen Stephansberg auch rechtwinklig angeordnete Bierkeller, sie wurden erst mit der Förderung der Bierbrauerei im frühen 18. Jahrhundert aktenkundig und gehörten zu den zahlreichen Brauereien im inneren Stadtgebiet.

Nur in der „Bergstadt“ war das Anlegen von Felsenkellern möglich. Von den Kellerhäusern führen Treppen zu den Hauptstollen, von denen meist nur einseitig Querstollen ausgehen. Hier wurden die Fässer auf Steinbänken, sogenannten Fasslegen entlang der Stollenwände gelagert. Längs der Treppen waren gelegentlich Rampen angelegt, auf denen man die Fässer hinab- und hinaufrollen konnte. Schon früh gab es aber auch Fassaufzüge mit Göpelwerken, von denen aber keine mehr erhalten sind. Neben diesen kammartig angelegten Kellern gibt es auch Parallelkeller, die durch Querstollen verbunden sind.

Der Weg vom Bierkeller mit Ausschank zum richtigen Biergarten war in München bald beschritten. Die Braumeister pflegten im Juni Kostproben des Märzenbieres zu nehmen. Manche luden dazu ihre Verwandten und Freunde ein, die sich das neue Gebräu vor Ort genüsslich schmecken ließen. Bald stießen auch andere Gäste hinzu, bis sich eine richtige Biergartengesellschaft zusammenfand.

Dagegen aber protestierten jene Brauer, die über keine derartigen Örtlichkeiten verfügten. Ihre Magistratseingabe, den Freiluftausschank für die Öffentlichkeit zu verbieten, hatte nur kurze Zeit Erfolg. Eine allergnädigste Bewilligung von König Ludwig I. gestattete es, in allen Sommerkellern an jedermann Bier auszuschenken, verbat es aber zunächst, Speisen anzubieten. Bald gab es dennoch allenthalben die Brotzeitfrau in einem Kiosk mit Rettichen, schwarzem und weißem Presssack, Regensburgern, Geräuchertem, Rollmops und Schweizer Käse, und wer die Geduld aufbrachte oder Stammgast war, konnte auch warm essen, obwohl natürlich weder die Küche noch die Bedienung dafür ausreichten.

Im Schwandorfer Felsenkeller-Labyrinth besitzt die Oberpfalz das geräumigste und vermutlich auch älteste Bierkellersystem der Oberpfalz. Vom Ende des 15. bis ins frühe 20. Jahrhundert, also über 400 Jahre lang, sind im Schwandorfer Berg mit einfachsten Methoden über 130 Hohlräume gegraben worden. Bis zu 40 Meter tief grub man dort durch Granit, Gneis, Sandstein und sogar Basalt. Hier konnte das Bier bei gleich bleibend kühlen Temperaturen von acht bis neun Grad gären und lagern. Vor den Eingängen wurden Laubbäume mit mächtigen Kronen wie Ahorn, Buche und Kastanie angepflanzt, die mit ihrem Schatten die sommerliche Hitze milderten.

Kastanienbäume in der Maiblüte

Auch hier wurde einst das Bier frisch aus dem Keller vor der Kellertür ausgeschenkt. Heute sind diese Keller zum Teil beliebte Touristenattraktionen mit regelmäßigen Führungen und kulturellen Veranstaltungen. Im Zweiten Weltkrieg dienten diese Felsenkeller als Luftschutzbunker, heute hausen dort mehrere Arten von Fledermäusen, aber auch Erdkröten und Feuersalamander. Diese idealen „Winterquartiere“ stehen unter Naturschutz und auch unter Denkmalschutz.

„Solche Fledermaus-Bierhöhlen“ gibt es auch in Waidhaus, Eschenbach, Kohlberg, Pressath und Neustadt am Kulm. In Moosbach und in Luhe im Landkreis Neustadt an der Waldnaab sind sogar Hohlwege mit jeweils etwa einem Dutzend solcher Keller erhalten.“[3]

Das biedermeierliche Kellerleben

Auch wenn der sommerliche Ausschank neben oder über dem Bierkeller schon zu Beginn des 19. Jahrhunderts aufkam, wurde das „Kellerleben“ erst während des Biedermeier so richtig populär und erlebte bis zum Ende der Gründerzeit seine Hochblüte. Während vielerorts dieser Weg beschritten war und auch viele Gastwirtschaften sich längst einen anständigen Bierkeller zugelegt hatten, wurde andernorts im Sommer noch manches Fass Bier sauer. So klagte Gerichtsarzt Dr. August Berger aus Fürstenfeldbruck noch 1860:

„... selbst das notwendigste Attribut einer Wirtschaft, ein guter Keller, ist selten vorhanden und jeder Wirt glaubt durch die Entschuldigung, dass er keinen guten Keller habe, einen hinreichenden Rechtstitel zu besitzen, an seine Gäste lauwarmes Bier weitergeben zu dürfen. Alle Biervisitationen werden deshalb insolange illusorisch sein, bis das nötige Attribut einer Wirtschaft als Grundbedingung gefordert wird, und das ist ein frischer trockener Keller oder ein künstlicher Eiskeller. Dadurch würden auch derartige Entschuldigungsgründe bei schlechtem Bier von selbst wegfallen; und da an einen Wirt sonst eben auch keine Anforderung gestellt wird, so dürfte diese einzige wohl billig erscheinen, als hierdurch das Publikum durch den Mangel eines erfrischenden Trunkes nicht wenig leidet.“[4]

Mag diese Klage für 1860 noch vielerorts zutreffend sein, so errichteten in der Folgezeit auch fast alle Wirte bei ihren Gasthäusern Eiskeller, mitunter auch oberirdisch und mit Torfmull bestens gegen Wärme isoliert.

Der Biergarten

Schon 1773 klagten Gastwirte über Bierausschank auf den Märzenkellern der Münchner Bierbrauer – die ersten Zeugnisse bayerischer Bierkultur unter freiem Himmel. Zur amtlichen „Geburtsurkunde“ unserer Biergärten aber wurde die Biergartenverordnung von König Max I. Joseph vom 4. Januar 1812. Damit wurde der schon lange übliche Bierausschank im Freien gesetzlich geregelt und der heutige Biergarten zu einer Institution: Der Verzehr mitgebrachter Speisen wurde ausdrücklich gestattet.

Die erstaunliche Erfolgsgeschichte des Biergartens scheint mit dem Zeitgeist des Biedermeier verknüpft. Nur die Begüterten konnten sich im 19. Jahrhundert dem neuen Trend anschließen und alljährlich für einige Wochen „in die Sommerfrische aufs Land“ fahren. Die Ärmeren, aber auch die Bescheidenen begnügten sich mit Tagesausflügen in die nähere Umgebung. Weit kam man ohnehin nicht in der kurzen freien Zeit, die bei den kleinen Leuten oft nur ein freier Sonntagnachmittag war.

Da boten sich die Biergärten in dem damals noch ländlichen Umfeld der Städte als ideales Ausflugsziel zu Fuß an. Dem betont familiären biedermeierlichen Zeitgeist kam die völlig ungezwungene Biergarten-Atmosphäre bestens entgegen. Das traditionelle Wirtshaus war doch vorwiegend ein Reservat der Männer, nur zu Kindstauf, Hochzeit und Leichenschmaus ein Versammlungsort für die ganze Familie und ihren Anhang.

Ganz anders der Biergarten unter dem schattigen Freiluftdach der Kastanien: Auf allen alten Abbildungen tummeln sich Kinder jeglichen Alters unter Tischen und Stühlen und viele liebenswürdige Schriften bezeugen, dass auch die Kinder von ihren Eltern „mit dem Labsal kräftigen Bieres erquickt“ wurden und dann geruhsam einschlummerten ... Auch der putzige Familienhund fehlt auf keiner der malerischen Milieustudien; ins traditionelle Wirtshaus durfte scheinbar nur der Jagdhund seinen Herrn begleiten.

Das Mitbringen der eigenen Brotzeit mit eigenem Tischtuch und Schneidebrettchen war nicht nur eine billige Alternative zum teuren Lokal, sondern schuf auch eine familiäre Idylle innerhalb von Gleichgesinnten. In großen Henkelkörben stellte die Hausfrau liebevoll eine zünftige Brotzeit zusammen und

Denkmal für König Max I. Joseph

Biergarten heute

Biergarten-Kastanien in der Maiblüte

Schnitzerei an einer Biergarten-Kastanie

konnte nun im Biergarten fast wie zu Hause schalten und walten.

Besonders liebenswürdig schildert Karl Spengler das biedermeierliche Wochenendtreiben rund um München: „Wer weiter aus der Stadt hinausstrebte, drehte sich um ein Fünferl beim Gärtner eigenhändig einen Rettich aus dem Beet und holte sich auf dem sonnendurchgluhten Weg zum Fichtel oder zum Waldschlössl in Holzapfelkreuth den gehörigen Durst dazu. Bei sinkender Sonne bot die äußere Westendstraße den Anblick einer wahren Völkerwanderung von kinderwagenschiebenden Müttern, die sich den schlafenden Wiggerl oder Micherl aufgepackt hatten, während die ältere Schossy mit aufgeweichten Stopsellocken und in Zeugstieferln schon recht damenhaft heimwärts strebte.“[5]

Hofbräuhaus München

Während die Wirtshausrauferei nur ausnahmsweise und nur zu später Stunde auf den Biergarten übergriff, wird von Simon Aiblinger 1875 der Biergarten-Stammtisch gerühmt. Trotz aller ständeverwischenden Eintracht habe sich eine andere Hierarchie gebildet: „... das Unten der Gelegenheitsgäste und das Darüber der Stammgäste. Da kann es vorkommen, dass ein Gelegenheitsgast, mit sich und dem schattigen Platz zufrieden, wohlig seine erst Mass getrunken hat und plötzlich von der Kellnerin barsch angefahren wird: ‚Da müassen S' jetzt weg, des is der Stammtisch.' Der gekränkte Gast kann nicht damit rechnen, Mitleid zu finden. Denn der Stammtisch ist heilig. Da sind schließlich Leute, die seit zwanzig Jahren, Tag für Tag, im Sommer an ihrem Stammtisch sitzen. Da steht die Mass Bier schon auf dem Tisch, bevor der Gast überhaupt richtig zum Sitzen gekommen ist, von derselben Kellnerin gebracht, nach der vom Nebentisch schon eine Viertelstunde vergeblich gerufen wird.“[6]

Musik im Biergarten Hofbräuhaus

Biergarten Hofbräuhaus

Vom Biergarten zum Bierpalast

Viele der einst recht beschaulichen und gemütlichen, aber auch bescheidenen Kellerbiergärten aus der Biedermeierzeit erfuhren in den Jahren nach 1870 einen grundlegenden Wandel. Biergärten konnte man ja nur bei sommerlichem Wetter besuchen, im Winter, bei Kälte oder Regen herrschte allenthalben wie auch noch heute trostlose Leere. Die großen Münchner Brauereien begannen daher bei diesen Biergärten Wirtshäuser zu errichten, die bald immer größer und prächtiger wurden. Auch die Biergärten selbst erfuhren in ihrer Hochblüte allerlei Bereicherungen. Schon um 1825 hören wir von „musikalischen Lustbarkeitsunterhaltungen“.

Blasmusik im Biergarten Andechs

Anfänglich spielten Blinde mit Geigen oder Kriegsinvalide mit der „Quetsch'n“ vor den Tischen auf. Später holte man Schuhplattler aus dem Oberland. Um 1880 musizierten in den beiden größten Münchner Biergärten am Wochenende Militärkapellen von 40 bis 45 Mann Stärke in voller Galauniform, andere Brauereien zogen nach. In den großen Biergärten errichtete man Kegelbahnen, Musikpavillons, Freiluftbühnen, Salettl'n, „ein paar verliebte Lauben, geheimnisvolle Eremitagen“. Einige der schönsten Bierpaläste haben sogar in die Kunstgeschichte Eingang gefunden. Denn die Werbung um den Bier trinkenden Kunden wurde gegen Ende des 19. Jahrhunderts auch mit den Mitteln der Architektur ausgetragen; für den Bierausschank im großen Stil entstanden in München regelrechte Monumentalbauten. Der weitläufige Baukomplex des Löwenbräukellers mit seinem unverwechselbaren Rundturm wurde 1882 von dem berühmten Architekten Friedrich von Thiersch errichtet. In der Menterschwaige wiederum hat sich schon König Ludwig I. seine Maß schmecken lassen und die Gastwirtschaft steht heute ebenfalls unter Denkmalschutz.

Im Bierdunst und Tabaksqualm von Bierkellern und Bierpalästen gediehen nicht nur Gemütlichkeit und Geselligkeit. Hier war auch der geeignete Nährboden für Politik und Agitation, hier wurden viele der ideologischen Kämpfe des frühen 20. Jahrhunderts ausgetragen, nirgends gab es ein größeres Raumangebot für politische Massenkundgebungen. Der Münchner-Kindl-Bräu war mit seinen Garten- und Saalflächen einer der größten Bierkeller überhaupt, der voll besetzte Festsaal bot 6000 Gästen Platz – er hatte um 1900 die Dimension einer Kleinstadt angenommen!

Als 1914 der Erste Weltkrieg ausbrach, feierten auch die Münchner voreilig den Sieg: „Das Bier floss in Strömen, Gaststätten aller Art waren überfüllt. In den zum Bersten vollen Bierkellern wurden die Soldaten in ihren neuen feldgrauen Uniformen freigehalten ...“

Nach dem verlorenen Krieg trug der sozialistische Revolutionär Kurt Eisner ebenfalls in Bierkellern seine Ziele der Arbeiterschaft vor und nach seiner Ermordung am 21. Februar 1919 radikalisierten sich Massenversammlungen der Arbeiter- und Soldatenräte wiederum in Bierpalästen. Die Gegenrevolution der „Weißgardisten“ stürmte bald die letzten Bastionen der „Roten Armee“, es kam zu blutigen Konflikten – natürlich wiederum in Bierkellern.

An die Tage der Münchner Räterepublik vom Frühjahr 1919 erinnert auch die „Russ’n Maß“, eine Mischung aus Weizenbier und Zitronenlimonade. Sie soll im Mathäserkeller erfunden worden sein, dem letzten umkämpften Hauptquartier der Kommunisten, die man als Anhänger Lenins schlicht „Russ’n“ nannte. Es ist nicht mehr zu klären, ob man das Bier damals seines Mangels wegen nur streckte oder seinen Alkoholgehalt aus gutem Grunde senkte.

Im Münchner Sterneckerbräu wurde die NSDAP gegründet, im Hofbräukeller hatte Hitler am 16. Oktober 1919 seine erste parteipolitische Rede gehalten und am 24. Februar 1920 war es zwischen Linken und Hitlers Anhängern im Hofbräuhaus zu einer Saalschlacht gekommen. Der Bürgerbräukeller wäre beinahe Tatort der Weltgeschichte geworden – wäre nicht das Attentat auf Hitler am 8. November 1939 gescheitert. Hätte Hitler damals nur 13 Minuten länger geredet, wäre die Geschichte vielleicht

Im Gasthof Menterschwaige

Im Biergarten der Menterschwaige

anders verlaufen. So aber explodierte der Sprengsatz, den der Widerstandskämpfer Georg Elser im großen Saal angebracht hatte, erst nachdem Hitler schon gegangen war. Elser wurde gefasst und am 9. April 1945 im Konzentrationslager Dachau hingerichtet.

Rückblickend beschrieb Ernst Hanfstaengl, einst noch ein Anhänger der „Bewegung", den Bier trinkenden Hitler am Wirtshaustisch: „Hitler nahm gedankenvoll einen Zug. In München, so dachte ich, wird von einem Mann, der die Nase in einen Bierkrug versenkt, niemand vermuten, dass er Böses vorhat."[7] Da hatte sich der gute Hanfstaengl allerdings gewaltig getäuscht! Hitler hat in Bierkellern noch viel Böses zusammengebraut ...

Die Radlermaß

Die heutige Kugleralm bei Deisenhofen, etwa 20 km südlich von München gelegen, gilt heute bereits als Denkmal der Biergeschichte. Hier entstand bekanntermaßen das beliebte Mischgetränk – die bald weithin bekannte und beliebte Radlermaß, heute auch kurz „Radler" genannt. Nach der stets nacherzählten und weiter ausgeschmückten Gründungslegende arbeitete ein junger Mann namens Franz Xaver Kugler gegen Ende des 19. Jahrhunderts als Streckenarbeiter an der Eisenbahnlinie nach Holzkirchen. Der ständige unersättliche Durst seiner Arbeitskollegen brachte den findigen Mann auf die Idee seines Lebens. Er kündigte die knochenharte Arbeit an den Bahngleisen auf und gründete eine Biertrinkstube namens „Kugleralm". Der Durst der Arbeiter ließ sein Geschäft bald aufblühen. Den ganz großen Erfolg verschaffte ihm das Fahrrad, das um 1920 als Nahverkehrsmittel sehr beliebt und populär wurde. An schönen Wochenenden in der warmen Jahreszeit zog es nun die Münchner Sonntagsfahrer scharenweise mit dem Radl ins nahe Umland. Wer dabei an der Kugleralm vorbeifuhr, kehrte nach 20 km Durststrecke auf staubiger Schotterstraße gerne ein. Die Kugleralm wurde allmählich so beliebt, dass der kluge Kugler schließlich einen Fahrradweg durch den Wald anlegen ließ. Dieser Radlweg wurde sogar sprichwörtlich – von einer Frau mit wenig „Holz vor der Hütt'n" sagte man, sie sei so platt wie dieser Weg ...

Bierfilzl Kugleralm

Am ersten Samstag im Juni 1922, wohl ein heißer Sommertag, kehrten so außergewöhnlich viele Radler ein, dass die Biervorräte bald auszugehen drohten. Nach einer Legendenvariante sollen es fast 13 000 Radler gewesen sein! Kugler aber hatte noch einige Tausend Flaschen schwer verkäuflicher Zitronenlimonade im Keller stehen und da kam ihm die Idee, sein restliches Bier zur Hälfte mit weißer Limonade zu mischen. Er verkündete den verwunderten Gästen sogar, er habe diese Mischung eigens für die Radler erfunden, damit sie nicht vor Trunkenheit schwankend heimwärts radeln mussten.

Die wohlschmeckende Radlermaß wurde bald so beliebt, dass sich auch die anderen Münchner Biergärten dieses Getränk zulegten. Kugler aber wurde reich, er war 1926 auch Festwirt des Augustiner-Zeltes auf der Wiesn. Alte Fotos zeigen ihn als joviales beleibtes „Original" in zünftiger Tracht. Heute ist seine Radlermaß fast überall erhältlich, es gibt sie mittlerweile auch schon in Blechdosen. In Norddeutschland soll sie einst „Radfahrerliter" geheißen haben ...

Eingang zur Kugleralm

Das Maß aller bayerischen Dinge

Zinnkrug und Zinndeckel

Die Entwicklung von Bierkrügen und Biergläsern bis zu ihren heutigen Ausformungen ist eine wahrhaft unendliche Geschichte. Sie umfasst Jahrhunderte verschiedener Techniken und gewerblicher Kunstfertigkeiten. In unzähligen Gestaltungen, Schmuckformen und Größenordnungen finden sich heute Bierkrüge nicht nur in Wirtshäusern und Biergärten. Ihre Vielfalt im Souvenirhandel kennt kaum noch Grenzen – hier gibt es Miniaturkrüge in Fingerhutgröße! Kaum ein volkskundliches Museum ohne historische Bierkrüge!
Früher weit verbreitet war der Zinnkrug mit Zinndeckel. Was die Zinngießer einstmals so alles herstellten, reimt der berühmte Nürnberger Dichter Hans Sachs (1494 – 1576) zusammen:

Das Zinn mach ich im Feuwer fließen,
Thu darnach in die Mödel gießen,
Kandel, Flaschen, groß und auch klein,
Darauß zu trinken Bier und Wein.
Schüssel, Blatten, Täller der Maß,
Schenk-Kandel, Salzfaß und Gießfaß,
Ohlbuchsen, Leuchter und Schlüsselring
Und sonst im Haus fast nütze Ding.

Aus dem einfachen Haushalt wurde das Zinn um 1830 vor allem durch das Steingut verdrängt. Der Zinndeckel aber wurde vom Zinnkrug zunächst auch auf den Krug aus Steinzeug übertragen. Bei manchen Zinnkrügen der Barockzeit war in der Innenseite ein Maßzapfen angebracht, der das Litermaß unübersehbar anzeigte. Von daher stammt die inzwischen vergessene Redewendung „aufs Nagerl“, d. h. ganz genau, aufs Haar genau; sie bezieht sich wohl auf die Sitte,

Zinnkrug 2. Hälfte 19. Jhdt.

Zinndeckel mit Eichenzapfen als Daumenrast (Gerberzunft)

Künstlerische Zinndeckel

Kannen und Becher innen zum Messen des eingeschenkten Biers in entsprechender Höhe mit hervorstehenden Stiften zu versehen. Schmeller erklärt auch die noch heute gebräuchliche Redensart von der „Nagelprobe“: „Die Nagelprobe der Trinkvirtuosen besteht darin, dass sie das auf einen Zug ausgestürzte Gefäß mit dem Rande auf den Fingernagel setzen, um noch den letzten Tropfen davon abzulecken.“
Der Zinndeckel am Bierkrug, den man beim Trinken früher immer wieder zuschnappen ließ, hat übrigens auch zu einer Redensart geführt. Wenn jemand beleidigt ist, sagt man mitunter heute noch, er sei „eingeschnappt“ – als wolle er nicht mehr weitertrinken ...

Passgläser

Zur feineren Kunst des Zutrinkens gehörten früher sogenannte Passgläser. Die Pässe waren durch Striche getrennte Abschnitte auf dem Glas. Es kam nun darauf an, eine ganz bestimme Anzahl von Pässen auszutrinken ohne abzusetzen. Von Luther wird berichtet, er habe ein Passglas mit vier Pässen besessen, die von oben nach unten wie folgt bezeichnet waren:

Marmorbüste von Johann Andreas Schmeller in der Münchner Ruhmeshalle

1. Die Zehn Gebote
2. Der Glaube
3. Das Vaterunser
4. Der Catechismus

Den Monopolverlust des klassischen Maßkruges mit Zinndeckel verbindet eine Anekdote mit dem Untergang des Königreiches Bayern:
„In einem Garmischer Lokal saßen um 1908 große Gesellschaften an den Tischen, die vor sich helles Bier hatten [statt des damals noch allgemein üblichen dunklen Bayernbieres], die nicht aus Krügen tranken, sondern aus Gläsern, und wenn diese Gläser auch Zinndeckel hatten, so blieben diese Deckel doch nach dem Trunk stets offen. Und dazu redeten all diese Leute ein Deutsch, das der Bayer ganz und gar nicht leiden konnte, weil es nämlich preußisch war.
‚Du, Bua‘, sagte zu dem damals noch schulpflichtigen Willibald Matthäser ein ahnungsvoller Onkel, ‚du, Bua, i kann dir sagen: wenn des so weitergeht mit dem hellen Bier, mit dem Bier in Gläsern und mit die offenen Zinndeckel ... und wenn die Leut gar so daherreden, daß keiner sie nicht versteht ... dann, Bua, sind wir Bayern bald nicht mehr Herr in unserem Land!‘“[1]

Der Maßkrug aus Steinzeug

Der Inbegriff des bayerischen Bierkruges aber ist die Maß. Der berühmte Sprachforscher Johann Andreas Schmeller (1785 – 1852) hat in seinem Hauptwerk, dem „Bayerischen Wörterbuch“, 1827 – 1837 verfasst, dem gesamten bayerischen Volksleben ein kulturgeschichtliches Denkmal gesetzt. Sein eigenes Denkmal, eine Büste aus Marmor, steht in der Ruhmeshalle hinter der Bavaria, von wo er huldvoll auf die Wiesn herabblickt. Sein Kommentar zur „Maß“ ist ein volkskundliches Schmankerl:
„Landübliches Schenkmaß für Flüssigkeiten, namentlich für Bier, der 60. Teil eines Eimers. ‚Schaffens a Maß?‘ frägt die Kellnerin den eintretenden Gast nach dem be-

kannten Grundsatz: ‚Wer seinen Durst mit Seideln labt, fang lieber gar nicht an.‘ Auf einen Sitz zwei, drei Maß zu trinken ist etwas Gewöhnliches, vier, fünf, sechs, nichts Außerordentliches. Es gibt Leute, die tagtäglich ihre 10, ja 20 Maßln (das Diminutivum hat hier auf die Quantität keine Beziehung) zu Leibe nehmen.

Der Maßkrug, Krug der eine solche Maß enthält, und nach Landessitte gewöhnlich von Steingut und oben mit einem zinnenen Deckel (Luck) versehen ist. Es hält sich in diesen Krügen das Bier überaus frisch, sie sind dauerhafter, wenn auch kostbarer als Bouteillen und vielleicht gesünder als die ehemals und an einigen Orten noch jetzt üblichen Kannen von Zinn. Der gemeine Mann pflegt, ohne die vornehm-ekle Dazwischenkunft eines Glases aus dem Krug zu trinken, und auch seinem Nachbarn daraus Bescheid zu tun. Die halbe Maß oder kurzweg die Halbe wird gewöhnlich in Gläsern, die wie die Maßkrüge einen Deckel haben, aufgesetzt. Man hält es für vornehmer aus einem Halbekrügel, denn aus einem Maßkrug zu trinken. Ekle oder auch sparsame Trinker können sich durch das Glas besser als durch den Stein überzeugen, von was Farbe oder Reinheit ihr Trank sei und ob er wirklich bis an das Luck reiche.“[2]

Der bekannten Volkskundlerin Erna Horn verdanken wir die beste zeitgenössische Ergänzung:

Die klassische Maß fasst einen Liter, sie diente früher auch als Maßeinheit für kleinere Früchte,

Innenseite des Krugbodens

Waldbeeren, Honig und ähnliche Handelsgüter. „Heute beschränkt sich die Maß hauptsächlich auf das Bier und ist sogar stellvertretend dafür geworden. Man bestellt in Bayern nicht etwa eine *Maß Bier*, sondern nur *eine Maß* oder höchstens eine *Maß Helles*.“[3] Eine Halbe ist selbstverständlich ein halber Liter Bier. Einige Namen von Gefäßen sind auch sichere Hinweise auf deren Inhalt: Der Maßkrug, das Seidel, der Keferloher, die Halbe – diese Gefäße können nur mit Bier gefüllt sein!

Halbe mit Zinndeckel

„Ein kleineres Maß ist das Quartl, in der Küche ein schwacher Viertelliter, beim Bierausschank etwas großzügiger bemessen. So bekam der Münchner Dreiquartl-Privatier, ein behaglicher Rentner mit knappem Einkommen, statt eben diesen 3 Quarteln meist einen ganzen Liter Bier. So golden war das Münchner Herz!“ Zwei Köpf Bier, ein altes Passauer Maß, fassten einen Viertel Liter, in einem Humpen dagegen schwammen drei bis vier Liter. Der Humpen, den der Rothenburger Bürgermeister Nusch vor den Schweden ausgetrunken haben soll, fasste sogar 3 ¼ Liter!

„Weit über seine Funktion als typisches Trinkgefäß und amtliches Maß für das bestellte und selten wirklich erhaltene Quantum an Gerstensaft hinaus gilt der Maßkrug als eine geradezu im wörtlichen Sinn gemeinte Maßeinheit für die Kapazität und Geschicklichkeit einer g'standenen Bedienung. Die 12, 14 oder gar 16 Maßkrüge stemmende Kellnerin haben dann auch viele einheimische und fremde Literaten immer wieder voller Bewunderung beschrieben und gefeiert.“

Halbe mit Zinndeckel

Eine humoristische Darstellung von 1910 zeigt eine gewichtige Kellnerin als „maßgebende Persönlichkeit“ im wörtlichsten Sinne – sie stemmt den Rekord von 17 Maßkrügen!

Halbe mit „Kini“

Von der BAIER.MAAS zum Eurokrug

Die Füllmenge einer Maß wurzelt tief in der bayerischen Geschichte. Am 1. Januar 1806 hat Kaiser Napoleon I. das vormalige Kurfürstentum Bayern zu einem souveränen Königreich erhoben. Das mit Frankreich verbündete Haus Wittelsbach erhielt die neue Königswürde und Max I. Joseph – seit 1799 Kurfürst – wurde zum ersten König Bayerns.

Um das neu geschaffene Königreich zentralistisch zu verwalten, wurde eine Vereinheitlichung aller Maße und Gewichte angestrebt. Es ist kaum zu glauben, dass es seinerzeit 93 verschiedene Flüssigkeitseinheiten gab. Im Jahr 1809 wurde die bayerische Maß mit 1069 ccm eingeführt. „Den Behörden standen die geeichten Maßgefäße mit der Aufschrift BAIER. MAAS zur Verfügung, mit denen auch die Schankgefäße kontrolliert wurden. Durch den häufigen Einsatz beim Bierausschank übertrug sich der Name des Gefäßes auf die Maß Bier sowie auf den Maßkrug.“[4]

Verzierte Glaskrüge mit Zinndeckel

Der einfache Maßkrug aus grauem Steinzeug wurde bereits in den ersten Jahrzehnten des 19. Jahrhunderts entwickelt, er wurde meist noch mit einem Zinndeckel, dem sog. Luck ausgestattet.

Diese unverzierten Steinzeugkrüge waren etwa ab 1830 die gebräuchlichsten Bierkrüge. Sie hatten keinen Füllstrich und fassten bis zum Krugrand immer noch das alte Maß von 1069 ccm. Nach der Gründung des Deutschen Reiches 1871 wurden die unterschiedlichen Landesmaßeinheiten aufgehoben und das metrische System durchgesetzt. Eine Maß hatte nun genau einen Liter Bier zu fassen. Die älteren Krüge mussten nun neu geeicht werden, was zu kuriosen Doppel-Markierungen führen konnte. Seit den Jahren ab 1880 wurde nun der Füllstrich mit L gekennzeichnet, bald darauf mit 1 L. Da die alten Steinzeugkrüge noch von Hand gedreht wurden, waren winzige Abweichungen in der Füllmenge unvermeidlich. Erst die maschinelle Fabrikation mit genauen Formen sorgte auch für genaueste Füllmengen.

Auch das Seidel, etwa ein Viertel Liter, hat eine ehrwürdige Vergangenheit und war in Bayern einst sehr gebräuchlich. Schon der Nürnberger Hans Sachs, der bekannteste Dichter der Reformationszeit, hat das Seidel zitiert, als er 1560 in seinen Mahnsprüchen die Trunksucht von Hausfrauen tadelte: *„Verseidelst daheim mehr als ich vertrinck in dem wirthaus!“* Das heutige Seidel wird von g'standenen bayerischen Biertrinkern mitunter als „Preußen-Mass“ verhöhnt. Ein wahres bayerisches Kuriosum ist der genauesten Füllmengen zum Trotz 1899 gegründete „Verein

Weißbiergläser der Brauerei Unertl Mühldorf

zur Bekämpfung betrügerischen Einschenkens", der in herrlichen Karikaturen für Heiterkeit sorgte und noch heute aktiv ist.[5]
Der gute alte Steinzeugkrug wurde etwa ab 1950 weitgehend durch den Glaskrug mit Füllmarkierung abgelöst, die eingefüllte Biermenge war nunmehr deutlich sichtbar. Im Jahre 1981 wurde schließlich der Eurokrug mit 4 cm hohem Schaumrand eingeführt. Der Schaum heißt übrigens auf echt bayerisch „Foam".
Seit wann es eigene Biergläser gibt, ist nicht ganz klar. Eines der schönsten altdeutschen Biergläser ist der Kaiser- oder Kurfürstenhumpen von 1596 – ein wahres Prachtstück der Glasmalerkunst.

Der Keferloher

Der alte graue Steinzeugkrug hieß in Bayern auch Keferloher, er wurde übrigens erst im Jahr 2000 zum Gegenstand archäologischen Interesses: „Der Name geht auf Keferloh, einen Vorort von München zurück, wo früher ein berühmter Pferdemarkt mit Bierausschank abgehalten wurde. Der eigentliche Keferloher konnte erst durch Ausgrabungen vor Ort im Jahr 2000 rekonstruiert werden. Es war ein einfach gebrannter Tonkrug mit Textglasur, hergestellt aus dem Ton der näheren Umgebung. Diese minderwertigen Krüge ohne Zinndeckel waren Wegwerfprodukte, von denen sich kein unversehrtes Stück erhalten hat."[6]
Erhalten hat sich dagegen eine wohl legendäre Ursprungsgeschichte aus dem Jahre 1885. Demnach war Keferloh ein Weiler, der aus einer altehrwürdigen Kirche und zwei Gehöften bestand, auf grüner Flur nahe der kleinen Bahnstation Haar unweit von München gelegen. Einmal im Jahr, am ersten Sonntag im September, wurde ein weithin berühmter Pferdemarkt abgehalten. „Er reicht bis ins Jahr 955 zurück, ... da unmittelbar nach der glorreichen Hunnenschlacht auf dem Lechfelde die Schar erbeuteter Pferde hier von den bairischen Siegern zum Verkauf angeboten und somit der erste Markt abgehalten wurde, der seitdem regelmäßig wiederkehrt ... Dass die Trinkhallen nicht fehlen, ist in einem Lande, wo das Bier zum allbeseligenden Nationalgetränk erhoben ward und kein Handel ohne die Weihe der vollen Maß abschließt, wohl selbstverständlich."[7]

Wiesenbierkrüge

Ein eigenes Kapitel der Bierkruggeschichte sind die zahlreichen Wiesenbierkrüge, teils noch mit Zinndeckel, mit ihren vielerlei Aufdrucken, die mitunter schon zur Plakat-Kunst zu zählen sind. Kaum ein Gegenstand ist so häufig und leidenschaftlich zum Souvenir geworden – namentlich, wenn er entwendet wurde. Alljährlich fallen Tausende von Wiesnkrügen Souvenirjägern zum Opfer. Eine wohl einzigartige „Diebstahlsicherung" waren die großen gelben Aufkleber, die 1956 auf der Wiesn auf ehrlich gekaufte Wiesnkrüge aufgeklebt wurden.[8]
Ein sprachgeschichtliches Kuriosum ist auch die im Duden verankerte korrekte Schreibweise (das) Maß – eigentlich müsste man in Bayern (die) Mass schreiben, denn so spricht es ein echter Bayer aus. Einige herausragende Autoren halten sich tatsächlich noch heute an diese phonetische Schreibweise!

Der Bierkrug als Waffe an der Heimatfront

Im Ersten Weltkrieg ging es auch manchem Bierkrug an den Kragen. Da der erwartete schnelle Sieg ausblieb und die mörderischen Materialschlachten Unmengen an Erzen verschlangen, wurden für die Waffenproduktion Kirchenglocken und auch die Kupferhauben der Sudpfannen eingeschmolzen. Schließlich wurden in manchen Bierwirtschaften regelrechte Bierkrug-Razzien durchgeführt und die Zinndeckel von Bierkrügen konfisziert ...[9]
Wesentlich effizienter als diese Zweckentfremdung von Zinndeckeln für die Front erwies sich seit al-

Auf der Wiesn

tersher der direkte Einsatz massiver Bierkrüge an der „Heimatfront“. In unzähligen Berichten und Anekdoten hören wir vom Krachen der Bierkrüge auf harte bayerische Schädel im süffigen Zweikampf. Der Bierkrug als Waffe sorgte für so manche amüsante Anekdote im Lokalkolorit des Bierdunstes. In seinen „Lebenserinnerungen“ berichtet Felix von Eckhardt, der langjährige Pressechef von Adenauer, über seine Studienzeit in den 20er Jahren in München – er gibt als Norddeutscher ein treffendes Bild bayerischer Volksmentalität. Beim Oktoberfest machte er einst mit einem bekannten Schriftsteller einen Wiesenbummel, an den sich „eine lange, etwas aufregende Nacht“ anschloss. Gegen Morgen landeten die beiden im „Donisl“. Interessiert beobachteten sie den Streit von „zwei Eingeborenen, die sich in für norddeutsche Ohren unverständlichen Lauten“ beschimpften und von den anderen Zechern zu Handgreiflichkeiten ermuntert wurden. Schließlich ergriff der eine dann auch seinen Maßkrug und zertrümmerte ihn auf dem Schädel seines Gegners. Der Getroffene sank langsam in die Knie und schließlich unter den Tisch. Der Sieger ergriff dessen Bierkrug und nahm befriedigt einen tiefen Schluck. Doch da kam der Getroffene langsam unter dem Tisch hervor, richtete sich zu voller Größe auf und knallte mit den Worten „so mog i's“ nun seinen Krug auf den Schädel des sich zu früh als Sieger wähnenden Gegners. Dann sanken beide Kampfhähne in die Bierlachen unter den Tischen …

Aus dem Königlich-bayerischen Amtsgericht zu Erding ist ein bemerkenswerter Fall von humorvoller „Gerichtspsychologie“ überliefert. In der Berufungsverhandlung zu einem Urteil hatte das Gericht dem Oberamtsrichter Johann Baptist Cantler vorgehalten, er lege „nicht hinreichend Gewicht auf das subjektive Schmerzgefühl eines Geschädigten bei Körperverletzung“. Cantler, mit der Volksmentalität bestens vertraut, beherzigte die Beanstandung bei seiner nächsten richterlichen Vernehmung: „Also, nachher, hat dir der Wiesner Toni seinen Maßkrug auf den Schädel g'schlag'n?“ – „Jawoi, Herr Oberamtsrichter!“ – „Hast du dabei ein subjektives Schmerzgefühl empfunden?“ – „I glaub' net, Herr Oberamtsrichter, aber schad' war's um's Bier.“ Darauf wandte sich der Richter an seinen Protokollführer: „Schreiben Sie: Obschon der Maßkrug am harten Schädel des Oberleitner zerbrach, hat der Angegriffene kein subjektives Schmerzgefühl verspürt; nur der verschüttete Inhalt des Maßkruges schmerzte ihn ...“

Älteste Bierfilzln

Bierfilzl und Bierdeckel

Ein scheinbar völlig nebensächliches, aber doch mitunter wichtiges „Zubehör“ zum Bierkrug wurde das „Bierfilzl“, ein Untersetzer, der sich als Reklameträger eignete, auf dem die Kellnerin aber mitunter auch eine Strichliste über den Getränkekonsum ihrer Gäste führte. Es war oft ärgerlich, wenn an voll eingeschenkten Krügen der Schaum herablief oder die am kalten Steinkrug kondensierte Warmluft herabträufelte und die Kleidung der Gäste benetzte. Findige Wirte sannen daher auf eine praktische Abhilfe. Da Tischdecken zu teuer und zu schade waren, erfand man das „Filzl“ – für jeden Krug einen eigenen kleinen, meist runden Untersetzer. Als besonders saugfähiges Material erwies sich Schafwolle. Da auch diese Filzln keineswegs billig waren, wurden sie viele Male verwendet. Oft wurden sie abends nur an der Wäscheleine getrocknet. Manche Wirte ließen die Filzln vorher sogar noch waschen.

Im Mittelalter gab es aber auch Unterteller aus Keramik, die man so lange benutzen konnte, bis sie irgendwann mal zerbrachen.

„Allerdings hatten nur begüterte Bürger einen Krug mit Glas-, Zinn- oder Silberdeckel, um im Biergarten das wertvolle Getränk vor herabfallenden Blättern, allerlei Insekten und Ungeziefer oder manchmal vor der feuchten Aussprache des Nachbarn zu schützen. Der einfache Bürger nahm das Bierfilzl und legte es zum Schutz auf den Krug und so wurde das Bierfilzl zum Bierdeckel ...“ (Bernhard Sailer).

Erst ab 1880 wurden die Bierfilzl in Kartonagefabriken aus Pappe und ab 1893 aus Holzfilz hergestellt. Die heutigen Bierdeckel stammen aus frisch gefällten Fichten. Dem Holzbrei entzieht man das Wasser; er wird zu einer saugfähigen Pappe, die passend zugeschnitten und mit der jeweiligen Brauereiwerbung bedruckt wird.

Der Name „Bierfilzl“ hat sich in Bayern und Österreich bis heute erhalten. Wegen seiner Handlichkeit ist das Bierfilzl zu einem sehr beliebten Sammelobjekt und Souvenir geworden – es lässt sich leicht unauffällig einstecken. Im Jahre 1962 wurde von einem pensionierten Postbeamten aus Stuttgart berichtet, seine Bierfilzlsammlung sei auf 16 000 Exemplare angewachsen.

Älteste Bierfilzln aus Holz um 1910

Vom Anstoßen und Zutrinken

„Zum Wohl“

Die Tischsitte des Anstoßens, die bis ins Mittelalter zurückreicht, geht der Überlieferung nach auf das Biertrinken in geselliger Runde zurück. Damals kam es vor, dass jemand einen verhassten Rivalen beim gemeinsamen Trinken mittels einer ordentlichen Portion Gift aus dem Weg zu schaffen versuchte. Um sicher zu gehen, dass keiner der Tischgenossen einen Anschlag geplant und jemandem Gift ins Bier getan hatte, stieß man im Verdachtsfall mit den massiven Bierkrügen reihum so kräftig an, dass das Bier in den Krug aller Zecher überschwappte. Wer nicht anstieß, geriet in den Verdacht, jemandem Gift ins Bier gemischt zu haben.

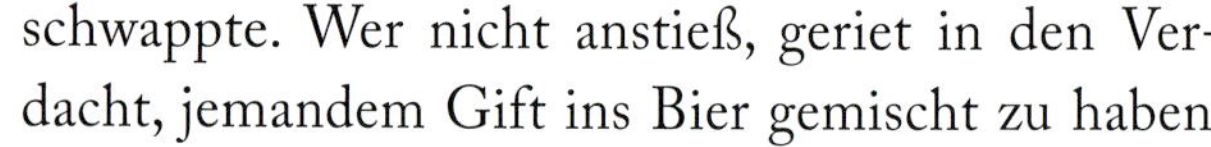

So entwickelte sich das Anstoßen zu einem gegenseitigen Vertrauensbeweis und zu einer allgemeinen, später nicht mehr verstandenen Tischsitte.

In der verfeinerten Form des Zuprostens hat sich vielleicht der mittelalterliche Vertrauensbeweis des Anstoßens bis heute erhalten und in dem jetzt üblichen „Prosit“, „Prost“ oder in der deutschen Version „Zum Wohl“ zu einer gegenseitigen „Gesundheitsfürsorge“ gewandelt. Heute stößt man mit allen alkoholischen Getränken an, mit dem winzigen Schnapsglas, mit dem eleganten Sektglas, mit dem bauchigen Weinglas. Beim Bier wird heute selbstverständlich auch mit der Bierflasche und der Bierdose angestoßen. Nur mit Tee, Kaffee, Milch und Limonaden verbietet die Tischsitte jegliches Anstoßen ... Dieses Zuprosten und Zutrinken ist wohl eines der ältesten gemeinschaftsbildenden Trinkrituale.

Die Gemeinschaftsbildung beim Trinken ging mitunter so weit, „dass die Mehrzahl der Kneipengäste, wenn sie innerhalb einer Gruppe trinken, ihre Gläser fast gleichzeitig leeren. Oft besteht der Unterschied im Pegelstand der Gläser einer Gruppe aus weniger als einem Zentimeter!“[1]

Gemeinschaftsbildend wirkte wohl auch die von Schmeller überlieferte Sitte, dass eine ganze Gruppe von Gästen aus einem oder einigen wenigen Krügen nacheinander trank. Über das Verderbnis seiner Zeit klagend, sagte ein alter Dorfwirt unter anderem: *„Wia i gheirat hab', han i, wenn i alle Tisch voll Leut g'habt hab, koa dutzend Krüg braucht. Hat alles nacheinander trunken, was an oam Tisch g'sessen is, es müaßt na a Fremder dabeig'sessen sein, aus am fremden Ort, den s' net kennt hiatn. Jetzt fircht't si scho a jeda, er kimmt um a Trünkerl z'kurz.“*[2]

Volkstrachtenverein Garmisch

Zuprosten international

Am Oktoberfest

„Zum Wohl" über Mikrofon am Oktoberfest

Recht anschaulich kommentiert Schmeller auch den Begriff der Zeche:

„Die Summe von dem, was der Wirt Mehreren, die auf gemeinsame Bezahlung essen oder trinken, berechnet. Metonymisch: Die also vereinten Personen sowohl, als auch ihr Zusammensein in dieser Weise. An der oberen Isar sind die Burschen mit ihren Mädchen aus einer Nachbarschaft beim Tanz gewöhnlich ‚in oana Zech', d. h. sie bezahlen, was sie verzehren, gemeinschaftlich, ohne Rücksicht, ob etwa das eine oder andere Pärchen ein Mehreres treffen könnte. Aber auch dieser Gemeinsinn will sich nachgerade verlieren."[3]

Die Bierflasche

Ein neues Kapitel in der Geschichte des Bieres und seiner Trinksitten hat sich mit der Einführung der Bierflasche ergeben. Die längste Zeit wurde Bier ausschließlich in Holzfässern abgefüllt, gelagert und in die Wirtshäuser transportiert. Zum Bierfass gehörte einst das traditionelle Bierfuhrwerk, wie wir es heute nur noch anlässlich des Oktoberfestes oder ähnlicher traditioneller Anlässe zu sehen bekommen – zweispännig bis sechsspännig. Um ein volles Bierfass zu wuchten, brauchte man Bärenkräfte.

Schon im 17. Jahrhundert war die Glasflasche erfunden worden, die man mit einem Korken verschließen konnte. Solche Glasflaschen für Bier konnten sich jedoch bis zum Ende des 18. Jahrhunderts nicht einbürgern. Die Ursache lag unter anderem auch in der Zählebigkeit der hauswirtschaftlichen Bierbrauerei; die privaten Haushalte waren nicht geneigt, die einst recht hohen Steuern für das immer noch teuere Glas zu zahlen. Wollte man Bier in Flaschen füllen, nahm man eben leere Weinflaschen her. Die ersten, meist grün eingefärbten, speziell für Bier hergestellten Flaschen kamen erst um 1780 auf, sie waren

Alte Flaschen

Bierflasche mit Zinndeckel

Alte Weißbierflasche

Bierflaschen in Übergrößen. Brauerei Unertl Mühldorf

noch mundgeblasen und fassten bis zu drei Viertel Liter. Sie hatten einen wulstigen Flaschenkopf, bei dem man den Korken mit einem Drahtgeflecht wie bei einer heutigen Sektflasche zusätzlich befestigen konnte. Dieser Verschluss dürfte sich bis etwa 1890 gehalten haben. Schon bald nach 1860 begannen die Brauereien, ihr Bier in handliche Flaschen aus grünem oder braunem Glas abzufüllen. Aufschriften wie Hackerbräu, Thomasbräu, Löwenbräu, zum Teil mit den jeweiligen Emblemen waren auf dem Glas eingeprägt.

Zu Beginn der Flaschenbierabfüllung gab es nur Ein-Liter-Flaschen, die noch nach wie vor mit einem Korken mit Drahtgeflecht verschlossen wurden. Der äußerst praktische Patentverschluss aus Drahtbügel mit Porzellankopf kam 1875 auf, wurde aber von den verschiedenen Brauereien erst später und zu unterschiedlichen Zeitpunkten eingeführt. Es gab auch Drehverschlüsse, die sich aber nicht durchsetzen konnten.

Der Kronenkorken

Bis heute aktuell, durch kein anderes Patent überboten und milliardenfach bewährt ist der metallene Kronenkorken, eine amerikanische Erfindung vom Jahre 1892. Eine kleine Scheibe aus Weißblech wird an ihren Rändern mit 21 Zacken an der automatischen Flaschenfüllanlage maschinell an den leicht wulstigen Flaschenhals gepresst. Eine innen eingefügte Korkscheibe sorgt für einen vollständigen luft- und wasserdichten Verschluss. Diese Korkscheibe wurde erst später durch das Einspritzen eines speziellen Kunststoffes ersetzt. Mit der Einführung der Europäischen Gemeinschaft 1965 und der genorm-

ten Halbliterflasche wurde der – mit Werbung bedruckte – Kronenkorken zum Standardverschluss.
Für das Öffnen der so verschlossenen Bierflasche war zunächst kein eigenes Gerät erfunden worden, man benützte irgendeinen geeigneten Gegenstand aus dem Haushalt mit eiserner Spitze, z. B. einen Nagel. Es gab auch die raue, mitunter noch heute geübte Handwerkersitte, den Rand des Korkens an einen Tisch oder eine Hobelbank zu legen und ihn mit einem kräftigen Handschlag vom Flaschenrand zu schmettern. Besonders robuste Naturburschen missbrauchten notfalls auch ihr Gebiss als Hebel ...
Der spezielle Flaschenöffner, korrekt Kapselheber genannt, wurde erst später erfunden und ist heute in jedem Haushalt anzutreffen.
In der handlichen Flasche und später auch noch im eigenen „Tragerl" für 20 oder auch nur sechs Flaschen eignete sich das Bier sehr gut für den Versand im LKW und dem schwunghaften Export öffneten sich nun weitere Möglichkeiten. Ein Biertragerl mit 20 Flaschen schafft jeder brave Familienvater und es passt auch in den Kofferraum eines Kleinwagens.
Es ist schwer zu sagen, ob das Flaschenbier einen gesellschaftlichen Wandel bewirkt hat oder ob es ihm nur entgegenkam; wahrscheinlich wirkte beides zusammen. Jedenfalls ist der Biergenuss aus der Flasche im familiären Rahmen vor dem Fernseher – dem heutigen Hausaltar – ein soziales Phänomen der späteren Nachkriegszeit geworden. Nur Senioren erinnern sich noch an die Zeiten, da der Vater sein Abendbier im offenen Krug vom nahen Wirtshaus nach Hause trug – zu den Abendnachrichten im Radio ...
Mit der Bierflasche tauchen auch neue Trinksitten auf. Nicht nur auf dem Bau, auch vor dem Fernseher, beim Picknick im Freien und überhaupt im privaten Umfeld säuft man heute sein Bier gern direkt aus der Flasche. Diese Handwerkersitte mag zwar in der feineren Gesellschaft problematisch wirken, hat aber in höchste Kreise Eingang gefunden. Bei besonderen Anlässen lässt sich notfalls auch ein hoher Politiker zum demonstrativen Biertrunk aus der Bierflasche herab, um sich möglichst volksnah zu geben – namentlich wenn Wahlen anstehen ... Jedenfalls kann man auch mit Bierflaschen zünftig anstoßen.
Der praktische einst so beliebte Schnapp- oder Bügelverschluss gilt schon als nostalgisch, ist aber bei vielen Bierflaschen nach wie vor oder schon wieder anzutreffen. Besonders praktisch erweist sich die Bierflasche mit einem solchen Verschluss überall dort, wo man das Bier über mehrere Stunden verteilt zu trinken gewohnt ist. Man kann eine Flasche mit Bügelverschluss zur Kühlung vor dem Trunk getrost auch in einen sprudelnden Bach legen ...
Auch die unzerbrechliche Bierdose hat schon längst den Markt erobert.

Flaschenöffner der Klosterbrauerei Raitenhaslach: Vorder- und Rückseite

Kronenkorken als Kunstwerk in Andechs

Die Schäffler

Die Münchner Ursprungslegende

Bis weit ins 20. Jahrhundert wurden alle Bierfässer noch in mühsamer Handarbeit aus Holz hergestellt. Die Fassmacher waren einst ein ehrwürdiges Handwerk und ein unverzichtbarer Zulieferer der Brauereien. In München nannte man sie Schäffler, abgeleitet vom hölzernen „Schaffl", andernorts hießen sie Fassbinder, Küfner oder auch Büttner oder Böttcher; manche Familiennamen leiten sich noch von diesem Beruf ab. Heute sind die Schäffler in ihren historischen Kostümen eine tägliche Touristenattraktion am Münchner Marienplatz. Sie drehen sich seit 1908 als bemalte Marionetten um 11 Uhr am mechanischen Glockenspiel des Neuen Rathauses im Kreise, unterlegt mit der volkstümlichen Schäfflermelodie „Aba heit is koit". Der Schäfflertanz ist in München aufgekommen, hier für das Jahr 1702 nachweislich, doch nannte man ihn damals schon *„von alters her gebreichlig"*. Die Schäfflerzunft gab es hier schon seit 1578.

Die immer wieder nacherzählte Geschichte, wonach die Schäffler in München 1517 nach dem Ende einer Pestepidemie tanzend und singend durch die ausgestorbenen Straßen gezogen seien, um den Menschen

Gemälde vom Schäfflertanz

neuen Lebensmut einzuflößen, ist nachweislich eine Legende aus dem 19. Jahrhundert. In Anspielung an diese Legende wurden bei diesem Tanz früher Nüsse unters Volk geworfen, die als Medizin gegen Pest und Cholera galten. Die heute geübten Schrittfolgen dieses Formationstanzes mit seinem reglementierten Ablauf, die Kostüme und auch die Begleitmelodie wurden erst in der 2. Hälfte des 19. Jahrhunderts geschaffen.

Der Schäfflertanz wird in München nur alle sieben Jahre aufgeführt, er wird am Dreikönigstag vor dem obersten Landesherrn eröffnet und endet am Faschingsdienstag – nach Dutzenden von Auftritten an verschiedenen Stellen. Wer von sich behaupten will, ein echter Münchner zu sein, sollte solche Aufführungen mindestens sieben Mal miterlebt haben – innerhalb von 49 Jahren ...[1]

Schäfflertanz in Murnau

Von München aus hat sich dieser Brauch auch in einigen anderen Orten eingebürgert, so in Wasserburg, Partenkirchen und Murnau – überall im siebenjährigen Turnus und in leicht geänderter Choreographie und Kostümierung. Einen vergleichbaren Brauch kennt auch Nürnberg mit seinem Büttnertanz.

Nach Murnau hat diesen Tanz Johann Michael Pittrich 1859 eingeführt. Er war der Spross einer Schäfflerfamilie, deren Name sich mittlerweile 500 Jahre lang an diesem Ort zurückverfolgen lässt. In Murnau gab es früher elf Schäfflerbetriebe, es liegt an einer ehemals sehr wichtigen Handelsstraße, auf der nicht nur Bier, sondern auch Wein, Salz und sogar Getreide in stabilen Fässern transportiert wurde.

Der heutige Namensträger dieser ältesten oberbayerischen Schäfflerfamilie ist Franz Pittrich, ein studierter Mathematiker. Er hat sich zwar von seinem Handwerk zurückgezogen, dafür pflegt er die Traditionen seiner familiären Zunft mit großem Eifer und Einsatz, er ist auch als Tänzer aktiv, was eine robuste Konstitution erfordert: Alle 7 Jahr muss ein solcher Tänzer innerhalb von sechs Wochen 300 bis 400 Auftritte durchstehen, das sind täglich 12 bis 14 jeweils 20-minütige Aufführungen mit teilweise sehr anstrengenden Figuren in einer genau einstudierten Schrittfolge. Diese strapaziösen Auftritte spielen sich hier traditionsgemäß in den Wochen zwischen Fasching und Ostern ab, mitunter bei winterlicher Kälte, passend zu dem althergebrachten Gesang „Aber heit is' koid ..."

„Der Tanz war ursprünglich der Zunft vorbehalten, deren Wurzeln auf mittelalterliche Stadtgründungen zurückgingen. Die Zünfte entstanden erst in den Städten und legten als Vorläufer der heutigen Innungen großen Wert auf eine angemessene Selbstdarstellung, um so ihre Qualitätsstandards, ihren Stolz und ihre gesellschaftliche Stellung zu dokumentieren. Dass dies nur im Siebenjahresturnus geschah, führt Pittrich auf fürstliche Weisungen zurück, die ein Überhandnehmen der Feste verhindern sollten."[2]

Der letzte Schäfflerbetrieb Münchens und seine Fässer

Nach dem Zweiten Weltkrieg gab es in Bayern noch 1800 Schäfflerbetriebe, im Jahr 2010 gerade noch 25; große Bierfässer stellten sogar nur noch vier bis fünf Betriebe her.

Der letzte und einzige Schäfflerbetrieb in München und vielleicht in ganz Oberbayern befindet sich in Laim – in einer geradezu idyllischen Oase inmitten modernster Hochhäuser. Auf dieser romantischen Restfläche aus dem 19. Jahrhundert betreibt Schäfflermeister Wilhelm Schmid sein mittlerweile historisches Handwerk in dritter Generation. Als sein Großvater 1914 den Betrieb gründete, lag Laim noch weit draußen vor der Stadt, damals weideten hier noch Kühe. Wenn man das von ehrwürdigen Bäumen umstandene Betriebsgelände betritt, fühlt man sich schlagartig um ein Jahrhundert zurückversetzt. Hunderte von Fässern aller Größen und Typen liegen teils malerisch gruppiert, teils kreuz und quer verstreut im Gras und warten auf ihre Reparatur oder ihr museales Ende.

In der Werkstatt werkelten in alten Lederschürzen im Jahr 2010 noch fünf Gesellen, vier davon richtige Schäffler. An angejahrten Biegemaschinen bringen sie die in heißem Wasser eingeweichten Eichendauben zunächst in die richtige Krümmung, dann werden sie mit einer Bandsäge auf die passende Länge zugeschnitten. Mit den beiden Fassböden werden sie zu Fässern zusammengebaut. An einem mächtigen Amboss haut einer mit einem schweren Hammer die eisernen Reifen in die richtige Rundung und stülpt sie anschließend über die zu einem Fass geformten Dauben. Ein moderner Ohrenschützer bewahrt den Schmied vor einem bleibenden Gehörschaden, denn der Lärm seines Gehämmers ist wahrlich ohrenbetäubend. Die Fässer erhalten im Innern durch das Pechen mit Baumharz eine glatte Oberfläche. Ein Bierfass hat übrigens drei Öffnungen: Über den mittigen Spundring wird es befüllt. Das Zapfloch über dem unteren Boden dient für das Anzapfen mittels Zapfhahn. Das obere Bodenzapfloch ist für das Luftventil erforderlich, der das Ablaufen des Bieres ermöglicht.

Das kleine Büro des Meisters ist voller Antiquitäten, der Schreibtisch ist eine dicke Glasplatte, die auf zwei Fässern aufliegt. Bis Ende Juli muss der Meister alljährlich 30 bis 50 „Hirschen“ an Brauereien ausliefern – das sind Fässer mit 200 Litern Fassungsvermögen. Zur Jubiläums-Wies'n 2010 waren es aber mehr als 100! In diese Fässer wurde das von den großen Münchner Brauereien gemeinsam gebraute Jubiläumsbier abgefüllt. Der Name „Hirschen“ soll noch auf König Ludwig I. zurückgehen, der für seine Jagdgesellschaften im Münchner Hirschgarten stets ein großes Fass Bier bestellt haben soll. Im dortigen Biergarten werden die Maßkrüge noch heute aus

Arbeiten in der Schäfflerwerkstatt

Bierfahrer um 1920

Pferdefuhrwerk am Oktoberfest mit Holzfässern

Augustiner-
Bräu München

Historische Schäfflerarbeiten

Historischer Transportwagen für Bierfässer

hölzernen Fässern befüllt. Dieser Königliche Hirschgarten ist heute der größte Biergarten Münchens, im Selbstbedienungsbereich haben 6500 Gäste Platz, im Servicebereich können nochmals 1200 Gäste an gedeckten Tischen vornehm speisen.

Die meisten Brauereien haben schon längst auf Metallfässer umgestellt, nur die Augustiner Brauerei ist bei den traditionellen Holzfässern geblieben.

Ob das Material der Fässer den Biergeschmack beeinflusst, ist übrigens unter Experten umstritten. Auch das Holz spiele geschmacklich keine Rolle, sondern das Baumharz, das in die Fässer gespritzt wird.

Der traditionelle Transport der Bierfässer mit Pferdefuhrwerken erfolgt heute nur noch zu besonderen Anlässen. Übrigens wurde der erste Biertransport mit dem Flugzeug 1926 – von München nach Wien – noch mit Fässern durchgeführt.

Fuhrpark der Schlossbrauerei Stein/Traun um 1920/25

Vom Hopfen

„Innerlicher Gebrauch des Hopffens“

„Der fürnembste Gebrauch dess Hopffens ist dieser/ dass man ihn zum Bier gebrauchet/ und gleich als das Saltz dess Biers seyn kan. Aber wann man dess Hopffens zu viel nimmet/machet er das Bier bitter und beschweret das Haupt.
FERNELIUS schreibet/ dass der Hopff eine Krafft habe zu reinigen/ und zu eröffnen fürnemblich aber eröffne er die verstopffte Leber/ und reinige dieselbige. Daher auch PLINIUS schreibet/ dass etliche im Frühling die junge Spargen in der Kost nützen/ welches ein anmühtige Speiss sey/ doch werde sie mehr Lusts/ dann Hungers halben gessen. Gleich auch reiniget der Hopffe den Miltz und nimpt hinweg die Verstopffung desselbigen. Es hat auch der Hopff ein Krafft und Natur die verbrandte melancholische Feuchte gemachsam ausszuführen: Läutert auch und reiniget das Geblüt: Wirdt nützlich gebraucht wider allerley Fieber so von Unreinigkeit dess Geblüts/ und Verstopffung der Leber und dess Miltzes iren Ursprung haben/ fürnemlich aber soll er gebraucht werden zu den melancholischen Fiebern. (Hopffen und Hirschzungen in Wein gesotten und getruncken/ vertreibt die viertägige Fieber/ öffnet die Verstopffung der Brust/ und nimpt auch das Keichen.)
Dieweil auch der Hopffe die Leber und das Miltz reiniget/ und derselbigen Verstopffung hinweg nimpt/ wirdt er nützlich gebraucht wider die Gelbsucht (und treibet die wässerige kalte Feuchte auss in der Wassersucht durch Stulgang.) Wider die obermelte Gebresten kan man das Laub/ den Hopffen oder die Wurtzeln in Wein/ Wasser oder Geyssmolcken sieden/ nach Gelegenheit der Schwachheit/ unnd jederzeit einen guten Trunck darvon thun. (Dess gepülverten Samens ein halb quintlein eingenommen/ tödtet die Würm im Leib/ befürdert den Harn/ und der Frauwen Zeit. Die Wurtzel wirdt in langwirigen Fiebern nützlich gebraucht.)“[1]

Diesen Hymnus auf den Hopfen schrieb Jacobus Theodorus Tabernaemontanus in seinem Kräuterbuch von 1625, dem umfangreichsten Werk der Kräuterkunde: *„Innerlicher Gebrauch des Hopffens“*
In seiner wichtigsten Aussage hat dieser Arzt aus Basel bis heute recht behalten: Mehr als 95 Prozent der Hopfenernte landen in den Bierbrauereien und dies weltweit! Der Hopfen blieb der einzige weltweit übliche Zusatz zum Bier ...
Andere Kräuterkenner waren in einigen Punkten gegenteiliger Meinung. So schrieb Hildegard von Bingen im 12. Jahrhundert, zum Nutzen der Menschen sei er nicht sehr brauchbar, fördere er doch die Melancholie und beschwere die Eingeweide. Hopfen sei jedoch geeignet, Getränke für einige Zeit haltbarer zu machen; mit seiner Bitterkeit halte er gewisse Fäulnisse von Getränken fern.
Diese Erkenntnis bestätigt der Mälzer und Brauer Florinus 1772:

Hopfendolde als Kunstwerk in Andechs

„Was das Saltz bey den Speisen und anderen Sachen, so man aufbehalten will, verrichtet, solches thut der Hopffen auch bey dem Getränck, unmassen dasselben Kraft und Tugend, besage der täglichen Erfahrung, in Beybehaltung der Stärcke des Bieres bestehet, damit es länger bleiben, und aufbehalten werden möge.“[2]

Einige Ärzte wie der berühmte Paracelsus schrieben in der ersten Hälfte des 16. Jahrhunderts dem Hopfen gute Wirkungen gegen Schlaflosigkeit und in der Frauenheilkunde zu; dies wird auch aus heutiger Sicht bestätigt. Hopfen soll aber auch sexuelles Verlangen und Übererregbarkeit dämpfen und hemmen. Deshalb sei er vielleicht auch erstmals in Mönchsklöstern als Bierzusatz angewendet worden; dies bleibt jedoch reine Spekulation.

Der Experte Rätsch erklärt aber auch eine weniger wünschenswerte Nebenwirkung: „Hopfen enthält auch Spuren von Östrogen, dem weiblichen Sexualhormon. Östrogen im Tee oder im Bier kann bei Frauen die Tätigkeit der Sexualdrüsen anregen. Bei Männern führt es leicht zu einer Verweiblichung. Auf die Wirkung des Östrogens wird auch die Verweiblichung vieler starker Biertrinker zurückgeführt, besonders jene Verformung, die im Volksmund Biertitten genannt wird.“[3]

Zur Geschichte des Hopfenanbaus

Den künstlichen Anbau von Hopfen betrieben als erste wohl die Römer; in der Literatur findet er sich erstmals bei dem römischen Gelehrten Plinius dem Älteren (23 – 79 n. Chr.). Obwohl er ein umfangreiches Werk über Heilpflanzen verfasst hat, beschreibt er nur den Wohlgeschmack der Hopfensprossen.

In Deutschland wird der Anbau von Hopfen erst im Jahr 736 erstmals schriftlich erwähnt. Wie zuvor im westlichen Frankreich wird er auch in Bayern im 9. Jahrhundert urkundlich bezeugt; frühere Überlieferungen sind fragwürdig. Es gilt jedoch als sicher, dass Hopfen erstmals in den Klöstern beim Bierbrauen verwendet wurde und dies „mindestens seit dem Jahr 1079“.

Mit Sicherheit gab es in der heutigen Hallertau bereits in der 2. Hälfte des 9. Jahrhunderts Hopfengärten bei Crintila (Gründl bei Nandlstadt), in Zezinhusen (Hetzenhausen bei Freising) und in Holzen, ferner in Forstinning am Ebersberger Forst, in Feldmoching und in Unering nahe Andechs.[4]

Bis tief ins Mittelalter hinein wurde Hopfen fast überall in Deutschland angebaut. Die Brauereien brauchten ihn vor Ort, denn er war nur kurz haltbar und schwer zu transportieren. Erst als sich im Laufe der Zeit die Möglichkeiten der Beförderung verbesserten, wurden viele der weniger geeigneten Anbaugebiete aufgegeben und man konzentrierte den Anbau in jenen Regionen, die erfahrungsgemäß die besten Voraussetzungen dafür boten.

Zur Botanik des Hopfens

Der Hopfen – Humulus lupulus – gehört zur Familie der Hanfgewächse. Sein natürliches Vorkommen erstreckt sich über alle gemäßigten Klimazonen Europas, aber auch Asiens und Nordamerikas, wo er seit dem 8. Jahrhundert erwähnt wird. Er stammt vermutlich aus Osteuropa. Der wilde Weidehopfen mag

Hopfenfest in Massing

es „feucht und nicht zu kalt“, er wächst als Schlingpflanze auf Waldholzstangen, an Waldrändern, in Hecken und an Bachläufen, wo er genügend Feuchtigkeit findet und seine Wurzeln gut in den Boden eingreifen können. Der Hopfen ist eine Kletterpflanze; wo eine natürliche Kletterhilfe fehlt, hängt er an Gebüschen, Hecken und Bäumen herab.

Die Hopfenpflanze ist zweigeschlechtlich. Als Bierzusatz werden nur die weiblichen Pflanzen verwendet, weshalb man den Hopfengarten früher auch als Nonnenkloster bezeichnete. Es gibt vielerlei Hopfenarten, die sich schon rein äußerlich durch Blütenform und Farbe unterscheiden und auch zu verschiedenen Zeiten reifen. Im kultivierten Anbau schlingt sich diese Kletterpflanze acht, ja sogar bis zehn Meter an Gitter- und Stangengerüsten empor. Dabei wächst die Hopfenrebe täglich bis zu 30 cm und erreicht in nur 70 Tagen eine Höhe bis zu acht Metern. In Kulturen wird die Hopfenpflanze nach 15 Jahren ersetzt, obwohl sie an ihrem Standort ein halbes Jahrhundert bestehen kann. Voraussetzung für ihr Wohlergehen ist neben der Kletterhilfe eine regelmäßige, wohldosierte Versorgung mit Dünger.

Mit dem Reinheitsgebot wuchs die Nachfrage nach Hopfen stark an, er wurde seither in großem Ausmaß angebaut. Die Ernte und die ersten Schritte der Verarbeitung fanden zunächst in Handarbeit im familiären Verband statt. Heute kommen bei der Pflege und bei der Ernte spezielle Maschinen zum Einsatz, die Erntezeit liegt zwischen Ende August und Mitte Oktober.[5] Der größte Anteil der weltweiten Hopfenernte wird auch heute noch in der Hallertau gewonnen. 35 Prozent des gesamten Bedarfs kommen aus deutschen Anbaugebieten, 70 Prozent dieser Ernte wird in über 100 Länder exportiert.

Von der Heilkraft des Bieres

Anwendungen in der Antike

Inwieweit Bier für die Gesundheit nützlich oder schädlich ist, darüber klaffen die Meinungen, Urteile und Vorurteile sowie auch einige Expertisen weit auseinander. Während die Gegner den gesundheitlichen Schaden nicht düster genug ausmalen können, preisen die Befürworter dieses reine Naturprodukt und seine positiven Auswirkungen für Leib und Gemüt.

Nach einer altväterlichen Lebensweisheit macht alles, was besonders gut schmeckt, krank oder dick. Einen der besten Gegenbeweise gegen dieses Vorurteil kann man mit Bier antreten – vorausgesetzt, es wird in Maßen genossen, wobei Maß hier nicht mit dem Einliterkrug verwechselt werden darf. Was heute von namhaften Professoren und ärztlichen Kapazitäten erforscht und wissenschaftlich bewiesen wird, war vielfach schon in alten Zeiten eine bekannte Erfahrungstatsache und ein beliebtes Hausmittel. Schon die Sumerer und Babylonier sollen mit ihrem Bier Hautkrankheiten wie Lepra und Hauttuberkulose behandelt und sogar geheilt haben. Damals war Bier nicht nur ein Rauschtrank, es war mit der Aura des Mystischen behaftet und galt auch als Liebeszauber und Arznei. Im alten Ägypten verwendete man Bier als Darmeinlauf und zur Behandlung des Zahnfleisches. Die Griechen und auch die Römer zogen als Getränk zwar den geliebten Wein vor, schätzten Bier jedoch als mildes Heilmittel. Seine beruhigende Wirkung half allemal gegen Schlaflosigkeit, aber auch gegen Fieber und zur Entwässerung des Körpers wurde es von Hippokrates empfohlen.

Der griechische Dichter Palladas erklärte: „Nicht ohne Grund habe ich gesagt, dass im Bier ein gewisses göttliches Getränk enthalten sei. Gestern habe ich einem, der am viertägigen Fieber krank war, solches gegeben und er ward sofort gesund.“[1] Sein Landsmann Plutarch (46 – 120 n. Chr.) fasste die positiven Eigenschaften des Bieres wie folgt zusammen: „Bier ist unter den Getränken das Nützlichste, unter den Arzneien das Schmackhafteste, unter den Nahrungsmitteln das Angenehmste.“[2]

Hildegard von Bingen, Paracelsus ...

Die heilige Hildegard von Bingen (1098 – 1179), die große Seherin vom Rhein, ist durch ihr gewaltiges mystisches Werk, eine Bilderschau tief religiös empfundener Gedanken, bekannt geworden. Aber sie ist auch die Verfasserin von naturkundlichen sowie me-

Hildegard von Bingen

dizinischen Schriften. Sie war ein universeller Geist und eine der begnadetsten Frauen ihrer Zeit. Über das Bier urteilte sie: „Das Bier macht das Fleisch des Menschen durchwachsen und gibt dem Geist auf Grund der Kraft und des guten Saftes des Getreides eine schöne Farbe.“[3] Bier nütze insbesondere schwermütigen Menschen, da es Mut macht und das Wiederaufleben der seelischen Kräfte fördere. Bier auf nüchternen Magen fördere die Genesung vom Schlagfluss. Sie empfahl ihren Zeitgenossen sogar, Bier statt Wasser zu trinken.

Der heilig gesprochene Kardinal Raimund Nonnatus († 1240) preist den Nährwert des Bieres und versichert, „dass ihm der Stein nach Bier nicht so leicht wachse und ihm der Schädel nicht so sehr wehe täte.“ Er meint auch, „eine Wäsche mit Bier gebe nicht nur eine gute natürliche Farbe, sondern auch eine gelinde, saubere und reine Haut am Leibe.“[4]

Alkohol erfreute sich im Mittelalter offenbar in allen Konzentrationen medizinischer Fürsprache. Der Arzt Michael Schrick riet 1482 in seiner Schrift *„Die usgeprauten Wasser: Auch wer alle morgen trinckt gebrauten win ain halbe lefel vol der wirt nymer kranck.“*[5]

Erst recht rieten Ärzte zur Anwendung leichterer Alkoholika. So galt mäßiger Weingenuss als Mittel für *„guten und klaren geyst und bringet vil ander nützbarkeyt.“* Bier *„mehret die krafft,“* schade aber denen, *„die schwach hirn haben, die selben macht es truncken.“*

Der Schweizer Arzt, Naturforscher und Philosoph Theophrastus Bombastus von Hohenheim (1493 – 1541), bekannt unter dem Namen Paracelsus, erkannte die chemischen Grundlagen der Lebensvorgänge und wendete sie auch in der Heilkunde an. Sein Urteil über Bier formulierte er kurz, aber hymnisch: „Bier ist eine wunderbare Medizin mit unaussprechlicher Wirkung.“[6] Er fasste seine Erkenntnisse auch in eine poetische Sprache:

Bier ist kein schlecht Geträncke
sondern mit zu eine Artzeney
denn es alterirt und verändert die Leibe
der Menschen
das eine Wirckung der Artzney ist
So vermehret es auch die Substanz
und wird Blut darauß
Deshalben so ists auch ein Nutriment
und Nahrung.[7]

Paracelsus

Zur Dosierung verkündete er aber auch eine weit vorausschauende Wahrheit:

All Ding sind Gift,
und nichts ist ohne Gift,
alleine die Dosis macht,
dass ein Ding zum Gift wird.[8]

Prof. Dr. Anton Piendl von der Bier-Universität Weihenstephan fand übrigens für die Dosierung eine noch einfachere Formel:

Ein Bier ist besser als kein Bier,
zwei Bier sind besser als ein Bier,
aber vier Bier sind nicht doppelt so gut
wie zwei Bier.[9]

Liebfrauenbier als Aphrodisiakum

Im Mittelalter wurde Bierhefe übrigens erfolgreich bei Harnverhalt und Darmträgheit angewendet. Auch in der geheimnisumwitterten Hefe sah man in Zeiten blühenden Aberglaubens ein zauberstarkes Mittel gegen die unerwünschten Wirkungen des Alkohols:

Wer am Charfreitage vor Sonnen Aufgang drei Messerspitzen von Hefen isset, dem schadet selbiges Jahr kein Trunk, er mag saufen, wie er will.[10]

Ein etwas zwiespältiges Verhältnis zum Bier verrät ein Werk, das 1641 in Ulm herauskam:

Das Bier gibt grober Feuchte viel,
stärkt's Geblüt und mehret's Fleisch ohn Ziel
Es leert die Blas und weicht den Bauch,
es kühlt ein wenig und bläst auch auf.

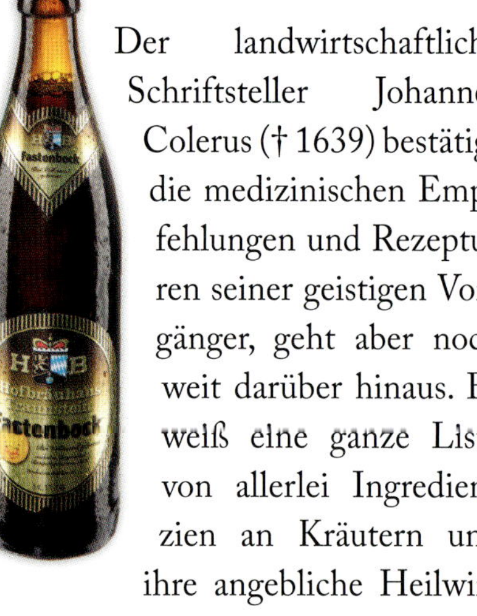

Der landwirtschaftliche Schriftsteller Johannes Colerus († 1639) bestätigt die medizinischen Empfehlungen und Rezepturen seiner geistigen Vorgänger, geht aber noch weit darüber hinaus. Er weiß eine ganze Liste von allerlei Ingredienzien an Kräutern und ihre angebliche Heilwirkung. Wermutbier etwa *„stärkt den Magen, macht Lust zu essen, vertreibt die Verstopfung von Leber und Miltzes, vertreibt und tödtet die Würm mit seiner Bitterkeit, hindert die Fäule, ist auch ein guter Trank den Febrizianten und Wassersüchtigen, sonderlich wann die febres (Fieber) beginnen abzunehmen ...“*[11]

Die Liste seiner Rezepturen für Kräuterbiere ist mitunter abenteuerlich: Bier mit Beifuß helfe bei Frauenleiden, Salbeibier *„stärket Haupt und Magen, ... nimbt das Zittern in den Kniescheiben“*, Lavendelbier *„stärket das Mark im Rückgrat und die Nieren“*, Haselwurzbier helfe bei Gelenksleiden. Warmes Bier mit Butter sei ein guter Wundtrank, Bier mit Eichenblättern helfe gegen die Ruhr ...

In einer Dissertation von 1743 widerspricht ein Arzt diesem abergläubischen Überschwang energisch und erklärt, *„wie schädlich das Bier bei Fieber, Koliken, Gicht und Podagra (Fußgicht) sein.“*

Ein Medicus Henckel aus Kursachsen dozierte in seinem Lehrbuch von 1775: „An einem guten Biere ist mehr gelegen als an medizinischen Goldessenzen, Herzpulvern und derlei Siebensachen. Brauhäuser und Bierkeller sind die vornehmsten Apotheken.“[12]

Der aufgeklärte Goethe (1749 – 1832) hat dem Bier unter manch anderem auch ein humorig-löbliches Zeugnis ausgestellt.

Bestaubt sind unsre Bücher
Der Bierkrug macht uns klüger
Das Bier schafft uns Genuss,
Die Bücher nur Verdruss![13]

Reichskanzler Fürst Otto von Bismarck (1815 – 1898) soll sich selbst eine wirksame Arznei gegen die ständige Aufregung und seinen hohen Blutdruck verschrieben haben: „Wer zu seiner Zigarre ein Glas Bier trinkt, den kann man nicht so leicht in Rage bringen.“

Wirklich erstaunlich ist aber ein Wort von Ministerpräsident Horst Seehofer: „Ein gesundes Lebensmittel ist, in vertretbaren Maßen Starkbier zu sich zu nehmen. Eigentlich müsste man das Starkbier in den Leistungskatalog der gesetzlichen Krankenversicherung aufnehmen.“[14]

FÜR UNS GIBT'S NUR
UNERTL WEISSE ALKOHOLFREI
ES IST KALORIENREDUZIERT, ISOTONISCH, VITAMINHALTIG UND STÄRKT DAS IMMUNSYSTEM
Weissbräu UNERTL Mühldorf
Weisse Alkoholfrei

„Nur alkoholfrei!“

200 Jahre Münchner Oktoberfest

Dem Wiesn-Wahnsinn auf der Spur

Das Münchner Oktoberfest – ein Fest der Exzesse und der Superlative, der Gigantomanie und des Wahnsinns?
Ein Fest, das längst nichts mehr mit all den anderen traditionellen bayerischen Festen zu tun hat? Oder doch? Trägt es nicht all die für ein bayerisches Fest so urtypischen Merkmale in sich – nur eben übersteigert?
Wann immer die Bayern feiern – und das tun sie nicht zu selten – gibt und gab es dafür schon seit Anbeginn einen ordentlichen Grund, einen Anlass ... „Saure Wochen, frohe Feste", hat Goethe einmal so trefflich gesagt und damit den Kern der Sache getroffen.
Ursprünglich waren in Bayern die Feste vornehmlich religiöser Natur, sozusagen unter der Aufsicht der katholischen Schirmherrschaft. Saß doch auch stets der Herr Pfarrer als Ehrengast mit wachsamem Auge mit am Wirtshaustisch ...
Und immer schon gehörte zu jedem Fest und jeder Feier – von der Taufe bis zum Leichenschmaus – ein ausgiebiges gutes Essen und das Bier. Das Bier als Parameter eines echten bayerischen Festes!

Und jedermann trug zur Feier und Ehre des Tages sein schönstes und bestes Gewand. Und all das eingehüllt und getragen von den so unvergleichlich archaisch schönen Urtönen der Blasmusik – mal wehmütig, doch meist eher recht krachert und deftig.

Die Feste als Quelle der Lebensfreude der Bayern

Schon bald drängte es die urbayerische Seele dazu, auch außerkirchliche Anlässe zu Festen zu erklären. Bier und ein unvorstellbar reichliches Angebot an Speisen wurden immer mehr die Grundelemente aller Feste, was aber im Zusammenhang mit den streng einzuhaltenden Regeln der katholischen Fastenzeiten gesehen werden muss. Gerade im Hinblick auf diese bitter ernst zu nehmenden Gesetze erscheint es doch nur allzu menschlich, dass die Feste immer mehr ein Ausbruch aus dem sonst so harten Alltagsleben waren. Man nahm sich, was sonst nicht erlaubt war, denn nichts reizt so sehr wie die verbotenen Früchte ... Aber, vor allen Dingen, kam die so typisch bayerische Ausgelassenheit aus dem barocken Vanitasdenken. Die Vergänglichkeit aller Dinge – solang

der Bayer lebt, da wird gefeiert – danach kommt er sowieso in die Höll! Oder: Beichten kann man seine Sünden immer noch ...
Der bayerische Festkalender wurde nun allmählich „voller als die Ausnüchterungszellen auf dem Oktoberfest“ und die Urzelle der bayerischen Gemütlichkeit wurde die Bierbank. Und sei sie noch so unbequem. Ihr Anblick allein hebt die Stimmung eines echten Bayern um ein deutliches Maß. Die Bierbank, der Maßkrug, die Blasmusik und die Tracht – alles inmitten der dörflichen Gemeinschaft – das waren einst die Grundelemente eines echten bayerischen Festes.

Psychologen, Ethnologen, Historiker, Sozialwissenschaftler – sie alle haben sich mittlerweile in hoch interessanten Studien, Diplomarbeiten, Magisterarbeiten und sogar einer 400-seitigen Doktorarbeit ihre klugen Köpfe zerbrochen, um dem Phänomen des heutigen wohl spektakulärsten und größten Bierfestes der Welt – dem Oktoberfest – auf die Spur zu kommen. Alles was dort passiert, wird ernst genommen, man analysiert und erforscht in jahrelanger Feldarbeit ... in situ ... vor Ort ... um die Hintergründe der Faszination des Rausches und der unstillbaren ewigen Sehnsucht nach dem Bier aufzudecken:
Von einem orgiastischen Rausch aller Sinne wird gesprochen auf diesem „bavarisch-dyonisischen Fest“ ... von einem ekstatischen Kostümfest zu Füßen der Biergöttin Bavaria ... von narzisstischer Selbstverwirklichung und der Befreiung von allen Zwängen ... von der Macht der Rituale ... und sogar von der Suche nach der verlorenen Heimat hört man ...
„Das Oktoberfest kann heute durchaus in Bezug zu den großen archaischen dionysischen Festen von Babylon bis Rom gesehen werden“, resümiert die Psychologin Brigitte Veiz und dabei spielt das Bier als animierendes und „enthemmendes Rauschmittel“ eine große Rolle... „Man darf berauscht, lustig losgelöst und ausgelassen sein und alles tun, was man sonst nicht darf – man darf auch erotisch, verführerisch und ein bisserl verrückt sein, ohne Reue und Einschränkung – alles ist erlaubt ...
Die Wiesn – ein El Dorado der dionysischen Genüsse ... Ja, die Wiesn ist ein vollkommen körperliches Erlebnis und bietet eine Fülle und Überfülle von sinnlichen Eindrücken in einer Dichte und Intensität, die sonst selten ist – deftige bayerisch geprägte Sinnlichkeit ...“[1]
Und wenn man das Glück hat, spät am Abend noch in ein Bierzelt hineinzukommen so „erscheint einem

WIESNGAUDI

MÜNCHEN
HALLO münchen
Die glücklichsten Hendl der Wiesn
mit Amore
o geht das

das kollektive Stampfen, Hüpfen, Singen, Grölen und Krügeschwenken von Tausenden von trunkenen Wiesngästen tatsächlich wie ein archaisches Stammesritual ... Es ist heiß, dampfig und das laute Singen und der dröhnende Rhythmus der zur Musik stampfenden Füße erfüllen das ganze Zelt ...“ und man fühlt sich in eine ferne Welt und eine ferne Zeit versetzt ... Die Wiesn hat eben ihre eigene Dynamik.

Aus einem etwas anderen Blickwinkel sieht es da allerdings die SZ: „Um uns herum Massen und Maßkrüge, vor uns ein Marathon durch die Zelte, ein Geschiebe, Geglotze, Geknutsche, eine von Hopfen, Hendl und Zuckerwatte genährte Dopingsünde ...“[2], lesen wir und spüren förmlich den erhobenen Zeigefinger. Anscheinend kommt es doch immerzu auf die Perspektive an, aus der man die Dinge sehen will ... oder darauf, wie viele Maß Bier man intus hat ...

„Boarisch, zünftig, narrisch!“, nennt es schlicht und einfach der Urbayer und schert sich nichts um psychosoziale Einsichten und Hintergründe.

„A Riesengaudi is es, sag'n de oana – eine Sauerei in jeder Hinsicht, eine Beleidigung für einen traditionsbewussten Bayern, sag'n de andern.“

Wo liegt nun die Wahrheit? „Wia imma in da Mitt'n!“

Doch grundsätzlich scheint es auch eine Frage des Naturells zu sein. „Der, der wo a echter Grantler is, der braucht ja net naus geh auf de Wiesn. Der soll dahoam blei'm und se üba sich selba ärgern ... Ja, so sans amoi, de Münchner! Wann se de oana gfrein, ärgern se de andarn über ois, am allermeisten aber, dass se de andarn g'frein ...“

Ganz egal, ob nun Wiesnlust oder Wiesnfrust – kalt lässt sie keinen, die Wiesn. „Die Wiesn ist nicht bloß ein Folklore-Spektakel, sondern ein Welttheater, ein Teatro Mundi“, schreibt im Jahr 2005 die Süddeutsche Zeitung. Mit einer Fläche von 42 Hektar und fast 100 000 Sitzplätzen in den Bierzelten „ist die

Theresienwiese die größte Bühne der Welt“ und die fast 7 Millionen Besucher sind die Mitwirkenden … Das ist doch was! Täglich kommen fast eine halbe Million Leute – insgesamt werden über 50 000 Hek-

toliter Bier getrunken, fast 700 000 Hendl, 50 000 Schweinshaxen und über 100 Ochsen verdrückt.
Wenn man sich diesem gigantischen Zahlenspiel da so hingibt, denkt mancher vielleicht an den Philosophen Elias Canetti, dessen Gedanken über die Macht der feiernden Massen – vor langer Zeit niedergeschrieben – sich heute wie eine in Erfüllung gegangene Zukunftsvision anfühlen …
„In mächtigen Gefäßen“, so schreibt er, „ist das beliebteste Getränk zubereitet worden und wartet auf die Genießer. Es ist mehr vorhanden, als alle zusammen verzehren könnten, und um es zu verzehren, strömen immer mehr Menschen hinzu. Solange etwas da ist, nehmen sie davon zu sich, es sieht aus, als könnte es nie ein Ende nehmen. Es ist ein Überfluss an Weibern da für die Männer und ein Überfluss an Männern für die Weiber. Nichts und niemand droht, nichts treibt in die Flucht, Leben und Genuss sind gesichert …“ [3]

Ja, eine Oase, ein paradiesischer Garten Eden scheint das Ganze zu sein, eine traumhafte Insel des Glücks, in die für kurze Zeit die dunklen Wolken des Lebens keinen Zugang haben.
Ganz sachlich gesehen – ohne Gefühlsduselei – ist die Wiesn eine eigene Stadt, eine Festung innerhalb der Stadt, mit eigener Polizei und Krankenstation, mit Rotem Kreuz, einer Jugendschutzstelle und einem Servicezentrum, Gepäckaufbewahrung, eigenem Postamt, sogar eine Kinderfundstelle haben sie und natürlich auch ein Fundbüro … „Was da so alles daher bracht wird – ma glaubt's ned!“
„Nirgendwo aber liegen Glanz und Elend des Bieres näher beieinander als auf dem Oktoberfest“, beklagt 2008 die Süddeutsche Zeitung (SZ). „Das ehemals derb gemütliche Volksfest mutierte mittlerweile zur international wirksamen Bier-Marketingshow, die betuchtes Partyvolk aus aller Welt anzieht …
Die glänzende Inszenierung der Münchner Brauereien überstrahlt für kurze Zeit alle Gegensätze und Sorgen. Sogar Frauen geben sich jetzt dem Bier hin, denn es ist ja alles so eine Riesengaudi. Ist der erste Durst gelöscht, gibt es nichts Besseres als Bier, um zum enthemmten Saufen überzugehen … ‚Press mas owi‘, sagt der Bayer! Der Blick wird stier, die Artikulation verschwimmt, das Trinkergemüt ergeht sich in trübem Dämmerzustand oder blinder Aggression. Höllischer Radau und ein animalisches Geruchsgemisch aus Bierdunst, Schweiß und Erbrochenem

verlangt nach weiterer Betäubung."
Harte Worte! Scharf und kritisch beobachtet mit intaktem Verstand! Aber darin besteht ja gerade das Problem: So ganz ohne Biergenuss kann man freilich

Krankenhaus gebracht werden. Er war im Hofbräuzelt mit zwei Franzosen in Streit geraten, einer der beiden Franzosen schlug dem Australier daraufhin den Maßkrug auf den Kopf ..."

die Wiesn nicht beurteilen. „So a Mass sollt ma scho intus ham, muaß net unbedingt recht vui mehr sein ..."
Die Liebe eines Münchners zu seiner Wiesn ist eine ganz besondere, tief und innig verwurzelt, und nichts und niemand kann diese Bande je durchtrennen! Da mag die SZ noch so ernsthaft über Maßkrugprügeleien berichten – alles, was auf der Wiesn an „Schandtaten" passiert, fällt sowieso unter den Begriff „lässliche Sünden" und die werden schon im Voraus vergeben. So eine richtige Maßkrugschlägerei gehört einfach dazu ... schließlich hat die Wiesn wirklich etwas Animalisches ... weckt das Tier im Manne ... Urkräfte werden an die Oberfläche gebracht ... Wenn wir da nun lesen, dass die Polizeibeamten gleich zum Wiesn-Start so richtig in Trab gehalten wurden, dass nach Schankschluss in der Fischer Vroni ein 28-jähriger und ein 37-jähriger so richtig aneinandergerieten, dass plötzlich aus der Menge heraus ein Maßkrug in Richtung des 37-jährigen flog – da lässt es sich kein Münchner nehmen, nun in heimlicher Vorfreude den Bericht genüsslich zu Ende zu lesen! Und siehe da, der Krug traf völlig unerwartet einen unbeteiligten 45-jährigen und schlug ihm mehrere Schneidezähne aus ...
„Doch bereits am Samstagnachmittag" – so lesen wir nun blutrünstig weiter – „musste nach einem Streit ein 27-jähriger Australier mit Gehirnblutung ins

Auch ein Münchner soll im Winzerer Fähndl einem 29-jährigen Kanadier einen Maßkrug mit voller Wucht auf den Kopf geschlagen haben, der Krug zerbrach und herumfliegende Splitter verletzten zwei weitere ... der Kanadier erlitt eine Platzwunde am Kopf und eine Gehirnerschütterung.[4]
„A guata Schädl hoit des aus, sagt da Bayer, denkt se nix, langt nach seim Maßkruag und sauft sei Bier ..." Und damit sind alle Bedenken diesbezüglich aus dem Felde geräumt.
Auch wenn mehrere Jugendliche – alle weit unter 18 Jahren – von der Polizei in Gewahrsam genommen werden mussten, weil sie so hoffnungslos sternhagelvoll besoffen waren, dass sie nicht einmal mehr stehen konnten – so entlockt uns das nur ein breites Grinsen. Ist ja schließlich nix passiert, alle wurden von ihren Eltern

wieder dankbar in Empfang genommen ...[5] Dass der Suff am frühen Morgen – der sog. „Vorglüher" – unter Jugendlichen bereits zum Kult geworden ist, stört keinen, und selbst „viele Eltern sehen es zur Wiesnzeit nicht so eng mit dem Alkohol!"[6]

Gäbe es die Wiesn nicht schon seit 200 Jahren, sondern müsste sie behördlicherseits als eine „Art Münchner Love-Parade genehmigt werden, sähe es duster für sie aus", schreibt die SZ: Millionen von Besuchern mitten in der Stadt, viele davon angetrunken bis sturzbetrunken, Zelte mit Tausenden von Besuchern, die oft wegen Überfüllung geschlossen werden, verstopfte Rettungswege – jede Genehmigungsbehörde würde da wohl sagen: lieber nicht ...[7]

Doch negative Äußerungen über das Oktoberfest sind grundsätzlich tabu, und wenn, dann nur den „Erzgrantlern" vorbehalten.

Die meisten Medien tun jedenfalls ihr Bestes, um die Vorwiesn-Stimmung so richtig aufzuheizen: „Königliches Wiesnwetter erwartet uns zur Wiesnzeit", liest man schon Wochen im Voraus. „Wir wussten doch schon immer, dass auch Petrus ein Wiesn-Fan ist", verkündet mit strahlendem Lachen und voller Zuversicht ein Wetterexperte. Na ja, gegen schönes Wetter hat wohl niemand etwas einzuwenden.

Kritischer war da allerdings das Presse-Echo auf das tolldreiste Sonderangebot einer renommierten Münchner Klinik, die doch tatsächlich „mit einer Brustvergrößerung pünktlich zur Wiesn" warb. „Die Zustände in dieser Münchner Klinik, die bereits im Namen eine Tendenz zur Hochstapelei erkennen lässt, werden die Behörden noch länger beschäftigen ... Verträgt sich das Sonderangebot noch mit den Pflichten eines Arztes? Mit welchen Methoden darf ein solcher Betrieb auf sich aufmerksam machen ...?", lesen wir in einem Kommentar der Süddeutschen Zeitung im September 2010.

„Ganz München schwelgt in Nostalgie", kündigt eine Lokalzeitung in Riesenlettern die 200. Jubiläumswiesn an. „Die Theresienwiese wird wieder einmal zur Insel der Seligen und für die meisten Münchner und Touristen das Paradies auf Erden ... Glücks-

gefühle überall in Fahrgeschäften und Bierzelten ... eine ganze Stadt im Oktoberfestrausch ..." Und Brigitte Veiz verrät augenzwinkernd: „Die Wiesn hat was Schamanisches ... Tierisches ... sie ist ein riesiges erotisches Rollenspiel ..."

Pünktlich zum Jubiläumsfest bringt selbst das Bayerische Staatsministerium eine offizielle „Wiesn-Briefmarke" heraus mit einer Auflage von 7,1 Millionen. 7,1 Millionen – und schon in den ersten drei Stunden war die erste Auflage ausverkauft! „In ein paar Tagen kommt Nachschub", verkündet der Postbeamte. Wie lange der reicht, steht in den Sternen geschrieben ...

Dass es dann auch ein spezielles Festbier im Jahr 2010 für die Nostalgie-Wiesn gibt, weiß mittlerweile jeder. Die sechs Münchner Brauereien haben sich zusammengetan. Das streng geheime Rezept wird hinterher vernichtet, dieses Bier gibt es dann nie wieder! Und bei der Wiesn-Bierprobe kam wieder heraus: „Sie schmecken heuer wieder alle gut, unsere Wiesn-Biere ..." Bajuwarisch heiter ging es dieses Mal auch her bei der Präsentation der Braumeister. „Unser Bier erinnert mich an eine Frau, es ist so gut, man könnte darin baden", war einer ihrer Sprüche und alle Brauereichefs und Wiesn-Wirte hielten sich vor Lachen sichtlich entspannt ihre Bierbäuche.

Doch vier Tage nach der Wiesneröffnung stellt man mit Entsetzen fest, dass das Jubiläumsbier wegen des großen Ansturms möglicherweise ausgeht! Die Fässer leeren sich schneller als erwartet ... Dieses Bier kann nicht nachgebraut werden, weil es zur Reife lange Zeit vor dem Oktoberfest angesetzt werden musste ... Nur ein einziges Mal soll es seit 200 Jahren vorgekommen sein, dass auf der Wiesn das Bier ausging: „1983 reichte an einem Tag das Hofbräubier bei Wirt Günter Steinberg nicht mehr. Er musste sich beim Nachbarzelt einige Fässer ausleihen und spricht bis heute von dem größten Albtraum eines jeden Wirtes ..."[8]

Zu guter Letzt ist zum Oktoberfest-Jubiläum eine beachtliche Reihe von Büchern erschienen, denn „Oktoberfest und Literatur schließen einander nicht aus". Acht Bücher werden kritisch unter die Lupe genommen, acht Bücher, acht Verlage, die das Thema „Wiesn" von allen Seiten beleuchten. Das Thema „Oktoberfest" am Tor zur Weltliteratur!

Und kurz vor dem Endspurt legt die Presse noch mal kräftig dazu: Sieben Seiten täglich, voll gedruckt mit Wiesn-Freuden – das ist nichts Besonderes.

Die Wiesn beherrscht alles und alle ...

3500 Euro für eine Nacht ist mancher Scheich in München bereit zu zahlen ... Nein, nein nur für's Übernachten – nicht was Sie meinen!

Und zwischen all den Jubel-Texten traumhafte Bilder ... Fotos, einfach hinreißend ... berauschend! Fast ein Blick ins Paradies, unsere schönen Münchnerinnen, allesamt reizvoll verpackt hinter den romantischen Leinenspitzen ihrer Dirndl-Gewänder. Viel versprechende Einblicke ... atemberaubende Anblicke ... Überall strahlendes Lachen ... Vitalität ... Leben pur ... eine einzige nicht enden wollende lustvolle Karussellfahrt weit über den Wolken ... Freiheit ... Leichtigkeit und wahres Glück ...

Und schließlich verspricht die AZ eine Sonderbeilage zur Wiesn mit 16 Seiten Wiesn-Träumen.

Dieses Mal – zum Jubiläum – „da ist die Welt zu Gast in München". Es wird international wie selten zuvor. Unzählige Akkreditierungen ausländischer Journalisten: Australien, Dubai, Bahrain – alles ist dabei – USA, Russland, China und natürlich am zweiten Wiesnwochenende auch die Italiener.

Ganz spurlos geht das alles an den Münchnern nicht vorbei: Das bayerische Nationalbewusstsein wächst ...

Vorfreude unter der Bavaria

Der echte Münchner hatte immer schon seine ureigenste Art, sich innerlich auf die Wiesn vorzubereiten: Schon Wochen vor Beginn geht man am Sonntag in Dirndl und Lederhosen hinaus auf die Theresienwiese, schreitet feierlich die Bierbudenstra-

Bierbude im Aufbau

Hippodrom im Aufbau

ße entlang und genießt das allmähliche Heranwachsen der Bierzelte. Baukräne, Lastwägen, Tieflader, Gabelstapler – alles steht noch kreuz und quer herum zwischen den halb aufgebauten Bierbuden, Karussellen, Schießbuden und Geisterbahnen.

Und spätestens, wenn die Türme vom Löwenbräuzelt und Paulanerbräu mit ihren Maßkrügen weit hinein in den blauweißen bayerischen Himmel ragen, da klopft das Herz eines jeden „Vorwiesnbesuchers" bis hinauf in den Hals vor echter Freude. Dankbar blickt man nun über das weite, vertraute Gelände, das so weihevoll unterhalb der Bavaria liegt. Ja, dort oben thront sie als germanische Schutzgöttin und sieht schweigend, segnend und vergebend auf ihre Münchner herab ...

Die Bavaria: Die monumentalste nachantike Großbronze, umrahmt von der Bayerischen Ruhmeshalle, die ganz im Stil eines echten griechischen Tempels erbaut ist – sie wird auch „die Akropolis des Isar-Athen" genannt. Hatte doch Ludwig I. einst prophezeit: „Ich werde nicht ruhen bis München Athen gleicht!"

Und genau das hatte er auch einst so gewollt, unser kunstbesessener König Ludwig I. Doch die Kunst sollte diesem Monarchen in erster Linie zum Glanze seines Thrones dienen. Sein „Jagen nach Effekten", sein Herumnörgeln an allen Details und sein „diktatorischer Termindruck" soll die Künstler seiner Zeit immer wieder zur Verzweiflung getrieben haben.[7] Doch davon hatten die Münchner Bürger nicht die leiseste Ahnung.

So sollte auch die Bavaria mit der Ruhmeshalle den Schein des Göttlichen verstrahlen. Als Schirmherrin dieses nationalen Volksfestes, als Personifikation Bayerns, sollte sie glänzen – und bis heute lebt in ihr noch die gewaltige „dynastische Bedeutung" fort, die sie einst für Bayern und seinen König hatte.

Das Projekt einer Bayerischen Ruhmeshalle beschäftigte Ludwig I. schon als Kronprinzen im Jahr 1809 – im Jahr 1833 wurde dann das vom König gewünschte Wettbewerbs-Programm an die bedeutendsten Künstler seiner Zeit verschickt. Ein gigantischer Wettlauf um den Sieg dieses Wettbewerbs trieb die besten Architekten zu den spektakulärsten und genialsten Vorschlägen:

Leo von Klenze, der die Abgabe seines Entwurfes aus taktischen Gründen bis zum 9. Februar 1834 verzögerte, fand schließlich die volle Zustimmung des Monarchen: Die monumentale Statue einer

„Bavaria“, später von dem Bildhauer Ludwig von Schwanthaler geplant, vor einer offenen dorischen Säulenhalle – das war sein Vorschlag – eine zündende Idee! Eine „germanische“ Bavaria mit lang wallendem Haar und einer weit ins Land hinein erhobenen Linken war die bravouröse Lösung Schwanthalers.
Es muss ein ungemein atemberaubender Augenblick gewesen sein, als dann endlich im Jahr 1850 vor der Bavaria, bei der groß angelegten Enthüllungsfeier, die Verhüllung gefallen war: „Nachdem sämtliche Festwagen zu beiden Seiten der Tribüne im Halbkreis aufgestellt waren“, so berichtet Destouches, „fiel bei klarstem Herbsthimmel unter den Salven der Landwehr-Artillerie und den betäubenden Zurufen der zahllosen Menge die 80 Fuß hohe Bretterwand krachend nieder und das erhabenste Bildnis glänzte zum ersten Mal vor den entzückten Blicken ...“[10]
Ludwig I. war nun mittlerweile 64 Jahre alt, bereits zwei Jahre zuvor, im Jahr 1848, hatte er wegen seiner Affäre mit Lola Montez abgedankt. Schon im Jahr 1847 hatte er wegen dieser „spektakulärsten Liebesaffäre des 19. Jahrhunderts“ nicht gewagt, zum Oktoberfest zu erscheinen ... das Münchner Volk rebellierte![11]
Doch zur Enthüllungsfeier seiner Bavaria war er anwesend und es galt ihm aller Ruhm und Dank. Sogar ein Festzug zu seinen Ehren wurde von den Kunst- und Gewerbetreibenden Münchens veranstaltet.
„Und noch nie bisher“, so berichtet Destouches, „hatte das Volk in solcher Menge den hohen Wert der Kunstschöpfungen des Königs gefühlt oder gar anerkannt ...“ Ja, er wusste, er hatte Großes für München vollbracht. „Stolz konnte er auf das Geleistete verweisen ...“
Voller Genugtuung deutete nun Ludwig I. auf das kolossale Bildwerk der Bavaria und sprach – so berichtet der Architekt und Baudirektor Hübsch:
„Nu, nu, was sagen Sie zu meiner Bavaria, mein lieber Hübsch?“
„Zum Erstaunen, Majestät, zum Erstauen!“
„Nicht wahr, zum Erstaunen!“, sprach Ludwig I. in tiefer Ergriffenheit. Und dann kam jener denkwürdige Satz über seine königlichen Lippen:

„Nero und ich sind die Einzigen, sind die Einzigen, die so Großes gemacht haben ...Seit Nero keiner mehr ...“[12]

Ja so war er, unser König Ludwig I. „Seit Nero keiner mehr ...“

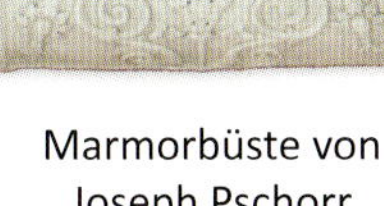

Marmorbüste von Joseph Pschorr

Die Geburtsstunde des Oktoberfestes

Die Enthüllungsfeier der Bavaria 1850 dürfte Ludwigs letzter großer glanzvoller Auftritt gewesen sein. Doch vierzig Jahre zuvor, im Oktober 1810, war sein erster großer, bis heute unvergesslicher Auftritt: Seine Hochzeit mit der Prinzessin Therese von Sachsen - Hildburghausen. Und diese Hochzeit war der im Jahr 1910 verfassten Säkularchronik zufolge „die erste Veranstaltung zu den Oktoberfesten, welche zu National-

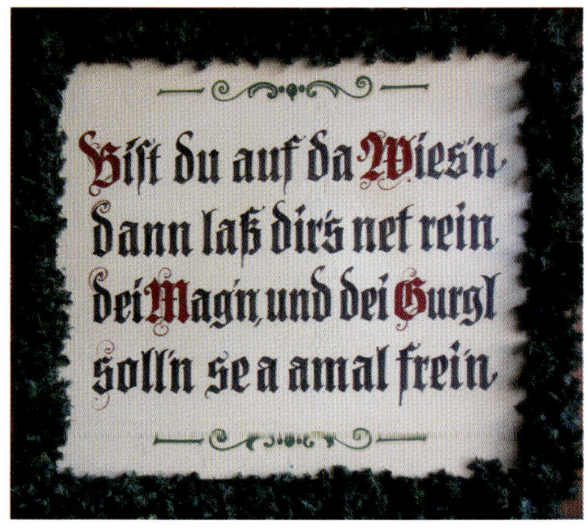

festen geworden, die in Deutschland ihres Gleichen suchen". [13]

Damals war Ludwig I. noch Kronprinz. Sein Vater Max I. Joseph war gerade erst vier Jahre zuvor, am 1. Januar 1806, zum ersten bayerischen König proklamiert worden. Unruhige, schwierige und aufreibende Jahre hatte Max I. Joseph hinter sich:
Sowohl Österreich als auch Frankreich wollten das damalige Kurfürstentum Bayern zum Verbündeten im 3. Koalitionskrieg gewinnen. Der Kurfürst musste sich entscheiden ... Am 9. August 1805 beginnt Österreich den 3. Koalitionskrieg, marschiert in Bayern ein. Doch Napoleon erklärt Österreich den Krieg, marschiert über den Rhein und befreit am 24. Oktober 1805 München!
„Unter dem Donner der Kanonen und dem Zusammenläuten aller Glocken zieht Napoleon in München ein." Er fährt vom Stachus über die Neuhauser- und Kaufingerstraße, wo er unter „fröhlichem Zusammenrufen alles Volks" absteigt.[14]
ZweiTage später wird in der Münchner Frauenkirche ein Dankgottesdienst für die Befreiung mit anschließender Segnung der französischen und bayerischen Waffen abgehalten. Der französische Kaiser Napoleon I. belohnte Bayern für seine Hilfe in diesem Krieg mit der Erweiterung seines Territoriums um Augsburg, Lindau u.a. und erhob es dann kurz darauf zum Königreich. Zudem erhielt Bayern Tirol, Vorarlberg, die Bistümer Brixen, Trient, Eichstätt und Passau, aber Würzburg wird gegen das Kurfürstentum Salzburg getauscht ... Doch am 9. April 1809 marschiert Österreich wiederum mit seinen Truppen in Bayern ein, um einen weiteren Krieg mit Frankreich zu beginnen ... Napoleon wirft die österreichischen Truppen siegreich zurück.
Das junge Königreich Bayern war also keineswegs geeint, die Geduld der Bevölkerung „durch die Gebietserweiterungen und die verwaltungstechnischen Neuorganisationen auf eine harte Probe gestellt."[15]
Zudem galt die Anbindung Bayerns an Frankreich als unpopulär.
„Das aus altbayerischen, schwäbischen, fränkischen, tirolischen Gebietsteilen zusammengestückelte neue Königreich Bayern konnte auf lange Zeit gesehen nur mit der vollen Popularität der Dynastie Wittelsbach regiert und mit einem neu-bayerischen Zusammengehörigkeitsgefühl erhalten werden ..."[16]
Die Trauung von Kronprinz Ludwig und der 18-jährigen Prinzessin Therese fand am 12. Oktober – dem Namenstag seines Vaters Maximilian – in der Hofkapelle der Münchner Residenz statt.
Max I. Joseph sah nun in der Hochzeit seines Sohnes Ludwig die einmalige Chance, die Dynastie der Wittelsbacher über eine für das Volk „glänzend und populär inszenierte Hochzeit zu festigen ..."[17] „Für die Wittelsbacher war dieses Fest von dynastischer Bedeutung."[18]
Ganz München sollte nun „am 13. Oktober ein vom König selbst angeordnetes und von der Zentralkasse weitestgehend bezahltes großes Volksfest feiern, bei dem an vier öffentlichen Plätzen in der Stadt kostenlos Speisen und Getränke an die Bevölkerung ausgeteilt wurden."[19] Diese Festivitäten waren aus-

schließlich für das Volk bestimmt, „ausgerichtet zur Verherrlichung des Herrscherhauses, als großzügige Geste des Königshauses an seine Untertanen."[20]

„Die angesehenen Bürger Münchens ... waren in vier großen Gasthäusern, bei 6 000 an der Zahl, auf königliche Kosten zum Tanz und Abendessen versammelt", heißt es. Für all die anderen „herbeygeströmten Volkshaufen" hatte man am Promenadeplatz, in der Neuhauser Gasse, am Anger und am Marienplatz „Tische und Bänke hergerichtet, wo man ihnen zu essen und zu trinken bot."

Es wird berichtet, dass an diesem Abend – es war ein Samstag – „32 065 Laibln Semmelbrod, 3992 Pfund Schweizerkäse, über 80 Zentner Gebratenes Schaffleisch, 8120 Cervelatwürste und 13 300 geselchte Würste verzehrt und dazu 232 Hektoliter Bier und 4 Hektoliter Weißwein" getrunken wurden![21]

Ein „Volksfest" im wahrsten Sinne des Wortes, das schon an unser heutiges Oktoberfest erinnert. Ein Fest, von dem man noch lange sprach, das sich in den Herzen der Münchner eingenistet hatte. Und zur Freude aller wurde schon bald darauf eine „Bekanntmachung erlassen", wonach die Volksfeier in der Maximilianswoche fortan alljährlich als gemeinsames Fest begangen werden sollte.[22]

Als weiterer Programmpunkt der Hochzeit war dann am 17. Oktober 1810 auch noch ein Pferderennen auf dem großen Gelände zwischen dem Allgemeinen Krankenhaus und dem Sendlinger Berg in Anwesenheit des Hofes geplant.

Damit war der Grundstein zu unserem Oktoberfest gelegt ...

Dass es überhaupt zu einer Wiederholung dieses Festes gekommen ist, haben wir letztlich dem Major Andreas von Dall' Armi zu verdanken. Er war nicht nur der Initiator des Pferderennens gewesen – er hatte auch den Vorschlag gemacht, das Gelände dort draußen vor dem Sendlinger Berg „Theresens-Wiese" zu benennen.

Weit über 40 000 Besucher waren am 17. Oktober 1810 zu dem Festrennen gekommen. Das war für die damaligen Verhältnisse eine riesige Menge, wenn man bedenkt, dass München gerade 40 638 Einwohner aufwies!

Auf den Ölgemälden von Peter Heß und Wilhelm von Kobell ist zu sehen, dass das Volk sich auf der Anhöhe zum Dorf Sendling hin formierte. Dieser ‚Sendlinger Berg' bildete „die natürliche Tribüne für die Zuschauer ... vor der kreisförmigen Rennbahn."[23]

Das Zentrum des Rennplatzes war „das Königszelt für die königliche Familie, der Huldigungen in Liedern und Versen dargebracht wurden."[24]

Dazu berichtet die Säkularchronik 1910:

„... es bewegte sich ein äußerst stimmungsvoller Zug zum königlichen Pavillon: 16 Paare, Knaben und Mädchen, Söhne und Töchter von Nationalgarde-Kavalleristen ... das erste Paar mit einem Lorbeer- und Myrtenkranze, die weiteren neun als Vertreter der damaligen neun Kreise des Königreiches ... die folgenden als Bürger- und Landleute ... und das letzte Paar in der Tracht der Alt-Wittelsbacher. Sie brachten dem Königs- und Kronprinzenpaare ihre Huldigung dar. Worauf sie ein Weihelied sangen. Nun folgte das Pferderennen, bei welchem 30 Pferde sich beteiligten und die 11 200 Schuh (ca. 3270 m) lange Bahn dreimal umliefen."[25]

Ludwig I. und Therese auf einem Wiesn-Bierkrug

Einen Tag nach dem Fest hatten nun Mitglieder der Nationalgarde an den König die Bitte herangetragen „die Wiese, worauf das erste bayerische Nationalfest gefeiert worden, zum bleibenden Andenken Thereses Wiese benennen zu dürfen."

Und dem König kam dieses mit der Hochzeit seines Sohnes geschickt verknüpfte Pferderennen als „Nationalfest" äußerst gelegen und er gewährte diese Bitte ... Schon einen Tag vor seiner Hochzeit soll Kronprinz Ludwig ganz bewusst gesagt haben: „Volksfeste freuen mich besonders. Sie sprechen den Nationalcharakter aus, der sich auf Kinder und Kindes-Kinder vererbt. Ich wünsche nun auch Kinder zu erhalten, und sie müssen gute Baiern werden, denn sonst würde ich sie mir minder wünschen können. Der König, mein Vater, hat mich zum guten Baiern gebildet."[26]

Wie es scheint, hat sein bayerisches Volk seine Worte bis zum heutigen Tag nicht vergessen – nur etwas anders gedeutet ...

Von der Kunststadt zur Bierstadt

Ja, was würde er denn sagen, unser Ludwig, wenn er während der Oktoberfestzeit – so in den späten Abendstunden – plötzlich aus seinem Grab in der Basilika St. Bonifaz in München auferstehen würde und im gespenstisch fahlen Vollmondschein über die Hügel der Theresienwiese, rechts und links vor seiner Bavaria, majestätisch in seinen königlichen Gewändern dahin schritte? Und ratlos zwischen all den ächzenden, stöhnenden, schnarchenden und kotzenden Bierleichen stünde? An ein aufgegebenes Schlachtfeld, an einen verlorenen Krieg gegen die Franzosen würde er wohl zu allererst denken ... Doch schon schüttelt er seinen Kopf: Maßkrüge, Bier-und Schnapsflaschen und dazwischen schaurig schön und wohl geformte Frauenleiber, in atemberaubend offenherzigen Trachtengewändern. Voll düstrer Ahnung ließe er sich an den Marmortreppen unter seiner Bavaria nieder, blickte mit Entsetzen auf seine einstige Theresens-Wiese und wüsste: Sie feiern wieder einmal das Oktoberfest, sein Oktoberfest, immer und immer wieder ...

Was ist nur aus seinem Nationalfest geworden? Ein

Kapitell St. Bonifaz

Basilika St. Bonifaz

Gedenktafel St. Bonifaz

Hexensabbat, ein einziges Inferno, das sich da vor seinen Augen auftut! „Ich hätte niemals abdanken dürfen, niemals!“, flüstert er tonlos mit Geisterstimme. „Niemals!“

Aber eigentlich hatte es sich doch schon nach einiger Zeit abgezeichnet, in welche Richtung sich das Oktoberfest entwickelt. Ja, jetzt erinnert er sich auch wieder an die vielen anzüglichen Verse von damals:

„Was wälzt das Volk in dichten Massen
Hinaus sich durch die Sendlinger Strassen,
Und Städter, Dörfler, groß und klein
Was muss das für ein Spektakel sein.“[27]

Ja, eine Kunststadt wollte Ludwig I. einst aus München machen – zu einer Bierstadt ist sie nun herabgesunken ...

Was hatten seine Bayern da nur missverstanden?

Es war doch gerechtfertigt damals, dass das Königshaus dem Volk nach einem Jahrzehnt schwerer bayerischer Blutopfer auf allen Kriegsschauplätzen Europas ein wenig Abwechslung, Spaß und Lustbarkeit zukommen ließ! Ja, auch noch beim Oktoberfest von 1817 bestand doch die Aufgabe vor allem darin, „von der noch allenthalben spürbaren Not abzulenken.“[28]

Wegen der Befreiungskriege musste doch schon das Oktoberfest von 1813 wieder abgesagt werden. Und 1814 gab es auch nur eine „Rumpfveranstaltung“.

Das Pferderennen fand damals nicht statt, denn seine Majestät, der König – Ludwigs Vater – und er, der Kronprinz, mussten am Wiener Kongress teilnehmen. Dort wurde über die Neuordnung Europas nach dem Sturz Napoleons verhandelt und Weltgeschichte gemacht!

Doch endlich war Friede eingekehrt in Europa, und so feierte im Jahr 1815 erstmals wieder die gesamte königliche Familie unter lauten Jubelrufen des Volkes ihren Einzug auf der Theresienwiese. Ein Pferderennen gab es wieder und ein Preiswettrennen der Feiertagsschüler. Nur das seit 1811 eingeführte „Central-Landwirtschaftsfest“ geriet dabei etwas in den Hintergrund.

Doch schon brach ein neuer Schicksalsschlag über Bayern herein: Eine Hungersnot ohnegleichen, ausgelöst von einer Missernte mit unvorstellbar hohen Getreidepreisen!

„Bey solchen Zeitpunkten“, hatte damals der Münchner Wirt und Rennrichter Findl gesagt, „ist es die vorzüglichste Pflicht der Väter des Vaterlandes, alle Gelegenheit zu ergreifen, der ärmeren Volksklasse Arbeit und Nahrung zu verschaffen und das Volk

überhaupt mit abwechselnden Vergnügungen zu belustigen, damit es sich von seinem Trübsinn leichter erhole, und durch eine wechselseitige fröhliche Mittheilung seines Kummers ein wenig vergesse, um des andern Tages neu gestärkt wieder an seine Arbeit zu eilen."[29]

Eine Labsal für die geschundene Volksseele war das Oktoberfest in diesen Zeiten: „Arbeitsbeschaffung, Wohltätigkeit, Solidarisierung, Volksbelustigung, zum Ablenken von den schlechten Zeiten" – das war einst die Motivation, um das Oktoberfest mit zusätzlichen Neuerungen weiter zu bereichern.

Besonders beliebt war in den ersten Jahren ein Glückshafen und das von den Schützenvereinen eingeführte sogenannte Vogelschießen ... Doch als dem Münchner Wirt Anton Gruber die Konzession „zum Betreiben von Vergnügungseinrichtungen erteilt wurde, veränderte sich das Oktoberfest-Milieu grundsätzlich": Denn wenn ein Wirt die Initiative ergreift, dann tut sich was ... „Und so bewegten sich schon bald mehrere Schaukeln und das mit jungen Leuten besetzte Treibrad eines Karussells mit hölzernen Pferden schnurrte herum, sodass man dort alles in einer fortwährenden Bewegung und Lebendigkeit sah", wird verklärend berichtet.[30]

Und es tat sich noch einiges andere mehr: Ab dem Jahr 1818 betrieb Gruber, der ja schon seit 1816 eine Bretterbude mit Bierausschank hatte, auch noch eine Kegelbahn dort draußen auf der Sendlinger Anhöhe. Doch die Konkurrenz ließ nicht lange auf sich warten. „Im Laufe der Jahre", so heißt es „erlangten auch andere Wirte die Genehmigung, neben ihrer Bude eine Bretterbahn unter freiem Himmel aufzubauen." Und diese Wiesn-Wirte – voran Anton Gruber –, welche die „ersten Vergnügungsunternehmer auf dem Oktoberfest"[31] waren, dachten sich so manches aus, um ihre Gäste zu unterhalten. Schon bald ertönte Musik von überall her, man tanzte, feierte und

man ließ sich das Wiesn-Bier so richtig schmecken, manche Maß wurde geleert, die Stimmung stieg, und das Geld klimperte und floss in die Kassen der Wirte. Alle, Jung und Alt, hatten sie ihren Spaß. Das Bier tat seine Wirkung ...
Doch dem gestrengen Auge der Obrigkeit entgingen diese zunehmend „derb-lustigen Vergnügungen" keineswegs. Der Magistrat sah sich gezwungen, so manche Volksbelustigung, wie das abenteuerliche „Baumsteigen" zu unterbinden, mit der Begründung, dass diese Art „der Belustigungen mit der Würde des ganzen Festes" nicht zu vereinbaren wären.
Als sich dann später auf einer Kegelbahn aus einer Massenschlägerei ein regelrechter Tumult entwickelte, untersagte der Magistrat von nun an jegliche Einrichtung einer Kegelbahn auf der Wiesn.[32]
Ja, man griff durch damals! Da wurde nicht lange herumgefackelt. Was die Bayern aber nicht weiter bekümmerte. Man war sich sicher: Irgendwann würden auch die Hohen Herren begreifen, dass eine Schlägerei auf der Wiesn diesem königlichen Fest nichts, aber überhaupt nichts von seiner Würde nahm. Irgendwann, das ahnte man, würde man begreifen, dass so eine Schlägerei eine ernstzunehmende Kraftprobe unter echten Mannsbildern ist, die für einen Urbayern nicht den Verlust seiner Würde bedeutet – sondern im Gegenteil – sie ist und bleibt die Krönung seiner Männlichkeit ...
Doch die Obrigkeit blieb wachsam. Noch war Bayern ein Königreich! Noch herrschte Zucht und Ordnung ...

1824 soll es bereits den sogenannten Wirtsbudenring mit 31 Bierwirten und Brauern gegeben haben. Während in den ersten Jahren des Oktoberfestes das Bier in „einfach gezimmerten Bretterbuden" ausgeschenkt wurde und die Besucher vor diesen Buden im Freien saßen, wurden in den zwanziger Jahren die Buden bereits deutlich vergrößert und „boten so den Festbesuchern auch Plätze im Innern".[33] Doch um das Ganze im Griff zu behalten, wurde im Jahr 1825 nun die Anzahl der Bierbuden streng geregelt: „Zugelassen waren nunmehr 18 Münchner Bierwirte aus München auf der Theresienwiese. Auf der Sendlinger Anhöhe durften zusätzlich vier Wirte aus dem Gebiet des Landgerichts München ihr Bier ausschenken."[34] Besonderer Beliebtheit erfreute sich nun das Tölzer Bier, das mit den Flößen auf der Isar direkt nach München transportiert werden konnte.
Dass es beim Biertrinken ganz am Anfang eher noch recht „gelassen und ruhig" zugegangen ist, erfahren wir aus folgendem Zitat:
„Tausende spazieren auf und ab, während andere Tausende sitzend essen und trinken. Ausgelassenheit wird nicht bemerkt, aber die Menschen lassen sich's wohl sein und gut schmecken. Erfreulich ist es, dass die arbeitende ärmere Klasse der Gesellschaft, die anderwärts nur draußen steht und neidisch und begehrlich zusieht, hier mitgenießen kann."[35]
Ausgelassenheit wurde nicht bemerkt! Ein bemerkenswerter Ausspruch, unvorstellbar, nicht nachvollziehbar! Eher besorgniserregend ...

Ludwig I. besteigt den Thron

Portrait von Ludwig I.

In der Nacht vom 12. auf den 13. Oktober 1825 verschied König Max I. Joseph – urplötzlich – in Schloss Nymphenburg, an seinem Namenstag und kurz nach seiner letzten glanzvollen Teilnahme auf dem Oktoberfest. Kronprinz Ludwig I. besteigt den Thron. Am 19. Oktober 1825 spricht er die Eidesformel und ist nun mit 39 Jahren König von Bayern. Und einen Tag später, am 20.10.1825, ordnet er an, dass nun der Name Baiern nicht mehr, wie bisher mit einem „i" sondern mit einem „y" zu schreiben sei! Seine erste Amtshandlung als König! Das griechische Ypsilon hatte es ihm angetan; er wollte sie kultivieren, seine bierseligen Bayern ...[36]

Verzweifelter Löschversuch mit Bier

Dass sie aber gar nicht so unkultiviert waren, seine Münchner, das hatten sie am 14. Januar 1823 bewiesen, als das Neue Kgl. Hof- und Nationaltheater Feuer fing und abzubrennen drohte. Da das Löschwasser an diesem eiskalten Winterabend eingefroren war, rannten sie, so schnell sie konnten, in die nächstgelegene Brauerei und schleppten in ihrer Verzweiflung Bier heran „das sie freilich ohne großen Erfolg in die Flammen gossen".[37] Sie hätten alles gegeben, seine Münchner, sogar ihr heiliges Bier, um diesen zu seiner Zeit bedeutendsten und größten modernen Theaterbau zu retten ...

Er hatte es vermutlich seinen Münchnern nie vergessen, wie sie sich damals eingesetzt hatten und dankte es ihnen mit den schönsten antiken Baulichkeiten: Das Nationaltheater ließ er wieder aufbauen, die Münchner Universität entstand, der Königsplatz wurde zu einem Stück Griechenland, die Pinakotheken entstanden, die prachtvolle Ludwigstraße mit dem Siegestor und so vieles andere mehr. Alles schenkte er ihnen ... er konnte nicht anders ...

Doch sein schönstes Geschenk an die Münchner blieb bis heute das Oktoberfest.

Glanzvoll wurde dann auch das Oktoberfest von 1826. Vom Jahr 1827 soll nach den Berichten der Chronik eine noch „nie gesehene" Anzahl Fremder aus dem In- und auch aus dem Ausland hingeströmt sein.[38] Die Theresienwiese war zu einem Pilgerort geworden, einem Magnet, der sie alle anzog.

Nationaltheater München

Zweimal, so wird berichtet, ist Ludwig I. doch tatsächlich während des Oktoberfestes sozusagen über seinen königlichen Schatten gesprungen. Hat Krone und Zepter beiseite gelegt und ist – allen Gepflogenheiten zum Trotz – völlig überraschend, ganz alleine, ohne Begleitung, ohne Leibwachter, zu Fuß auf sein Oktoberfest hinausmarschiert. Und „als er bei seinem Rundgang zur Schießstätte kam, eilten alle Schützen herbei und feuerten ihre Gewehre ab. Das Vivat-Rufen wollte kein Ende nehmen ...", heißt es.[39] Das soll im Jahre 1839 stattgefunden haben, man hat es nie mehr vergessen. Doch schon im Jahr 1830 hatte er sich „in noch nie da gewesener Weise unters Volk gemischt und zog alle Schichten ins Gespräch ..." Und seine Majestät, der König, „sey nie so gerne in München gewesen als eben jetzt ..."

„Doch die Beschreibung der üblichen Jubelszenen kann nicht darüber hinwegtäuschen, dass auch die Dynastie Wittelsbach Propaganda nötig hatte" und dafür auch immerzu bereit war, nach theatralischen Effekten zu heischen: Und als der Himmel sich plötzlich aufgeheitert hatte, blickte der König mit ungezwungener Freude in die Wolken und sprach: „Wie schön der Himmel! Hellblau – unsere Farbe – die Farbe der Treue!"[40] Große Worte, die ihre Wirkung damals nicht verfehlt hatten.

Das Bier erobert das Oktoberfest

Das Oktoberfest war anfangs untrennbar mit dem bayerischen Königshaus verknüpft – verzücktes Jubeln, ekstatische Huldigungsrufe lagen bei Anwesenheit der Monarchen förmlich greifbar über der Theresienwiese. Euphorisiert schwangen die Männer auch in den hintersten Zuschauerreihen ihre schwarzen Zylinderhüte beim Einzug der königlichen Familie – untermalt von den verzückten Be-

geisterungsrufen ihrer weiblichen Begleiterinnen – allesamt vereint von „ächtem Nationalsinn und wahrer Anhänglichkeit an König und Vaterland“.[41]
Doch die Zeit veränderte die Menschen und diese gaben dem Oktoberfest seine eigene Dynamik.
War es nur das Bier allein, dieser geheimnisvolle goldglänzende Sud mit seiner majestätischen Schaumkrone, dass das Oktoberfest schon bald zu einer heimlichen Liebe aller wurde? Dass es eine zunehmende Faszination ausübte, die weit über das normale Maß hinausging? Oder waren es doch auch die vielen kleinen anderen Sinnesfreuden, die sich so – peu à peu – dazugesellten?

Der Maßkrug – ein Symbol für München?

Dass der Maßkrug heutzutage tatsächlich zum Symbol für das Oktoberfest geworden ist, ist unbestritten. Auf allen Panorama-Ansichten vom Oktoberfest ragen die zwei Türme vom Paulaner- und vom Löwenbräuzelt mit ihren riesigen Maßkrügen weit in den weißblauen Himmel hinein. Keine Wiesn-Postkarte, kein Plakat dort ohne den Maßkrug. Der Maßkrug gehört zur Wiesn wie das Kreuz zur Kirche! Und der Maßkrug scheint dort auch der Schlüssel zum Glück zu sein. Die Psychologin Brigitte Veiz sieht in ihm das „Kontaktinstrument auf dem Oktoberfest schlechthin“: „Hat man einen Maßkrug in der Hand, kommt man sofort in Kontakt mit den Leuten am eigenen und auch an den anderen Tischen. Unmittelbar oder spätestens beim nächsten ‚Prosit der Gemütlichkeit‘ wird einem zugeprostet und mit den Krügen angestoßen. Leute, die man nicht kennt, beugen sich herüber, ihre Maß zum Anstoßen anzubieten. Trinkt man seine Maß im Stehen, was eigentlich in den Festzelten nicht erlaubt ist, kommt man noch schneller in Kontakt. Die Leute, die vorbeigehen, stoßen spontan mit einem an, sagen ‚Prost‘ oder ‚Grüaß di‘ und duzen einen sofort, bleiben kurz stehen, machen Scherze,

Löwenbräuturm

Paulanerturm

reden ein bisschen, gehen dann weiter oder bleiben auch den ganzen Abend.“

Das Anstoßen mit den Maßkrügen ist, so gesehen, eine Form „ritueller Kommunikation“, analysiert die versierte Psychologin. „Man versucht Kontakt herzustellen und alle Anwesenden in das gemeinsame Trinken mit einzubeziehen ...“

Die Bedeutung eines Maßkrugs auf der Wiesn fällt einem erst dann auf, wenn man nichts trinkt und keinen Maßkrug in der Hand hat! Man erntet bedauernde oder verständnislose Blicke und wird immer wieder mit dem aufmunternden Satz: „Stoß halt auch mit an“ eingeladen, von anderen Maßkrügen mitzutrinken und, mit dem Leihkrug in der Hand, den Leuten am Tisch zuzuprosten. Dies ist eine Art spontanes verbindendes Ritual. Oft wird mit den Krügen im Takt auf den Tisch getrommelt und immer wieder heftig in der Gruppe angestoßen. Damit man teilhaben kann, wird man immer wieder aufgefordert von anderen Krügen mitzutrinken ...

„Es geht hierbei um eine ‚Kommunion‘, eine gemeinsame Teilnahme am Fest, die sich auf der Wiesn vor allem im gemeinsamen Trinken manifestiert. Hat man keinen Maßkrug, so tut man gut daran, sich einen zu besorgen ... zur Not schnappt man sich einen leeren Maßkrug vom Tisch und prostet einfach mit. Erfahrungsgemäß bleibt der Krug nicht lange leer – mitfühlende Tischgenossen sind schnell bereit, etwas von ihrem Bier abzugeben und schon ist man mittendrin und kann mitmachen beim tischübergreifenden Krügeanstoßen und dem Kollektiven ‚oans, zwoa, g'suffa‘.“[42]

Irgendwie verständlich, dass man den Maßkrug am späten Abend da gar nicht mehr hergeben will. Kein Wunder, wenn jedes Jahr Tausende vonBierkrügen so heimlich still und leise verschwinden ...

Dass der große Dichter Friedrich Hebbel nicht, aber auch nicht die geringste Ahnung von psychologischen Zusammenhängen, von Verlangen und Begierden, von Freude und Genuss, von den ozeanischen Gefühlen auf dem Oktoberfest hatte, von der Entformalisierung und der Enttabuisierung, das beweist er mit folgenden Worten, die im Jahr 1840 aus seiner respektlosen Feder flossen:

„Der Bierkrug aber ist der Feind des Genies; er rundet die Bäuche, treibt die Gesichter bis zum Zerspringen auseinander, und röthet die Nase; dagegen erstickt er den Geist ... Ich kann mich des Gedankens nicht erwehren, dass die ganz unläugbare Armuth Baierns an Männern, die Kunst und Wissenschaft bedeutend fördern, und manche frostige Erscheinung mit dem Biertrinken zusammenhängt.“

Gott hab ihn trotzdem selig, diesen Friedrich Hebbel, den Schöpfer der großen Dramen und Tragödien! Vielleicht hat ihm an der Himmelspforte der Erzengel Michael zur Begrüßung gleich einen Maßkrug auf den Schädel geschlagen – als Strafe ... Verdient hätte er es sich!

Biergenuss von Amts wegen

Bier getrunken wurde in München ja schon seit „ewigen“ Zeiten und auf dem Oktoberfest – allerdings mit Bedacht – seit dem Jahre 1816. Doch immerzu unter dem wachsamen Auge und dem erhobenen Zeigefinger der Obrigkeit! Und genau darin scheint der Unterschied von einst und heute zu liegen. Die obersten Instanzen scheinen heutzutage dem Saufen auf der Wiesn ja geradezu Vorschub zu leisten: Jeder Politiker, der was auf sich hält, lässt sich in einem Bierzelt ablichten – einen voll gefüllten Maßkrug in die Kamera haltend. Biertrinken, Saufen ist ein „Muss" geworden, ein Image-Status …

Eine gängige Floskel eines jeden ordentlichen bayerischen Politikers beim Wiesn-Einzug ist, dass er schon am frühen Vormittag einen Riesendurst hat. Der Durst auf Bier macht ihn automatisch zum Sympathie-Träger der Nation! Glaubt er …

Unvorstellbar, dass sich einst unser König Ludwig einen Schurz umgebunden und seine Hemdsärmel hoch gekrempelt hätte und mit 2 oder 3 deftigen Schlägen „O'zapft is" triumphierend in die Menge gebrüllt hätte! Man ist eben volksnah geworden … Volksnah mittels eines vollen Maßkruges. Da braucht man sich nicht zu wundern, wenn nun Tausende von Menschen allabendlich in jedem Bierzelt stundenlang auf den Bänken stehen, stampfen, singen und plärren und saufen, was das Zeug nur hergibt. Und das mit dem Segen und unter den wohlwollenden Blicken der Obrigkeit. Denn die hocken ja – zwar etwas abgesondert in ihren Boxen – mittendrin in diesem Hexenkessel. Kein reglementierendes Wort je über diesen Exzess, diesen Sündenpfuhl!

Das hat man damals im Jahr 1928 noch ganz anders gesehen: „Bierzelte sind riesengroß und erschreckend" – heißt es da – „in einem einzigen haben vier- bis fünftausend Menschen auf einmal Platz – man kann kaum atmen oder sich rühren. Eine bayerische Blaskapelle von vierzig Mann vollführt einen fürchterlichen Lärm. Der Lärm ist einfach phantastisch, die Luft ist zum Schneiden – und in diesen Lokalen entdeckt man das Herz Deutschlands, nicht das Herz seiner Dichter und Denker, sondern sein wahres Herz, das weiter nichts ist als ein ungeheuerer Bauch.

Sie essen, trinken und atmen sich in einen Zustand tierischen Stumpfsinns hinein, das ganze Lokal wird zu einer heulenden brüllenden Bestie."[43] Das kann nur einer geschrieben haben, der nicht die geringste Ahnung von der wahren Seele eines Bayern hat. Von seiner einzigartigen Begabung, so hin und wieder auf die Stimme seines Innern zu hören, auf die verdrängten Urtriebe, in denen noch die Kraft der Schöpfung tobt, um diese Urkraft hervorzuholen aus dem Staub und Schutt der Zivilisation. Das kann wieder mal nur einer geschrieben haben, der dachte, der Mensch wächst allein an dem Wissen der Philosophen, Dichter und Denker …

Wie humorvoll, ja geradezu weise klingen da die Zeilen von Herbert Schneider ein halbes Jahrhundert später: „ … Manchmal kommt es einem vor, als sei die Wiesn hauptsächlich eine Zusammenrottung von Barbaren. Die Menschheit kann eben nicht ständig bloß in jene gloriose Zukunft blicken, in der sie in Bungalows am Mars wohnt … sie braucht von Zeit zu Zeit eine Rückbesinnung auf die Vergangenheit bis hin zur Stein(krug)zeit. Und wenn die Musik den Nahkampfwalzer ‚Auf und nieder, immer wieder' ins entfesselte Volk schmettert und wenn man jetzt vom Innenbalkon hinunterschaut, sieht man die Sexwelle, dargestellt von ein paar tausend Bierseligen, leibhaftig durch das Zelt branden. Und dann stehen sie auf den Tischen, stampfen die abgenagten Knochen nieder und besingen die Liebe im Hafen, die Waldesl-u-u-ust, die Reeperbahn nachts um halb eins, den wunderschönen deutschen Rhein, aber auch das

Polenmädchen und die Pest an Bord vor Madagaskar. Im Eck hinten wird gerauft, die Ordner stürzen herbei, rammen die Streithansl'n, reißen sie auseinander, werfen sie hinaus. Und alles jubelt, alles lacht! Hier wird fehlendes Alltagsglück nachgeliefert, ein Prosit der Gemütlichkeit, oans, zwoa, dreitausend bsuffa! Vielleicht braucht man das manchmal. Vielleicht ist das Oktoberfest in Wahrheit ein riesiges Ventil, eine Art seelisches Bad Wörishofen, mit kalten Biergüssen und warmen Hendlanwendungen. Wenn auch die Krankenkassen nicht dazuzahlen."[44]

Von der Bierbude zum Festzelt

Doch nun wieder zurück zur Historie – zu den Wurzeln unseres Oktoberfestes. Dabei stoßen wir auf zwei klangvolle Namen – allen Wiesn-Besuchern, die was auf sich halten, ein Begriff: Michael Schottenhamel und Georg Lang. Zwei Revolutionäre auf ihrem Gebiet, die mit visionärem Blick und einer gehörigen Portion Unternehmergeist ein neues Zeitalter auf dem Oktoberfest einläuteten.

Michael Schottenhamel, geboren in der Oberpfalz, gelernter Schreiner, kam 1866 nach München, heiratete die Köchin Rosalie Daller und erklomm eine atemberaubend steile Karriereleiter, zuerst als Gastronom und schließlich dann als Festwirt auf der Wiesn. Er ist der Begründer der mittlerweile 5 Generationen umfassenden Schottenhamel-Dynastie, der ältesten „Wirtshausfamilie auf der Wiesn".

Schottenhamel wurde bald so beliebt, dass man ihm zu Ehren den ältesten bekannten Souvenir-Bierkrug schuf, ein Pracht-Exemplar aus dem Jahr 1885, aus Porzellan, 27 cm hoch, auf dem die historische Entwicklung der Schottenhamel-Bierbude dargestellt ist.

Schon im Jahr 1867 hatte er hinter dem Königszelt, unterhalb der Bavaria, eine Bretterbude errichtet, die 50 Gästen Platz bot. Auf in den Boden gerammten

Holzpfosten saßen dort die Münchner, „die Bierkrüge wurden in einem eigens dafür ausgehobenen Brunnen gewaschen!“[45]

„Großer Rammel – Schottenhamel, Haringsgstank – Etzt no krank!“, lautete einst das scherzhaft satirische Strophenlied eines bekannten Münchner Volkssängers.[46]

Berühmt wurde Schottenhamel im Jahr 1872: „Not macht erfinderisch“, heißt es doch so schön in einem Sprichwort. Und genau das traf nun im Sommer 1872 auf Schottenhamel zu: Es muss ein ziemlich beklemmendes Gefühl für ihn gewesen sein, als er bemerkte, dass der Vorrat an Lagerbier – so kurz vor dem Oktoberfest – ausgegangen war. Wie er sich nun aus dieser Notlage mit viel Geschick und Raffinesse herausrettete, das wurde zur Anekdote.

Schottenhamel – „ein Pionier in Sachen Bier“

In einer Gedenkschrift von 1907 ist diese amüsante Anekdote veröffentlicht worden:

„Der Sommer 1872 war ungewöhnlich heiß gewesen, sodass der Vorrat an Lagerbier zu Ende ging. Für den Wiesnausschank neues Winter-Bier zu nehmen, wagte Schottenhamel nicht, dazu kannte er die Münchner zu gut; lieber wollte er Sommerbier von einer anderen Brauerei verzapfen; er wurde in dieser Sache bei seinem Bräuer, dem damaligen Besitzer der Franziskaner-Leistbrauerei vorstellig. Der meinte: ‚Ich wüsste Ihnen schon einen Rat: mein Gaberl (damit meinte er Gabriel Sedlmayr) hat versuchsweise Bier nach Wiener Art gebraut. Wenn Ihnen das recht ist, dann können Sie's hab'n. Aber unter neun Kreuzer kann ich's Ihnen nicht überlassen; es ist mit 18 Prozent eing'sotten.‘

‚Ja, wer trinkt Ihnen denn in München so ein teuer's Bier?‘

‚Da ist mir net Angst; wann d'Münchner was richtig's kriag'n, na schaug'n sie's Geld net o!‘

Der ebenfalls anwesende Bräumeister meinte: ‚Nehmt's halt amal a paar Faßl mit und probiert's es.‘

So wurde es dann auch beschlossen.

Aber die Sache hatte auch noch einen anderen Haken, nämlich den, dass die hochlöbliche Polizei einen Bierkrawall befürchtete. Schottenhamel musste seine ganze Beredsamkeit aufbieten, um diese Bedenken zu zerstreuen und erhielt die Erlaubnis zum Ausschank des 12-Kreuzer-Bieres, aber nur unter dem ausdrücklichen Hinweis, dass man ihn für alle Folgen verantwortlich mache …“[47] Schottenhamel zog die Sache mit Bravour durch …

Dieses Bier wurde, da es von der Franziskaner-Leistbrauerei bereits im Monat März nach der Wiener Art gebraut wurde, als „Märzen“ bezeichnet. Das mit 18 Prozent Stammwürze stärkere, neue, helle Bier wurde unter dem alten Namen „Märzenbier“ ausgeschenkt und von da ab zum klassischen Oktoberfestbier.

Dass mit diesem neuen Bier nun ein ganz anderer alkoholgeschwängerter Wind über die Wiesn wehte, kann man sich gut vorstellen.

„Das neue Bier war zwar teurer, aber dafür wurde man schneller betrunken – ein Vorteil, den bald alle einsahen“, resümiert Wolfgang Görl. Ja, die Sitten wurden etwas lockerer, die Ausgelassenheit nahm deutlich zu, und natürlich auch die üblichen Raufereien. Trotzdem ist es seit damals deutlich lustiger geworden auf dem Oktoberfest.

Wenn man nun aber glaubt, dass Bayern in diesen Jahren in einem einzigen Glückstaumel schwelgte, irrt man: 1866 und 1870 war man wiederum in Kriege verwickelt, sodass „überhaupt gar keine Oktoberfeste stattfanden. Und im Jahr 1873 wütete zur Abwechslung in München eine Choleraepidemie, die die Durchführung des Festes unmöglich machte.“[48]

Doch man ließ sich nicht unterkriegen. Seit dem Jahr 1864 war nun Ludwig II. nach dem Tod seines Vaters Maximilians II. Bayerns neuer König. Als er

König Ludwig II.

sich dann im Jahr 1864 auf dem Oktoberfest dem bayerischen Volk zeigte, kamen an die 100 000 Besucher, um ihm zuzujubeln. Doch seine große Menschenscheu ließ ihn immer mehr fernbleiben – der Trubel, die Menschenmassen – das alles muss für diesen romantischen Einsamkeitsfanatiker eine einzige Seelenqual gewesen sein. Immer wieder sagte er ab. Nur ganze fünfmal zeigte er sich in seiner Regierungszeit von 1864 bis 1886 auf dem Oktoberfest. Das Königszelt stand wie immer an seinem Platz, der König ließ sich von seinem Staatsminister des Innern vertreten. Man vermisste den König, den Glanz der Monarchie, gerade an diesem geschichtsträchtigen Ort. Doch nichts – kein Krieg, keine Krankheitsepidemie und keine Enttäuschung über das Fernbleiben des Monarchen konnte die Münchner daran hindern, ihre Freude an der Wiesn zu bewahren.

Und auch Schottenhamel gab seine Vision von einer neuen Oktoberfest-Ära nicht auf: Er hatte einen Traum: „Eine riesige Festhalle für 1500 Gäste!

Im Jahr 1896 errichtete Schottenhamel nun die erste sogenannte Bierhalle, „womit die Ära der Bierhallen großen Stils“[49] eingeleitet wurde.

„Die Schottenhamel-Festhalle von 1896 gewährte Platz für 1500 Gäste. Sie geht auf einen Entwurf des Architekten Gabriel von Seidl zurück. Die Bierhalle entsprach der zeitgenössischen Villenarchitektur.“[50] Sie war mit modernsten Biergartenmöbeln ausgestattet – mit klappbaren Stühlen und runden Eisentischen. Die Wand- und Deckendekoration bestand aus Blatt- und Tannengrün, Hirschgeweihen und Schützenscheiben. Schottenhamel sah sich als „Schützenwirt“. Unvorstellbar! Statt einer Bretterbude stand da nun ein architektonisches Kunstwerk in historisierendem Stil mit einem Turm, der sich über der Wiesn so richtig breit machte. Und das Ganze von einem Architekten erster Klasse, der doch tatsächlich das Münchner Nationalmuseum geschaffen hat! „Wenn schon, denn schon ...“, hat er sich vermutlich gedacht, der Schottenhamel.

Und Schottenhamel warb nun kräftig in der Oktoberfest-Zeitung für den Besuch seines neuen Festzeltes:

Ich beehre mich ergebenst bekannt zu geben, daß ich auf dem diesjährigen Oktoberfest die neu errichtete, künstlerisch ausgeführte große Schützen-Wirthschaft übernommen habe und daselbst das allgemein als vorzüglich bekannte Franziskaner-Leistbräu Märzenbier zum Ausschank bringen werde ...

Für gute Küche, insbesonders für ausgezeichnete Schweinswürstl und am Spieß gebratene Hühner wird ebenfalls bestens Sorge getragen, von 6 Uhr abends an auch für delikate Spanferkel.

Indem ich das verehrliche Publikum sowie meine werthen Stammgäste bitte, mich auch heuer mit recht zahlreichem Besuche zu beehren, zeichne ich

Hochachtungsvoll
Mich. Schottenhamel

Ein dreifaches Hoch auf Schottenhamel

Heutzutage passen in die „Schottenhamel-Bierkampf-Arena“ 6000 Leute, zählt man die Freiluftplätze dazu, sind es gar 10 000. In seinem Zelt hält sich die „Jeneusse dorée der CSU zur Wiesn-Zeit besonders gerne auf, die Burschen in Designer-Lederhosen, die jungen Damen im Nahkampfdirndl aus der Edelboutique."[51] Aber da gibt es noch etwas, das die ganze Welt einmal im Jahr in Atem hält: Der Wiesn-Anstich im Schottenhamelzelt, pünktlich um der Oberbürgermeister dann triumphierend sein ,O'zapft is' ruft, wenn Böllerschüsse durch die Stadt hallen und die Blaskapelle den bayerischen Defiliermarsch exekutiert, dann sind – so sagt Peter Schot-

Festzelt Schottenhamel

12 Uhr am ersten Wiesn-Samstag, ausgestrahlt über Satellit bis ins hinterste China, ins tiefste Afrika und weit nach Grönland hinein.

Im Jahr 1950 erstmals vom Münchner Oberbürgermeister Thomas Wimmer zelebriert und seither ein unentrinnbarer gefürchteter Prüfstein für alle folgenden amtierenden Oberbürgermeister. Und wenn der Zapfhahn endlich an der richtigen Stelle sitzt und drin ist, da unten im prall gefüllten Bauch des Bierfasses und der geile Schaum in den Maßkrug rausrinnt – so wie es sein soll – dann atmet alle Welt tief durch: Es ist vollbracht! O'zapft is!

Das „Habemus papam", das nach einer spannungsgeladenen tagelangen Papstwahl aus dem Vatikan verkündet wird, ist nichts dagegen ...

Wenn dann der Ministerpräsident traditionsgemäß seine erste Maß bekommt und er seinen ersten tiefen Zug tut, dann geht ein Raunen durch ganz Bayern, dann avanciert er zum bayerischen Nationalhelden! Zum Vortrinker der Nation könnte man auch sagen – doch das trifft die Sache nicht, denn die Andacht und die Ehrfurcht, die die Bayern ihrem Landesvater bei dieser magischen Handlung entgegenbringen, kommt der gleich, die man einst einem Helden wie dem Schmied von Kochel entgegenbrachte ... „Wenn tenhamel – 80 Prozent der Arbeit getan. Was noch folgt, ist der ganz normale Wahnsinn, der Oktoberfest heißt und 16 Tage dauert ..."[52]

Und nun zu allerletzt eine Ode, eine Hymne auf Michael Schottenhamel, dargebracht von Wolfgang Görl, in besinnlichen Gedanken, zum Portrait des Wiesn-Wirts schlechthin:

„In der Rangliste der wichtigsten Persönlichkeiten stehen die Wiesnwirte auf einer Stufe mit dem Oberbürgermeister, dem Erzbischof und dem Generalmusikdirektor ... Der Wiesnwirt als solcher gehört in München zur gastronomischen Hocharistokratie, die ihren Ruhm weniger der Kochkunst verdankt als dem Talent, sechs- bis siebentausend zusammengepferchten Gästen, eingenebelt in Bier- und sonstigen Dunst sowie mit dröhnender Frohsinnsmusik beschallt, das Gefühl zu geben, sie seien am Gipfel der Gemütlichkeit ..."[53]

Dr. Gabriele Weißhäupl, die Königin aller Fremdenverkehrsdirektorinnen, die erfolgreiche Wiesnchefin, soll in tiefer Ehrfurcht einmal jenen denkwürdigen Satz gesprochen haben: „Es ist die Krönung einer Wirtshauskarriere in München, wenn man sich den Lorbeer des Wiesn-Wirts umhängen kann ..."

Diesen Lorbeer, diesen Eichenkranz, den schon die

Bavaria weit ins Land hineinhält, spenden wir nun Michael Schottenhamel und heben unsere Maßkrüge in wahrer Dankbarkeit auf diesen „Pionier in Sachen Bier".

„Oans, zwoa ... g'suffa"

Dem legendären Schlitzohr Georg Lang, auch „Krokodilwirth" genannt, gelang es mit pfiffigem Erfindergeist und einer gehörigen Portion „Schneid" – nach einigem Hin und Her – das erste Riesen-Bierzelt samt Blasmusik-Beschallung auf die Beine zu stellen. Dies war die Geburtsstunde des ersten Wahnsinns-Massen-Wiesn-Zeltes, einer Bierhalle einer neuer Wiesn-Ära für 6000 Personen! Und mitten drin, und das war das absolute Novum, eine eigene Blasmusikkapelle von 30 Mann, die „Original Oberlandler" in krachlederner Miesbacher Tracht!

Doch um die Zulassung für dieses gigantische Projekt zu erhalten, musste er erst mal einige Klauseln geschickt umschiffen:

Georg Lang war kein Münchner!

Er war der Wirt des Gasthauses „Krokodil" in Nürnberg und zudem häufig auf Volksfesten in ganz Bayern vertreten.

„Die Plätze für die Wirtsbuden auf dem Oktoberfest wurden derzeit jährlich neu an den Meistbietenden öffentlich versteigert."[54] „Wozu" – so heißt es in einer Bekanntmachung des Magistrats vom Juli 1897 – „die in München gewerbsberechtigten Inhaber von Schankwirtschaften hiermit eingeladen werden" ... Eine Einladung – eindeutig an Münchner Schankwirte! Was den „Nürnbergerwirt" aber nicht weiter bekümmerte.

Er heuerte sich fünf Strohmänner an und ließ sich von diesen ein Riesenareal zusammensteigern – um dann genau dort anstelle der ehemaligen fünf Budenplätze seine erste bayerische Bierhalle aufzustellen.[55]

Eigenartigerweise nahm die Stadt das hin – man schritt nicht dagegen ein. Man weiß, dass die Konkurrenz aus Neid auf seine Riesenhalle damals beschlossen hatte, gegen ihn „Klage beim Magistrat einzureichen – doch über deren Ausgang ist in der Chronik nichts vermerkt."[56]

„Seit dem Erwerb der Wiesn als Gemeindebesitz konnte die Stadt eigene Regelungen für die Zulassung der Bierwirte festlegen"[57] – und damit waren den Plänen Langs Tür und Tor geöffnet.

Und er erfüllte sich nun seine Träume:

Als erster Wiesnwirt präsentierte er eine eigene Blaskapelle auf einem Podium genau in der Mitte des Zeltes, ließ 50 000 Liederbücher mit den neuesten Melodien drucken und verteilte sie gratis zum Mitsingen an all seine Gäste. Was die Stimmung gewaltig anheizte und somit auch den Bierkonsum. Und damit das Ganze auch perfekt ohne Zwischenfälle ablief, wurde die jeweilige Liednummer immer rechtzeitig auf einer Tafel auf dem Musikpodium angezeigt.

Langs Plan ging auf. Der Ohrwurm „Ein Prosit der Gemütlichkeit" wogte nun durch seine Halle und wurde zum unausrottbaren Evergreen. Aber auch Volkslieder, Walzermelodien und Märsche schmetterten auf die bierseligen Münchner herab und alle sangen aus vollem Halse mit.

Aber das war der Stimmungskanone Lang noch lange nicht genug: Er ließ nun auch Stöcke zum Takt schlagen verteilen und das ganze Zelt bebte und dröhnte im Rhythmus eines „dionysischen Glücksrausches". Man ließ sich tragen von dieser Glückswelle, ein Song reihte sich an den anderen. Schlager, Schunkellieder und Trinklieder reihten sich aneinander. Lieder wie „Trink ma noch a Flascherl Wein" wurden nun zunehmend beliebter und das süffige Bier floss wie Gold durch die Kehlen aller ...

Aber da gab es auch Kritiker, die mit spitzer Feder und böser Zunge heftig Kritik an diesem Sittenverfall übten: „Ein recht geschmackloser Münchner Trinkgesang hat sich in den letzten fünf Jahren auch auf dem Lande eingebürgert", empörte sich Georg Queri, der auch das Buch „Urbayrisch" herausgegeben hat. „Der Wiesnwirt Georg Lang hat", so zetert Queri weiter, „wie manch andere Geschmacklosigkeit diesen Trinkgesang" – und damit meint er das ‚Prosit der Gemütlichkeit' – „in seiner hauptsächlich von Landsleuten besuchten Riesenhalle auf dem Oktoberfest eingeführt und offensichtlich damit Anklang gefunden. Die Burschen wenigstens brachten den in seiner letzten Zeile zu brüllenden Spruch – ‚Oans, zwoa, g'suffa' – freudig heim und pflegten ihn eifrig, sodass er unausrottbar erscheint." Soweit Georg Queri.

Dass ausgerechnet ein Sachse namens Bernhard Dittrich aus Chemnitz diesen „Schaudergesang", diesen „musikalischen Greuel", erfunden hatte, störte keinen ... Ebenso wenig, wie die Tatsache, dass das später entstandene „In München steht ein Hofbräuhaus – oans, zwoa, g'suffa" eine preußische Erfindung war und nicht in München, sondern in Berlin geschrieben wurde.

Immer mehr wurde nun nach Herzenslust gesungen und getrunken und der Bierkonsum stieg zur Freude des Wiesnwirtes kräftig an ...

Man stand an der Schwelle zum endgültigen kulturellen Untergang – glaubte so mancher. Und so wurden nun tatsächlich bald die zum „Trinken aneifernden Musikstücke" – wie es so schön heißt – verboten. Auch, und vor allem, das bis heute weltberühmte

„Oans, zwoa, g'suffa". Allerdings ohne den geringsten Erfolg! Die Stimme des Volkes entschied über die Zukunft des Oktoberfestes!

Ja, schon im Jahr 1871, als Schottenhamel sein neues Märzenbier ausgeschenkt hatte, hatte man heftigst Kritik geübt an den Zuständen, die da auf dem Oktoberfest herrschten.

Aber so schlimm stand es doch gar nicht um die Münchner! Es gab ja auch gesittete Musikstunden auf der Wiesn, so an den Nachmittagen mit klassischer Konzertunterhaltung: „Operettenmelodien, Konzertwalzer und Ouvertüren wie ‚Dichter und Bauer' wurden da gespielt. Dies war übrigens in den Zelten noch bis in die 80er Jahre des 20. Jahrhunderts zu hören."[58]

25-jähriges Gründungsfest der Graf Radetzky Musikkapelle 1908

Dass der „Bayerische Defiliermarsch" der beliebteste Marsch von Anfang an war und geradezu als Pflichtstück galt – dafür brauchte man sich nicht zu schämen. Hatte doch König Ludwig II. sogar höchstpersönlich entschieden, diesen Marsch, der 1850 vom königlich-bayerischen Musikmeister Jacob Scherzer komponiert wurde, zum „Bayerischen Avancier- und Defiliermarsch" zu erheben.

„Unter seinem heutigen Titel – ‚Bayerischer Defiliermarsch' – ist dieser Marsch zum unverwechselbaren musikalischen Symbol des Freistaats Bayern geworden, er wird nach der ‚Bayernhymne' bisweilen als heimliche Nationalhymne bezeichnet und gehört zum Standardrepertoire vieler in- und ausländischer Blasorchester. Liebevoll von den Musikanten auch ‚Scherzer' genannt, ist er heutzutage der Auftrittsmarsch des bayerischen Ministerpräsidenten, wird aber auch allgemein beim Auftritt politischer Prominenz und zu besonderen staatlichen Ereignissen gespielt."[59]

Der „Radetzky-Marsch", der „Deutschmeister Regimentsmarsch" und der „Erzherzog-Albrecht-Marsch" wurden seit dem Ende des 19. Jahrhunderts zu regelrechten Wiesn-Hits ...

Bierburg um Bierburg wächst heran

Die Seiten des Geschichtsbuches lassen sich nicht mehr zurückblättern – Lang hatte eine neue Ära der Bierzelte des ganz großen Stils eröffnet. Und „damit war aber auch ein Wechsel in der Trägerschicht eingeleitet, denn diese Form des Massen-Bierausschanks brauchte eine kapitalkräftigere Trägerschicht als die kleinen, einzelnen Wirte: Die großen Münchner Brauereien."[60]

Vorbei waren die Zeiten der kleinen Bretterbuden, vorbei waren die Zeiten der spärlichen Beleuchtung mit Kerzen, Fackeln und Petroleumfunzeln – ein neues Zeitalter der Technik, der Elektrifizierung war heraufgezogen. Es muss ein unglaublich intensives Erlebnis gewesen sein, als „der milde und doch so intensive Glanz der elektrischen Bogenlampen im Gegensatz zu den rothflackernden Pechpfannen und matten Petroleumlampen jenen eigenartigen Reiz gewährte, den der Silberschein des Mondes erzeugt, wenn er sich in der grünen Isar badet ..."[61]

So beschreibt die Münchner Oktoberfest-Zeitung in schwärmerisch romantisch angehauchten Tönen die neue elektrische Beleuchtung draußen auf der Wiesn. Ausgeführt wurden die technischen Arbeiten für die neue Illumination von der Elektrotechnischen Fabrik Hermann und Jacob Einstein. Hermann Einstein, der Vater des weltberühmten Albert Einstein, „kam auf den Gedanken, während des Oktoberfestes die Theresienwiese elektrisch zu beleuchten ... Den Strom holten die Einsteins mit Kabeln von dem nahe gelegenen Fabrikgrundstück an der Lindwurmstraße".[62] Dies hatte sich bereits im Jahr 1884 abgespielt, zwei Jahre nach der „Internationalen Elektrizitätsausstellung" im Münchner Glaspalast. Längst ist es zu einer Legende geworden, dass das spätere Genie Albert Einstein im Schottenhamel-Zelt als 17-jähriger Gymnasiast höchst persönlich die Glühbirnen mit eingeschraubt haben soll.

Hacker-Festzelt 100 Jahre später ...

Rechtes kleines Bild: Plakat vom Augustiner-Bräu-Festzelt mit dem Turm von 1926, der im 2. Weltkrieg abgebrannt ist und im Jahr 2010 rekonstruiert wurde. Die Fassade des Augustiner-Festzeltes von 1926 ist bis heute fast unverändert.

Ende des 19. Jahrhunderts gingen nun die kleinen Bierbuden zurück, die großen Münchner Brauereien hatten das Oktoberfest endgültig erobert. Und sie gaben nun allesamt ihre abbaubaren Bierzelte bei namhaften Münchner Architekten in Auftrag – so wie es bereits Michael Schottenhamel getan hatte. Einer dieser Architekten war auch Emanuel von Seidl, der das Wohnhaus des damals schon weltberühmten Malers Gabriel von Max am Ostufer des Starnberger Sees geplant hatte. Ein Architekt, der für den etablierten Maler Max arbeitet – auch Seelen-Maler genannt, da er wegen der Beseeltheit seiner Gemälde den vornehmsten Damen seiner Zeit die Tränen in die Augen trieb – ja, so ein Architekt wird nun herangezogen, um die Festhalle vom Spatenbräu und vom Löwenbräu zu entwerfen.

Biertempel um Biertempel wuchs empor: Die Pschorrbrauerei erbaute 1901 die Festhalle „Bräurosl". „Ein gediegener künstlerischer Neubau – eine Zierde des Oktoberfestes. Das weiß-blaue Zeltdach aus Leinwand überspannte die große Festhalle, der ein Prunkbau vorgestellt war. Auf dem geschmückten sechseckigen Turm musizierten die Bläser. Neuartig und auffallend war die Fassade, an der nachts Glühbirnen leuchteten ..."[63]

Jede neue Halle galt „als Meisterwerk der zeitgenössischen dekorativen Architektur mit Zitaten aus der Barock- und der Biedermeierzeit ..."[64]

Der Ehrgeiz der Wiesnwirte und deren Brauereien kannte keine Grenzen. Michael Schottenhamel, der Pionier der Bierzelte, erneuerte bereits nach 11 Jahren wiederum seine „alte" Festhalle: „Die Franziskaner Leist-Brauerei erbaute für ihn nach den Entwürfen von Max Ostenrieder eine wesentlich größere Halle mit aufwändigen Eckbauten, Vordächern und einem hohen Turm."[65]

Die Bürgerbräuhalle, die Hackerbräuhalle ... alle folgten dem Beispiel der Konkurrenz. Ja, die „bekanntesten Münchner Baumeister und Architekten waren sich nicht zu schade, an der Entwicklung der Bierstadt und an der architektonischen Ausschmückung der Festwiese mitzuarbeiten."[66]

Doch die Konkurrenz schlief nicht. Der Ehrgeiz trieb sie zu den abenteuerlichsten Projekten.

Das gigantischste Ausmaß aller Zeiten lieferte im Jahre 1913 die Pschorrbrauerei mit dem Bierzelt der Bräurosl, das mit Halle und Garten 10 500 Quadratmeter umfasste und damit Sitzplätze für sage und schreibe 12 000 Personen bot! 12 000 Sitzplätze – ein Rekord, der bis heute ungebrochen ist. Mit 15 Metern Firsthöhe und 28 Metern stützenfrei überspannter Breite – nach den Plänen von Hofbaurat Eugen Drollinger – mit Arkaden und Vorbauten und einem 24 Meter hohen Turm ging diese ins Unermessliche gesteigerte Wahnsinns-Traum-Architektur leider in den Flammen des Krieges unter und wurde in diesen Ausmaßen nie wieder zum Leben erweckt.[67]

Von Bierbaronen und Bierpalästen

München hatte um 1900 fast eine halbe Million Einwohner. Auf rund eine Million Maß Bier war der Bierkonsum inzwischen auf dem Oktoberfest angestiegen, wobei die Anzahl der Wiesnbesucher nicht bekannt ist.

Doch nun noch einmal kurz zurück in das Jahr 1811: „Damals wurde das sogenannte Biersatzregulativ" erlassen, „mit dem eine obere Preisgrenze für die Maß Bier einschließlich des Malzaufschlages, also der zentralen Biersteuer, behördlich festgesetzt wurde ..."[68] So starr die gesetzlichen Vorschriften des Bierregulativsatzes auch aussahen, so schufen sie dennoch die Rahmenbedingungen für den Aufstieg der späteren Großbrauereien. Falls ein Brauer sich imstande sah, bei gleicher Qualität sein Bier billiger anbieten zu können, war ein Unterbieten des festgelegten Preises ausdrücklich gestattet! Somit begann ein intensiver Wettbewerb zwischen den wenigen, immer größer werdenden Unternehmen um die Wirte – die „Wirtehatz". Als Absatzmöglichkeiten benötigten die Betriebe möglichst viele Lokale, in denen ihr Bier angeboten wurde. „Nur durch Massenproduktion konnte noch Gewinn erzielt werden, wodurch immer mehr kleinere Brauereien aufgeben mussten. Doch die Brauer, die sich im Wettbewerb behaupten konnten, machten nun aber allein durch die steigende Nachfrage der immer weiter anwachsenden Bevölkerung ein Vermögen und stiegen zu ‚Bierbaronen' auf. Unter den 20 höchstbesteuerten Bürgern der Stadt München, also den Superreichen, war 1808 noch kein einziger Brauer vertreten, im Jahr 1860 waren es hingegen 13! Diese brachten ihren Reichtum zunehmend mit dem Bau repräsentativer Bierpaläste zum Ausdruck, von denen bis zum Jahr 1902 allein 20 entstanden. Errichtet auf den Lagerkellern vor der Stadt oder an Stelle der alten Stammhäuser in der Innenstadt zählten sie zu den markantesten Gebäuden Münchens und prägten – ähnlich wie früher die Kirchenbauten – das Bild der wachsenden und prosperierenden Hauptstadt nachhaltig."[69]

Festzelt Fischer-Vroni

Während die wenigen Brauereien „immer größer wurden, zählten die kleinen Brauer, die sich verzweifelt an den alten Verhältnissen festzuhalten suchten, zu den Verlierern. Sie wurden in diesem Wettstreit zerrieben und mussten ihre alteingesessenen Betriebe verkaufen."[70]

Mittlerweile hatte nun die Spatenbrauerei Weltruhm erlangt, ihr Bier wurde in den meisten Ländern getrunken, „sie ist eine der wichtigsten Brauereien der Welt", schreibt ein englischer Brauhistoriker. Doch auch die Löwenbrauerei „entwickelte sich stetig weiter und wurde schließlich zur größten Brauerei in München".[71]

Details vom Löwenbräufestzelt

Kein Wunder, dass nun all diese Brauereien das Oktoberfest zu erobern versuchten und zum Wahrzeichen der Wiesn wurden. Doch dazu kam noch ein gesellschaftlicher Wandel. Das Bier war „salonfähig" geworden, „der öffentliche Genuss von Alkohol wurde nicht mehr geächtet."[72] Was natürlich nicht ohne Folgen blieb: So soll es Anfang des 19. Jahrhunderts in München bis zu 800 Maß Bier pro Mann oder besser gesagt pro Kopf gekommen sein ...

Aber auch auf das Oktoberfest wirkte sich die Tatsache, dass das Bier sozusagen „salonfähig geworden" ist, günstig aus. Konnten nun doch auch die Herren des gehobenen Bürgertums gerade dort recht unbekümmert ihrer heimlichen Liebe zum Münchner Bier in aller Öffentlichkeit nachkommen.

Das Oktoberfest war längst zu einem Areal für alle Volksschichten geworden: Für das gehobene Bürgertum und die einfachen Arbeiter, für die Reichen und die Armen, für die Städter und die Bauern! „Adelige und Bürger, Bauern und Proletarier wohnten der Festivität von Beginn an bei."[73]

Wenn nun Wolfgang Görl ironisch bemerkt, dass bis zum heutigen Tag sich das Gerücht hält, „die Wiesn sei einer der wenigen gelungenen Versuche, die klassenlose Gesellschaft zu etablieren ..." und alle sozialen Unterschiede im Dunst des Bieres verschwänden und sie allesamt dort draußen in den Biernahkampfarenen „ein einig Volk von Saufbrüdern" nennt – dann fragt sich nur, ob er von einer in Erfüllung gegangenen Vision oder von einem Albtraum spricht ...[74]

Der „Toboggan“ gehört seit 100 Jahren zur Wiesn (linkes Bild)

Und so saßen sie damals schon trotz aller Unterschiede gemeinsam an den Biertischen in den Riesenzelten nebeneinander, aßen miteinander, sangen das „Prosit der Gemütlichkeit“ und schunkelten und alle hatten sie schon damals eines gemeinsam: Den so oft zitierten legendären „Durst“ auf das Münchner Bier. Dieser Durst, dem angeblich nichts Animalisches – eher schon etwas fast Heiliges, Mythisches anhaftet.

Dieser Durst ließ sie alle aus den derben Steinzeugkrügen trinken – Maßkrüge, die noch meist ihre schweren Zinndeckel besaßen. Und all die Münchner Brauereien, die damals das Oktoberfest erobert hatten – angefangen vom Augustinerbräu, über Franziskaner-Leistbräu, Hackerbräu, Löwenbräu, Münchner Kindl Bräu, Paulanerbräu, Spaten- und Unionsbräu – alle hatten sich längst daran gemacht, die Maßkrüge und die Deckel mit ihren unverwechselbaren Schriftzeichen auszuzeichnen. Begonnen hatte damit 1879 erstmals das Hofbräuhaus – alle anderen folgten diesem Vorbild.[75]

Wiesnzeit – Trachtenzeit

„Tracht ist nicht nur einfach Mode, sondern ein Lebensgefühl von Herzblut, Tradition und Leidenschaft. Sie verbindet vergangene Zeiten mit dem Hier und Jetzt ..." So beginnt die schillernde Reklameseite eines Trachtenshops über die „knackigsten Lederhosen und die feschesten Dirndln".[76]
Und seit einiger Zeit gehören irgendwie auch diese neumodischen Trachtenkreationen dazu, die vor allem die jugendlichen Wiesnbesucher vollends in ihren Bann ziehen. Man könnte ja schon fast von einem „Trachtenvirus" sprechen. Aber irgendwie schmeckt das Wiesnbier in diesem „Trachteng'wand" anscheinend einfach besser. Besondere Anlässe brauchen eine besondere Bekleidung. Ein „Festgewand" – sozusagen. Das war in Bayern immer schon so. Denn der Bayer hat Stil und Würde – zumindest bis zur vierten Maß!
Und damit sind auch die wesentlichsten Kriterien zum Thema Tracht in der heutigen Zeit auf dem Oktoberfest angesprochen. Dass aber das blondzopfige Pin-up-Girl mit seinem gepiercten Bauchnabel über dem knappen knallgrünen Lederhöschen und der offenherzig aufgeknöpften Trachtenbluse einer illustren Modeinszenierung entspringt und nicht das Geringste mit Traditionsbewusstsein zu tun hat, bezweifelt wohl niemand.
Erlaubt ist was gefällt! Wenn es nur ein „Hingucker" ist – das ist die Botschaft dieser Modewelle, in der der Wind einer neu gewonnenen Freiheit weht ... Aber anscheinend ist man sich seiner Sache doch nicht ganz so sicher – schließlich geht es doch um das Oktoberfest mit seiner alten ehrwürdigen Geschichte und da kann es nicht von Schaden sein, das Ganze in den Mantel der Seriosität, der Tradition zu hüllen. „Fürs wahre Oktoberfest-Feeling braucht es einfach Dirndl, Janker und Lederhose", heißt es an anderer Stelle, denn „Dirndln mit traditionellem Design mit den schmeichelnden Froschgoscherln am Dekollete haben Hochkonjunktur ... und Schmuck und Dirndl-BHs ergänzen das breite Angebot."[77]
Zugegeben, bei flüchtiger Betrachtung entbehren alle diese Reklameseiten zum Thema Tracht nicht einer gewissen Faszination.
Reklamen aller Art arbeiten unterschwellig, erobern unsere Sinne, unsere Gefühle und irgendwann erliegen wir ihnen für kurze Zeit zur Erfüllung unserer geheimen Träume.

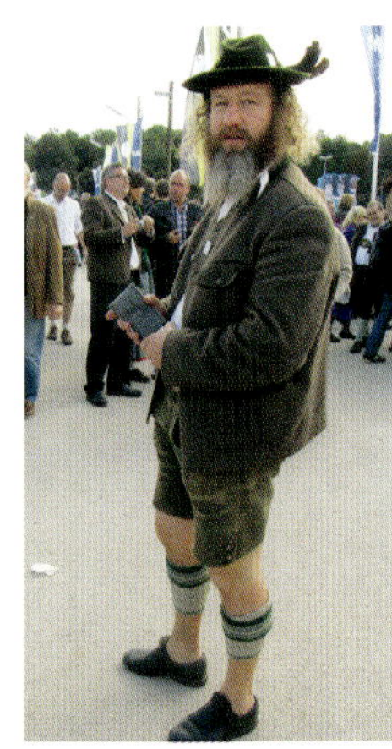

Wenn Paul Ernst Rattelmüller im Jahre 1970 – bereits 30 Jahre vor Beginn des gigantischen „Trachtenbooms" – schreibt, dass „der Begriff Tracht nun nicht mehr als Standeskleidung zu sehen ist und auch nicht mehr an den Bauernstand gebunden ist und auch nicht mehr sichtbarer Ausdruck zu einem geographisch enger umrissenen Gebiet ist", sondern schlicht und einfach den „Ausdruck der Zugehörigkeit zu Bayern" symbolisieren soll – und „Bayern in diesem Fall vor allem Oberbayern heißt", dann lässt sich bereits erahnen, in welche Richtung unsere Träume schweifen. „Aus Tracht ist längst Trachtenmode geworden", sagt Rattelmüller und diese Trachtenmode wird „von denen getragen, die bekunden wollen, dass sie in Oberbayern zu Hause sind, und auch von denen, die gerne Oberbayern sein möchten." Zumindest in diesen 16 Tagen der Wiesnzeit ...[78]

Es sind vor allem auch die Herren der Schöpfung, die nun ebenfalls das dringende Bedürfnis verspüren, sich in einen ordentlichen Oberbayern zu verwandeln und sich mit „Leder, Loden und Strick" voll wiesntauglich machen lassen.

„Groß- und Kleinkariertes in grün, blau, lila ... dazu Lederhosen, kurz oder knielang ..." Das ist es, was sie dazu brauchen! Ein „absolutes must-have" sollen neuerdings auch Hüte sein: „Rustikal, aus Filz und Loden". Und bei der „Ledernen" heißt es übrigens: Kurz und abgewetzt, denn erst die Patina macht die Lederhose interessant ..."[79]

Dass es in München in der Borstei einen Laden, den sogenannten „Lederhosenwahnsinn" gibt, in dem es mittlerweile an die 3000 echt alte Lederhosen gibt, ist inzwischen ein Geheimtipp.

Die Sammelleidenschaft hat ihn seit 30 Jahren nicht mehr losgelassen, gesteht der „Antiquitätenbesitzer", ein studierter Elektrotechniker und zeigt stolz sein „bestes" Stück: Die ehemalige Lederhose von Herzog Max, dem Vater der Sissi. Ganz schön abgetragen sieht sie aus. Die hat wohl einiges erlebt. Jede Hose hat ihre eigene Geschichte. Diese Lederhosen hier sind allesamt „richtig alt, alle haben Charakter" und natürlich auch ihren Preis. Noch eine ist aus dem 19. Jahrhundert, „die war in Wittelsbacher Besitz", sagt er und doziert, dass die „bayerischen Lederhosen grüne Bandln unten hätten, die österreichischen aber Knöpfe. Und dass die ganz alten Lederhosen recht lang gewesen seien, aber nicht geschnürt wurden,

sondern dass man seine Socken am Hosenbein eingehakt habe."[80]

Von einem Redakteur des Münchner Merkur gefragt, was er so von den heute gängigen Wiesn-Kostümen hält, antwortet er erstaunlich souverän, tolerant, ja fast weise: „Natürlich gibt's da richtig g'scherte Putzlumpen, aber jeder, der so ein Billig-Set anhat, zeigt immerhin, dass er eine Tracht mag – er kennt sich halt nur nicht so aus." Und sein Abschlusswort zum heutigen Trachtenboom ist überraschend gelassen: „Ob Bayer oder Preiß, egal welche Hautfarbe oder Sprache – jeder hat das Recht auf eine Lederhose ..." Das ist ein Wort, über das es sich lohnt, nachzudenken!

Auf der Wiesn geht es um einen „Ausnahmezustand, wo im kollektiven Rausch des Biers, der Gefühle und Wünsche die Grenzen verschwimmen zwischen Wirklichkeit und Illusion. Es soll, deshalb geht man ja hin, die Welt aus den Fugen geraten – für einen

Bierzeltabend oder wenigstens eine Achterbahnfahrt lang. Und dafür darf es schon mal ein besonderes G'wand sein."[81]
Ein besonderes G'wand, in dem der Wind einer absolut von allen Zwängen befreiten Zukunft rauscht und dem dennoch der Hauch der Geschichte anhaftet.

„Phänomen Wiesntracht"

Erst in den Jahren um 1970 konnte das Trachtenpaar – Dirndl und Lederhose – seinen unübersehbaren Einzug auf dem Oktoberfest feiern – unterstützt und hochbejubelt von den Medien.
Was sich nun seit dem Jahr 2000 draußen auf der Wiesn an „Landhausmode-Irrungen und Kurzdirndl-Verwirrungen" so tut –, das bezeichnet Simone Egger in ihrer faszinierenden wissenschaftlichen Arbeit als „Phänomen Wiesntracht". „Dieses Phänomen", so schreibt sie, „steigert sich von Jahr zu Jahr und hat seinen Zenit offenbar noch nicht erreicht ..."
Allein schon die Bezeichnung „Phänomen" soll uns auf die Ungewöhnlichkeit dieser Erscheinungsform hinweisen. Eine so unglaubliche Tatsache, die letztlich alle in Staunen versetzt. In ihrem Buch fragt sie nach dem „Warum" dieser Entwicklung – dieser fantastischen Dimension –, sie fragt nach den möglichen sozialen Hintergründen dieses Phänomens, das alljährlich Hunderttausende von Wiesnbesuchern dazu bringt, sich an dieser Trachtenmode zu berauschen, sich ihr hinzugeben – für 16 Tage und 16 Nächte ...
Was steckt dahinter – steht die Tracht tatsächlich für den Mythos einer Zeit, den man sich aneignen kann? Ist es ein Bedürfnis nach mehr Sicherheit? Oder der Versuch, die verlorene Heimat, die verlorene Einheit wieder zu finden? Ein Sehnsuchtsmotiv unserer Träume nach Gemeinschaft und Zugehörigkeit? Schafft die Trachtenmode eine Verbindung zu einer anderen Zeit? Lässt uns dieses Phänomen im Rausch der Gemeinsamkeit dahinschwimmen – als Flucht vor der Einsamkeit?
Oder ist es ein Bad in der Masse, dieser ewig angeheiterten singenden und schunkelnden, vom Gerstensaft trunkenen Menge?
Dennoch ist das Oktoberfest ein „Schlüsselort von Kultur". Unserer heutigen rätselhaften und verworrenen und doch so hochinteressanten Kultur. Das Oktoberfest ist die Visitenkarte Münchens vor der gesamten Welt ... und wie sich immerzu bestätigt: Eine Visitenkarte, die eigenartigerweise fast überall auf positives Echo stößt! Es war letztlich dieses wundersame Gebräu, das wir „Bier" nennen, das dazu beigetragen hat, das Oktoberfest in die ganze Welt hinauszutragen ...
Das Oktoberfest hat heute – in einer Zeit der zunehmenden Isolation und Kontaktlosigkeit – längst den

Auf der Wiesn

Trachtentanz auf der Wiesn

Stellenwert eines Pilgerortes angenommen. Es ist ein Ort der Sehnsüchte und Hoffnungen, eine Oase für eine entwurzelte und heimatlose Konsumgesellschaft, die den Verlust der familiären und religiösen Zugehörigkeit auszugleichen versucht.

„Eins zu werden mit den vielen anderen, das Loslassen der eigenen Individualität, das berauschende Erlebnis von Gleichheit und ‚Verschmelzung mit der Masse' – das ist es, das den Reiz dieses Festes ausmacht. Und die Suche nach dem Glück, das möglichst nie endet oder immer wiederkehrend ist ... die schnelle und bezahlbare Lust am Vergnügen ... der Rausch der Freiheit, Losgelöstheit, Grenzenlosigkeit ... und immerzu der Wunsch, das erhoffte Glücksgefühl zu finden."[82]

Jedes Jahr werden sich immer wieder Millionen von Menschen aufmachen und sich in ihren bizarren Trachten treffen, um sich für wenige Stunden einem Traum, einer Fata Morgana hinzugeben – die dann kurz darauf wie eine schillernde Seifenblase zerplatzt ...

Notruf-SOS

SWM
Festzel
200

Bierbrauen heute

Von Ursula Calis und Bernhard Sailer, Hofbräuhaus Traunstein

Rohstoffe

Das Wasser

Das Wasser spielt bei der Bierherstellung eine sehr große Rolle. Wasser ist immer eine salzhaltige Lösung aus dem Kreislauf der Natur. Je nach Biertyp braucht man z.B. für ein Bier Pilsner Typs ein sehr weiches Wasser, für ein dunkles Bier ein härteres. Wasser für die Bierherstellung soll eine höhere Qualität besitzen, wie es die deutsche Trinkwasser-Verordnung vorschreibt. Besonders ist auch auf die Nitratfreiheit zu achten. Durch die hohen Düngergaben der Landwirte werden gute Wässer immer seltener.

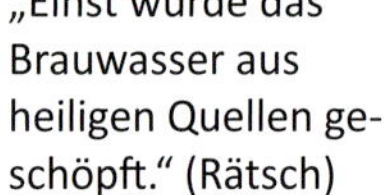

„Einst wurde das Brauwasser aus heiligen Quellen geschöpft." (Rätsch)

Das Malz

Das Gerstenmalz wird aus zweizeiliger, eiweißarmer Sommergerste, die erst im Frühjahr ausgesät wird, gewonnen. Die Gerste soll sortenrein und über 2,5 mm dick sein. Das Korn der guten Braugerste ist glänzend, rein hellgelb, vollbauchig und hat einen reinen Geruch. Die Gersten werden gruppiert in Sorten und Provenienzen. Nach der Ernte im Sommer wird die Gerste in der Mälzerei über Siebe, Magnete und Entstaubung geputzt.

Der Weizen

Der Weizen wird im Grunde ähnlich beurteilt wie die Gerste. Auch der Weizen darf keinen hohen Eiweißgehalt haben. Der größte Unterschied zur Gerste ist, dass der Weizen keine Schale oder „Spelzn" besitzt.

Der Hopfen

Der Hopfen verleiht dem Bier seinen bitteren Geschmack, füllt es mit seinem typischen Aroma, fördert die Klärung durch Eiweißausscheidung, wirkt Schaum verbessernd und ist zugleich ein natürliches Konservierungsmittel des Bieres. Er wird eingeteilt nach seiner Herkunft und Sorte, dem Bitterhopfen und dem Aromahopfen. In der Dolde sind kleine klebrige Kügelchen, das Lupulin, das ist der wertvolle Braustoff für das Bier.

Nach der Pflücke wird der Hopfen getrocknet, abgepackt, versiegelt und kühl und dunkel in Säcken gelagert. Anschließend wird er zu den Hopfenveredlern gebracht und dort zu Pellets und Extrakt verarbeitet, damit er haltbar wird und über das ganze Jahr in gleichbleibender Qualität zur Verfügung steht.

Die Hefe

Für die alkoholische Gärung brauchen wir die Bierhefe, die den Malzzucker in Alkohol und Kohlensäure umwandelt. Zu Beginn der Bierkultur waren das wilde Hefezellen aus der Luft, mittlerweile sind das seit 1881 eigens für das Bier gezüchtete Reinzuchtkulturen. Die Hefe ist ein einzelliges Kleinlebewesen, welches wir bei der Bierherstellung in obergärige und untergärige Hefen einteilen. Die obergärige Hefe vergärt bei 15-25 °C und bildet Sprossverbände, die untergärige vergärt bei 5-10 °C und bildet keine Sprossverbände. Die Bierhefe ist eine rein gezüchtete Hefe und wird nach mehreren „Führungen" verworfen. Andere wilde Hefen schaden dem Bier. Für die Gärung werden ca. 1 l Hefe für 100 Liter Bier benötigt. Die Hefe ist sehr gesund, reinigend für die Haut und enthält besonders die Vitamine B1, B2, B5, B6 und H (Biotin).

Die Malzbereitung

Das Ziel der Vermälzung ist es, Enzyme und Fermente zu bilden oder zu aktivieren, welche die Stär-

Fresko in Andechs

ke im Gerstenkorn aufschließen und in vergärbaren Malzzucker überführen. Dafür muss das Korn erst mal wachsen, wofür die Gerste Wasser benötigt. Eine intensive Belüftung während des Befeuchtungsvorganges transportiert das gebildete Atmungs-CO_2 ab. Nun liegen im Korn Bedingungen vor, wie sie auch in der freien Natur bei Beginn der Keimung zu finden sind.

Wenn das Korn in den Keimkasten kommt, hat es einen Wassergehalt von 45-50 % und eine Temperatur von 15-18 °C. Im Keimkasten wächst das Korn dann weiter. Die notwendige Energie gewinnt es über die Atmung. Dabei werden die hochmolekularen Zellstrukturen im Mehlkörper in kleinere Moleküleinheiten zerlegt und eine Vielzahl von Enzymen gebildet. Die Keimung dauert etwa 6-7 Tage. Danach kommt das so entstandene „Grünmalz" auf die Darre.

Das Darren

Die Darre ist eine große Trocknungsanlage, in der durch Warmluftdurchsatz das Grünmalz aus dem Keimkasten in ca. 20 Stunden getrocknet wird. Abgebaute Stärkebestandteile, wie Vorstufen des Zuckers im Korn, reagieren mit abgebauten Eiweißbestandteilen und es entstehen die typische Farbe und das typische Aroma des Malzes. Dies nennen wir Melanoidinbildung.

Beim Darren entscheidet es sich auch, ob man helles oder dunkles Malz erzeugen will. Der Unterschied besteht darin, dass helles Malz bei Temperaturen von ungefähr 82 °C abgedarrt wird, dunkles Malz bei Temperaturen von ca. 105 °C. Nach dem Darren wird das Malz abgekühlt und läuft über Putz- und Poliermaschinen, in denen es von Wurzelkeimen, Staub und Verunreinigungen befreit wird, in große Lagersilos. Von hier weg gelangt es über LKWs oder über die Bahn in die Brauerei.

Das Bierbrauen

Im Sudhaus

Anschließend erfolgt eine mechanische Zerkleinerung des Malzes über die Schrotmühle, die das Korn vermahlt. Dabei entstehen Spelzen, Grieße und Mehl, das sogenannte Schrot. Dieses „Schrot" wird mit warmem Wasser vermischt, es wird „eingemaischt".

Das Malz löst sich im Wasser, die Lösung heißt später Würze und die Konzentration Stammwürze. Eingemaischt wird mit bis zu 60 °C, mit Pausen wird weitergeheizt bis 76 °C. Dabei wird die Stärke im Malz mit Hilfe von Enzymen umgewandelt in vergärbare Zucker, Eiweiß wird abgebaut. Es gibt verschiedene Maischverfahren je nach Biertyp mit und ohne Kochen der Maische.

Das Abmaischen in den Läuterbottich

Mit 76 °C wird die Maische in den Läuterbottich gepumpt, der mit einem ganz feinen Siebboden ausgestattet ist. Die festen Bestandteile bilden eine Filterschicht, die nach Ablauf der Würze trotzdem noch so viele wertvolle Bestandteile hat, dass diese „Trebern" ein sehr beliebtes Futtermittel für Rinder sind.

Das Kochen der Würze

Abgeläutert wird die Würze in die Sudpfanne, in der man sie bis zum Kochen aufheizt. Die Würze muss kochen, damit

1. das Wasser verdampft wird, um die gewünschte Konzentration zu erreichen,
2. die Enzyme ihre Tätigkeit einstellen,
3. das Eiweiß ausgeschieden wird,
4. die Hopfenwertbestandteile in Lösung gehen,
5. sie sterilisiert wird.

Im Sudhaus, Stein an der Traun

Historische Sudpfanne, Paulaner Brauhaus München

Sud- und Maischpfanne, Brauereimuseum Aldersbach

Die Kochung dauert 1½ Stunden, dabei wird der Hopfen zugegeben. Der Hopfen verleiht dem Bier die Bittersstoffe, ist Eiweiß fällend und wirkt konservierend. Nach der Kochung werden die Würzemenge gemessen und die Stammwürze-Konzentration festgestellt. Aus dieser wird die abzuführende Biersteuer errechnet.

Beim Entleeren der Pfanne, dem sogenannten „Ausschlagen", wird die Würze tangential in den Whirlpool gepumpt. Dabei dreht sich die Flüssigkeit so schnell, dass sich die festen und leichteren Partikel in der Mitte absetzen. Dieser „Heißtrub" enthält sehr viel Eiweiß und wird zu den Biertrebern zur Fütterung in der Landwirtschaft gegeben.

Nach 20 Minuten Rast im Whirlpool wird die Würze über einen Wärmetauscher abgekühlt auf 5 °C beim untergärigen und 18 °C beim obergärigen Bier. Im Gegenstrom läuft durch den Wärmetauscher gekühltes Wasser, welches sich dabei auf 85 °C erwärmt. Dieses Wasser wird gespeichert und für den nächsten Sud zum Einmaischen wieder verwendet.

Beim Abkühlen der Würze auf Temperaturen von unter 10 °C fällt weiteres Eiweiß aus. Nach ca. 6-stündiger Lagerung im Anstellkeller wird die Würze unter Zufuhr von Luft mit Hefe versetzt und in den Gärkeller gepumpt.

Die Gärung

Beim Vergären der Würze werden über den Stoffwechsel-Prozess der Bierhefe aus gelöstem Malzzucker Alkohol, CO_2 und Wärme gebildet, wobei der Alkohol im fertigen Bier etwa ¼ bis ⅓ des ursprünglichen Stammwürzegehaltes der Würze beträgt. Dieser Vorgang ist vergleichbar mit der menschlichen Atmung.

Grundsätzlich unterscheiden wir die Obergärung und die Untergärung.

Untergärige Biere wie Lager Hell oder Pils werden mit untergäriger Hefe bei Temperaturen von 8-10 °C über einen Zeitraum von ungefähr 7-9 Tagen vergoren.

Obergärige Biere wie zum Beispiel Weißbier brauchen wegen der wesentlich höheren Gärtemperaturen (18-20 °C) nur etwa 3 Tage für die Hauptgärung. Ein weiterer wesentlicher Unterschied zwischen obergäriger und untergäriger Hefe besteht in ihrem Verhalten bei Ende der Gärung. So setzt sich die untergärige, wie der Name schon sagt, mit Ende der Hauptgärung am Boden des Gärgefäßes ab, die obergärige Hefe steigt bedingt durch ihre Fähigkeit, Sprossverbände zu bilden, an die Oberfläche des Bieres.

Der Lagerkeller

Im Lagerkeller findet die Nachgärung des Bieres statt. Dabei wird der Tank oder das Lagerfass mit einem Gärverschluss, dem Spundapparat, verschlossen. Das Bier kann sich so mit der natürlichen Gärungskohlensäure anreichern. Bei Ende der Nachgärung soll die Temperatur bis zum Nullpunkt sinken.

So dient die Lagerung des Bieres zur Reifung, Veredelung und Abrundung des Geschmackes. Das Bier reichert sich mit Kohlensäure an und erfährt eine natürliche Klärung. Die Lagerung soll bei Bier mit 12 % Stammwürze zwischen 4 und 6 Wochen, bei schwächeren Bieren weniger, bei Bock- oder bei Doppelbockbieren bis zu 4 Monate dauern.

Die Filtration

Die natürliche Klärung während der Lagerzeit reicht nicht aus, um einem Bier die vom Kunden gewünschte Glanzfeinheit zu verschaffen. Das Bier wird in der Regel 2 mal filtriert, um den Ansprüchen der Biertrinker in Bezug auf Glanz und Haltbarkeit zu genügen, zuerst über einen Kieselgur- und anschließend über einen Schichtenfilter.

Histor. Gärbottich aus Eichenholz, Brauereimuseum Aldersbach

Tanks im Lagerkeller, Stein an der Traun

Halbautomatischer isobarometrischer Flaschenfüller mit Bier- und Luftkessel

Historische Lagerfässer aus Eichenholz

Filtrierstation

Flaschenfüller für Bügelflaschen 1935

Alle Aufnahmen dieser Seite sind im Brauereimuseum Aldersbach aufgenommen worden.

Flaschenfüller für Weizenbier

Die Abfüllung

Nach seiner Filtration muss das Bier in verbrauchergerechte Gebinde wie Fässer oder Flaschen abgefüllt werden.

Das Füllen der Fässer

Heute arbeiten nahezu alle Fassfüllereien mit dem Kegfasssystem. Das Keg ist ein zylindrisches Fass, welches den Anstichdegen bereits eingebaut hat. Es bietet gegenüber den herkömmlichen Fassreinigungs- und Füllmethoden eine Reihe von Vorteilen. Das Fass bleibt nach dem Abzapfen von der Bierleitung verschlossen und kann somit nicht durch Außeneinflüsse wie z.B. Luft oder Bakterien verschmutzt werden. Reinigung, Sterilisation und Befüllung erfolgen in einer einzigen Maschine durch einen kontinuierlich prozessgesteuerten Funktionsablauf, der ist vom Prinzip her gleich wie bei der Flaschenabfüllung.

Brauereimarke

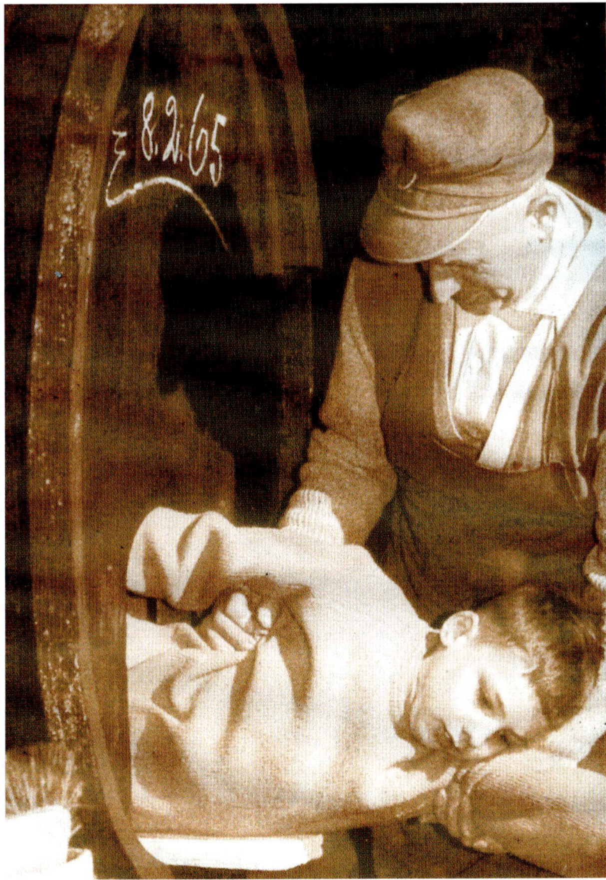

„Historische Fassreinigung" mit Hilfe eines Kindes

Das Füllen der Flaschen

In der Flaschenfüllerei sind eine Reihe von Arbeitsgängen zu bewältigen: Entpalettieren, Flaschen sortieren, auspacken, reinigen, befüllen, verschließen, etikettieren, einpacken und bepalettieren.

Wie das Fassbier wird nach intensiver Reinigung der Gefäße auch das Flaschenbier unter Gegendruck abgefüllt. Kohlensäureverluste und Schäumen werden somit vermieden. Die Flaschen werden daher vor dem Füllen evakuiert, d.h. Sauerstoff wird unter Vakuum entzogen und anschließend so viel CO_2 Überdruck in der Flasche erzeugt, dass das Bier beim Befüllen nicht schäumt. Das CO_2 entweicht aus der Flasche zurück in den Ringkessel. Dieses Prinzip nennt man die isobarometrische Füllung. Beim Austritt aus der Füllmaschine wird unter hohem Druck ein dünner Bierstrahl in die noch offene Bierflasche eingespritzt, welcher bewirkt, dass die Flasche überschäumt und die im Flaschenhals befindliche Luft verdrängt wird.

Unmittelbar danach werden die Flaschen verschlossen. Somit kann eine weitgehend sauerstofffreie und sterile Füllung gewährleistet werden.

Biersorten in Bayern

Von Ursula Calis und Bernhard Sailer, Hofbräuhaus Traunstein

Die meist getrunkenen Biere in Bayern sind das **Helle** oder **Lagerbier** (bis 12% Stammwürze) und das **Exportbier** (ab 12% Stammwürze). Diese Sorte war stärker, damit haltbarer und wurde für den Export bestimmt. Beide gehören zur Gattung der „Vollbiere", die einen Stammwürzegehalt von 11 bis 16 % haben.

Das **Märzenbier** gehört ebenso in diese Gattung und wurde früher meist im März eingebraut. Damit es bei Frühlingstemperaturen nicht verdarb, wurde es stärker mit mehr Malz eingemaischt. Auch die Festbiere sind in der Regel Märzenbiere und haben meist 13 % Stammwürze.

Das **Hefeweißbier**, die bayerische Spezialität, konnte das ganze Jahr über gebraut werden aufgrund der warmen Gärung. Mittlerweile wird es in allen Variationen angeboten: hell, dunkel, filtriert, leicht und Bock. 1567 verbot das bayerische Herrscherhaus das Brauen von Weizenbier, denn der Weizen wurde zum Brotbacken benötigt und Weizenbier hat mindestens 50 % Weizenanteil. Nur das niederbayerische Geschlecht der Degenberger durfte seit 1592 Weizenbier brauen. 1602 starb der letzte männliche Nachfolger Sigmund von Degenberger und sein Besitz und das Weizenbraurecht fielen an das bayerische Herrscherhaus zurück. Um den aufwändigen Lebensstil des bayerischen Kurfürsten bezahlen zu können, wurden die Wirte verpflichtet, zum Braunbier auch Weizenbier zu verkaufen.

Das **Weißbier** oder **Weizenbier** ist eine rein bayerische Spezialität und hat als einer der wenigen Biersorten bei stagnierendem Markt besonders außerhalb Bayerns noch Zuwachsraten. Weißbier ist mittlerweile die ausstoßstärkste Biersorte in Bayern. Es hat meist um 12 % Stammwürze, als Leichtbier 8 % Stammwürze oder als Weizenbock über 16 bis 18 % Stammwürze. Es soll auf keinen Fall mit Zitrone serviert werden, da die Zitrone meist gespritzt ist und in der Küche mit fettigem Messer geschnitten wird, außerdem zerstört die Zitrone das fruchtige Aroma des obergärigen Bieres. Manchmal wird auch Reis in ein Weizenglas gegeben, damit das Bier besser perlt. Auch das ist eine Unsitte, welche das Bier schnell schal schmecken lässt. Das Weizenglas wird vorher mit kaltem Wasser ausgespült, anschließend wird es wegen des hohen Kohlensäuregehalts vorsichtig mit schrägem Glas eingeschenkt.

Das **Kristallweizen** wurde früher auch gerne Champagnerweizen genannt. Dies war ein klares filtriertes Weizenbier mit viel Kohlensäure. Je mehr das Bier im Glas perlte, desto schöner war der Anblick. Die Winzer aus der Champagne wehrten sich gegen die Verwendung ihres Namens und konnten durch ein Gerichtsurteil klären, dass „Champagner" nur noch für ihr Produkt, keinesfalls aber mehr für Weizenbier verwendet werden darf. Das Kristallweizen ist in Bayern nur noch wenig zu finden, seine Verbreitung hat es überwiegend in Norddeutschland und im Ausland.

Das **Pils** hat keine norddeutsche Kompetenz, wie vielc Norddcutschc bchauptcn. Das erste Pils wurde am 11.11.1842 in Pilsen gebraut, von dem bayerischen Braumeister Joseph Groll aus Vilshofen. Die vermeintliche norddeutsche Kompetenz kommt einzig daher, dass in Norddeutschland wesentlich mehr Pils getrunken wird. Erst um 1900 wurde Bier nach Pilsner Brauart auch von bayerischen Brauereien angeboten. Das Pils wurde auch in Nordbayern zur führenden Sorte, wogegen im Süden es nur eine untergeordnete Rolle spielt. Nach dem 2. Weltkrieg entsprachen die vollmundigen Dortmunder Exportbiere aus der ehemaligen Weltbierstadt nicht mehr dem Trend des norddeutschen Biertrinkers, und er wandte sich den mächtig wachsenden Pilsbrauereien zu. Mittlerweile geht der Trend wieder zurück zu den weniger gehopften und milderen Bieren.

Das **dunkle Bier** wird wieder mehr vom Biertrinker verlangt. War es vor dem 2. Weltkrieg noch das meist getrunkene Bier, ließ mit dem deutschen Aufschwung das Interesse daran stark nach. In Mode waren nur noch helle Biere. Erst seit Ende der 90er Jahre ist wieder ein leichter, aber eindeutiger Trend zu dieser Bierspezialität erkennbar. Das „Dunkle" gehört zu den „Vollbieren".

Das **Bockbier**, einst am bayerischen Hofe aus Einbeck eingeführt, wird ebenfalls in vielen Varianten in Bayern gebraut. Es gibt dunklen Bock, hellen Bock mit über 16 % Stammwürze, ebenso den obergärigen Weizenbock oder den Doppelbock mit über 18 % Stammwürze. Der Bock genehmigt sich auch jahreszeitliche Namen wie Fastenbock, Weihnachtsbock und Maibock. Der Eisbock aus Kulmbach trumpft mit dem höchsten Alkoholgehalt der Biere auf, denn das Wasser in ihm wird gefroren und die Flüssigkeit abgefüllt. Dieser hohe Alkoholgehalt entsteht nicht mehr durch die natürliche Gärung der Bierhefe. Der Eisbock hat somit fast 25 % Stammwürze und 8-9 % Alkohol.

Besonders die Mönche der Klosterbrauereien pflegten die Bockbiere, schließlich waren sie deren Hauptnahrung in der Fastenzeit. Der Überlieferung nach wussten die Mönche nicht, ob sie dieses Bier in der Fastenzeit trinken durften. Sie fragten den Heiligen Vater, der kannte jedoch den Bock nicht und so schickten sie eines Tages ein Fässchen Bock zum Heiligen Stuhl nach Rom. Nach wochenlanger beschwerlicher Reise über die Alpen kam das Fass Bock durchgeschüttelt und angewärmt durch die italienische Sonne beim Heiligen Vater an. Dieser probierte einen kleinen Schluck davon, es schüttelte ihn leicht und er gab die Genehmigung, dass die Mönche in alle Zukunft in der Fastenzeit dieses „Gebräu" trinken dürften. Der emeritierte bayerische Papst Benedikt XVI. hätte dem Wunsche der Mönche ebenfalls entsprochen, allerdings mit dem Unterschied, dass er das Bockbier aus seiner Heimat sehr gern trinkt.

Besonders durch die Senkung der Promillegrenze entstanden in den 80er Jahren die **Leichtbiere**, sowohl ober- als auch untergärig. Diese Biere sind schwächer eingebraut, haben meist 40 % weniger Alkohol und Kalorien als Vollbier und ca. 8 % Stammwürze. Mehr durchgesetzt haben sich bei uns die obergärigen Leichtbiere.

Das **Alkoholfreie Bier** muss weniger als 0,5 % Alkohol haben. Dieser geringe Wert wird entweder mit einer gestoppten Gärung erreicht, das heißt, die Gärung wird unterbrochen, bevor mehr Alkohol entsteht, oder der Alkohol wird nach der Gärung durch Vakuumverdampfung wieder entzogen.

Das **Zwickelbier** ist ein unfiltriertes, untergäriges Bier, in dem sich die Hefe voll entfalten kann. Das Bier wird aus dem Lagerfass abgefüllt, ohne weiter behandelt zu werden. Die Vitamin-B-Freunde kommen dabei voll auf ihre Kosten. Zwickelbier soll möglichst schnell ausgeschenkt werden, da sich die untergärige Hefe relativ schnell am Boden des Fasses absetzt und damit die Hefetrübung nachlässt.

Das **Rauchbier** hat nur im Bamberger Raum eine jahrhundertealte Tradition. Das Malz wird beim Trocknen auf der Darre geräuchert. Das Feuer darunter wird mit Buchenholz entfacht und der aufsteigende Rauch gibt seinen typischen Geruch an das Malz ab.

Das **Roggenbier** ist ein obergäriges Bier mit kräftiger Farbe. Anstelle des Weizens wird Roggen verwendet, aber auch andere Spezialmalze werden beigefügt. Dadurch erhält dieses Bier einen eigenständigen Charakter.

Das **Schwarzbier** ist hauptsächlich eine Spezialität aus Thüringen. Das Malz wird sehr stark geröstet und hat eine wesentlich stärkere Färbung als das Münchner Dunkel, ist sehr vollmundig und wenig hopfenbetont.

Das **Radler** ist ein Biermischgetränk und wird zur Hälfte aus untergärigem Bier und zur Hälfte aus Zitronenlimonade gemischt. Es ist ein erfrischender Sommertrunk, welcher die Kehle erfrischt, aber nicht in den Kopf steigt.

Der **Russ** ist ein Gemisch aus halb Weißbier und halb Zitronenlimonade und ist das Radler der Weißbierfans. Vermutlich kommt der Name „Russnmass" vom Revolutionsjahr 1918. Im Mathäser-Keller in München versammelten sich nach dem Ersten Weltkrieg die kommunistischen Anhänger der Räterepublik. Damit der Alkoholspiegel nicht zu hoch stieg, wurde das Weißbier mit Zitronenlimonade gemischt.

Bier in aller Welt

Bier aus München trat schon vor mehr als einem Jahrhundert seinen Weg in alle Welt an. Überall schätzt man seither seine besondere Qualität. Mit seiner Beliebtheit kann es „durchaus dem Champagner und dem Wein Italiens das Wasser reichen. Man hatte zwar schon zuvor bis nach New York exportiert, 1896 aber ging das Bier erstmals an die Westküste der USA, ja sogar in das Innere Afrikas ... Die Loblieder auf den Gerstensaft ... reichen von den Siedlern in Südwestafrika des Jahres 1896 über Lenin und Kaiserin Elisabeth bis zu den Amerikanern Thomas Wolfe und Leonhard Bernstein." (Klassische Biere. Der kleine Bierführer, garant Verlag)
Mittlerweile wird Bier in den meisten Ländern der Welt nach eigenen Rezepten und Verfahren gebraut. Es ist erstaunlich zu lesen, dass dabei das bayerische Reinheitsgebot nicht nur in Österreich, der Schweiz und Italien beachtet wird, sondern auch in den USA, Namibia und Tansania. „Bisher kam das stärkste Bier der Welt aus Deutschland. Der Eisbock der fränkischen Schorschbrauerei in Gunzenhausen enthält 40 Volumenprozent Alkohol. Dieser Rekord wurde unlängst gebrochen. Mit 41 Prozent soll das ‚Sink the Bismarck' der schottischen Brauerei Brewdog das hochprozentige Starkbier aus Deutschland jetzt überholt haben." (DLG Bier Guide 2010, DLG-Verlag)

Die folgenden Bilder sollen zum Abschluss noch einen winzigen Ausschnitt aus der Fülle von Zeugnissen wiedergeben, die das Bier weltweit hinterlassen hat ...

Ein nach dem Kokanee-Gletscher benannte Biersorte der Columbia Brauerei in Kanada

Goldrausch in Alaska

Historischer Biertransport in Madrid

Bierflasche mit Julius Caesar, niederländische Brauerei

Aus der ältesten und größten Brauerei Kanadas (1867)

Bierfilzl eines katholischen Kirchenbaufördervereins in Leipzig

Typisches Irish Pub

Bier bestellen in allen Sprachen

Alte Bierrequisiten aus Irland

Cerveseria in Madrid

Augsburg

Bier im Sektkühler

Romantische Bierwerbung Madrid

Anhang

Anmerkungen

Zur Einstimmung

1. Höfler, Gustav: Medizinische Topographie. Beiträge zur Isarwinkler Heimatkunde und Ethnographie des Landgerichtsbezirks. Band I. Tölz 1860
2. Zit. bei Eckelt, Birgit: Biergeschichte(n). Bayerns fünftes Element. Rosenheim 2000, S. 81
3. Laube, Heinrich: Reise durch das Biedermeier. Wien 1946, Neuauflage (Zit. bei Benker, Gertrud: Der Gasthof. München 1974, S. 79)
4. Philippi: Münchner Bilderbogen, 1912. In Bauer, Reinhard/Gerstenberg, Günther/Peschel, Wolfgang: Im Dunst aus Bier, Volk und Rauch. München 1989, S. 117
5. Halbe, Max: Scholle und Schicksal, Geschichte meines Lebens. Erinnerungen an eine Epoche. München/Wien 1976. Zit. in Brigitta Roth: Bayern in Zitaten der Welt. München 2001, S. 32
6. Zit. wie in Anm. 5, S. 31
7. Koeppen, Wolfgang: Gesammelte Werke. Hg. Von Reich-Ranicki, Frankfurt a. Main 1986. (Zit. wie Anm. 5, S. 33)
8. Die weiteren Zitate ebenfalls aus Brigitta Roth: Bayern in Zitaten der Welt. München 2001, S. 32 f. u. S. 145 f.
9. Nach Ried, Georg: Unter der Bavaria. Musikgeschichte(n) vom Münchner Oktoberfest. Frankfurt/Main 2010, S. 123
10. Jonas, Bruno: Gebrauchsanweisung für Bayern. München 2010[15], S. 160 f.

Ein Gebräu geht um die Welt

1. Reichholf, Josef: Warum die Menschen sesshaft wurden. Das größte Rätsel unserer Geschichte. Frankfurt/Main 2008, S. 32
2. Reichholf, S. 34
3. Rosta, Judith/Singer, Manfred V.: Über die Kunst des rechten Alkoholgenusses. Eine kleine Kulturgeschichte des Alkohols. Aachen 2008, S. 2
4. Reichholf, S. 269
5. Thadeusz, Frank: Am Anfang war der Sud. Der Spiegel 52/2009, S. 132 f.
6. Rätsch, Christian: Urbock. Bier jenseits von Hopfen und Malz. Luzern und Aarau 1996, S. 98
7. Paczensky v., Gert/Dünnebier, Anna: Kulturgeschichte des Essens und Trinkens. München 1994, S. 181 f.
8. Nach Rosta/Singer, S. 5
9. Nach Reichholf, S. 263
10. Rätsch, S. 78
11. Reichholf, S. 292
12. Franke, Wolfgang: Nutzpflanzenkunde. Stuttgart 1976, zit. bei Reichholf, S. 292
13. Franke, zit. bei Reichholf, S. 294
14. Rätsch, S. 17
15. Eckelt, Birgit: Biergeschichten(n). Bayerns fünftes Element. Rosenheim 2000, S. 20
16. Reichholf, S. 297
17. Nach Reichholf, S. 261
18. Reichholf, S. 261
19. Nach Rätsch, S. 57
20. Reichholf, S. 261
21. Blume, Jacob: Bier. Was die Welt im Innersten zusammenhält. Göttingen 2002[3], S. 18
22. Die Übersetzung ist bei mehreren Autoren in leicht unterschiedlichen Varianten wiedergegeben, so u.a. bei Rätsch, Rosta/Singer, Kluge, Fohr, meist unter Bezug auf: Schott, A.: Das Gilgamesch-Epos. Leipzig 1998
23. Rosta/Singer, S. 4
24. Sehr freie Übersetzungen sind bei verschiedenen Autoren in unterschiedlichen Varianten wiedergegeben, meist unter Bezug auf: Röllig, W.: Das Bier im alten Mesopotamien, Berlin 1970. Hier eine kompilierte Fassung, z.T. nach Kluge, Heidelore: Die Heilkraft des Bieres. München 2008, S. 16
25. Rosta/Singer, S. 10
26. Rowohlt: Vom Ackerbau zum Zahnrad. 7000 Jahre frühe technische Kultur. Stuttgart 1969, S. 15
27. Nach Fohr, Martin: Besser leben mit Bier. Viel Wissenswertes über den Gerstensaft. Lahnstein 2008, S. 24
28. Nach Blume, S. 21 und Rätsch, S. 63
29. Nach Paczensky/Dünnebier, S. 178 f.
30. Blume, S. 41
31. Nach Blume, S. 42
32. Das Große Lexikon vom Bier. Stuttgart o.J., S. 62
33. Nach Rosta/Singer, S. 7 f. und Fohr, S. 26 f.
34. Helck, Wolfgang: Das Bier im alten Ägypten. Berlin 1971, S. 82 f.
35. Nach Eckelt, S. 17
36. Rosta/Singer, S. 9
37. Zit. bei Kluge, S. 169
38. Hoffmann, M.: 5000 Jahre Bier. Frankfurt/Main, Berlin 1956, S. 44
39. Rätsch, S. 158
40. Nach Rosta/Singer, S. 23
41. Rätsch S. 125
42. Rätsch, S. 122
43. Tacitus, Germania, Kap. 22, zit. bei Rätsch, S. 158
44. Scherr, Johannes: Illustrierte Deutsche Kultur- und Sittengeschichte. Stuttgart o.J., Band 1,S. 26 f.
45. Knoblauch, Richard: Der Trank im geselligen Leben der Alten Welt. Hinterzarten 1983, S.110 f. Zit auch bei Blume, S. 44
46. Rätsch, S. 120; alle weiteren Zitate dieses Kapitels von Rätsch, S. 120 ff.

Bier im mittelalterlichen Bayern

1. Pohl, Werner: Bier aus Bayern. Grafenau 1988, S. 11, zit. bei Rätsch, S. 126
2. Schultze, Rudolf: Geschichte des Weins und der Trinkgelage. Berlin 1867, zit. bei Rätsch, S. 125
3. Rösener, Werner: Bauern im Mittelalter. München 1985, S. 112
4. Nach Paczensky/Dünnebier, S. 180
5. Schreiber, Georg: Bayern – anekdotisch. München 1993, S. 19 (beide Zitate)
6. Drexler, Toni: Kellnerin, a Maß! Das Wirtshaus, die weltliche Mitte des Dorfes. Fürstenfeldbruck 1997, S. 102
7. Gattinger, Karl: Bier und Landesherrschaft. Das Weißbiermonopol der Wittelsbacher unter Maximilian I. von Bayern. München 2007, S. 39 f.
8. Horn, Erna: Bayern tafelt. Vom Essen und Trinken in Altbayern, Franken und Schwaben. München 1980, Augsburg 1994, S. 202
9. Gattinger, S. 47
10. Gattinger, S. 42
11. Der gesamte Abschnitt über den Baierwein einschl. aller Zitate nach Häußler, Theodor: Der Baierwein. Weinbau und Weinkultur in Altbaiern. Amberg 2001, S. 96 ff.
12. Feßler, Franz Carl: Bausprüche. Quedlinburg und Leipzig 1853, S. 116 f.

Klosterbrauereien

1. Eckelt, S. 11 f.
2. Eckelt, S. 12
3. Benker, Gertrud: Der Gasthof. München 1974, S. 81; ferner von Paczensky, Gert/Dünnebier, Anna, S. 184
4. Nach Schreiber, S. 108 f.
5. Mathäser, Willibald: Flüssiges Brot. Andechs und sein Klosterbier. München 1996,[2] S. 30
6. Gattinger, S. 40
7. Mathäser, S. 39 f.
8. Haering, Stephan: Abgesang aufs Mettener Bier. Alt- und Jung-Metten 62 (1995/96), S. 48-57. Unter Hinweis auf Ildefons Poll, Das Brauwesen des Benediktinerklosters Metten. Berlin 1937. (=Veröffentlichungen der Gesellschaft für Geschichte und Bibliographie des Brauwesens E.V. Beiträge zur Geschichte des Klosterbrauwesens 2)
9. Nöhbauer, Hans F.: Die Chronik Bayerns. Dortmund 1987, S. 281
10. Mathäser, S. 93; die beiden weiteren Zitate aus der gleichen Quelle.
11. Garant Verlag: Klassische Biere. Der kl. Bierführer. Renningen 2010, S. 54
12. Assél, Astrid/Huber,Christian: München u. d. Bier. München 2009, S. 151
13. Wurster, Herbert W.: Das Brauereimuseum Aldersbach. Peda-Kunstführer Nr. 37/1993, S. 3
14. Dr. Krausen, Edgar: Zur Geschichte der Brauerei Aldersbach. In: 700 Jahre Brauerei Aldersbach. Festschrift 1970
15. Wie Anm. 14, S. 10
16. Wie Anm. 13, S. 5

17. Aretin, Anton Freiherr von: Wie Anm. 14, S. 19
18. Internet
19. Auf Basis Anm. 13, S. 7

Luther und sein Bier

1. Beutel, Albrecht: Martin Luther. München 1991, S. 101. Die weiteren vier Zitate aus der gleichen Quelle
2. Aus Luthers Tischreden 1531-1546, Zit. bei Rosta/Singer, S. 66

„Wider den Saufteufel"

1. Frauenstädt, P.: Altdeutscher Durst im Spiegel des Auslandes, o.O., 1909. Zit. bei Rosta/Singer, S. 67

Die Schutzpatrone der Bierbrauer

1. Voch, Lukas: Unterricht bei vorfallenden Baustrittigkeiten. Augsburg 1780. Neudruck Leipzig und München 1981, S. 66
2. Melchers, Carlo: Das große Buch der Heiligen, S. 548
3. Grässe, Theodor: Bierstudien. Dresden 1872. Zit. bei Rätsch, S. 184

Das Hexagramm wird zum Bierstern

1. Rätsch, S. 43 f.
2. Benkhardt, Wolfgang: Der Zoigl. Bierkultur a. d. Oberpfalz. Amb. 2009, S. 14

Reinheitsgebote, Bierbeschau und Biersteuer

1. Zit. in Behringer, Wolfgang: Münchener Bürgerbräu. München 1985, S. 66
2. Hansmann, Liselotte/Kriss-Rettenbeck, Lenz: Amulett und Talisman. München 1977, S. 12
3. Hansmann/Kriss-Rettenbeck, S. 93
4. Rätsch, S. 154
5. Hansmann/Kriss-Rettenbeck, S. 89
6. Hansmann/Kriss-Rettenbeck, S. 135
7. Blume, S. 87
8. Roth, Jürgen/Rudolf, Michael: Bier! Das Lexikon. Leipzig 1997, S. 106. Zit. bei Blume, S. 87
9. Zit. bei Eckelt, S. 24
10. Hansmann/Kriss-Rettenbeck, S. 18
11. Eckelt, S. 58
12. Nach Benkhardt, Wolfgang: Der Zoigl. Bierkult aus der Oberpfalz. Amberg 2009, S. 12
13. Zit. bei Eckelt, S. 60
14. Nach Benkhardt, S. 14
15. Assél/Huber, S. 40
16. Assél/Huber, S. 42
17. Zit. Bei Dering, Florian/Eymold, Ursula: Bier- und Oktoberfest Museum München. München 2007, S. 19
18. Blume, S. 77
19. Mehrfach zitierter Text, u.a. bei Drexler, S. 102 f. und Das Große Lexikon vom Bier, Stuttgart o.J., S. 115 f.
20 Gattinger, S. 43
21. Zit. bei Blume, S. 79
22. Nach Assél/Huber, S. 41 und Drexler, S. 105
23. Zit. bei Drexler, S. 107
24. Assél/Huber, S. 41
25. Zit. bei Roth, Brigitte, S.192
26. Zit. bei Drexler, S. 29
27. Zit. bei Schreiber, Hermann: Bayern – anekdotisch. München 1993, S. 108
28. Assél/Huber, S. 24
29. Zit. bei Drexel, S. 104
30. Gierl, Irmgard: Raritäten aus Schmellers Bayrischem Wörterbuch. Rosenheim 1974, S. 24
31. Dieses Kapitel folgt weitgehend dem Grundlagenwerk von Dr. Karl Gattinger: Bier und Landesherrschaft. Das Weißbiermonopol der Wittelsbacher unter Maximilian I. von Bayern. München 2007

Bierkrieg, Bierkrawall, Bierboykott

1. Behringer, S. 212
2. Herwegh, G.: Was macht Deutschland? Berlin 1924. In: Trinkpoesie, Stuttgart 1989, S. 146. Zit. bei Blume, S. 124
3. Zit. bei Drexler, S. 113
4. Zit. bei Assél/Huber, S. 100. Die beiden folgenden Zitate sind der gleichen Quelle entnommen.
5. Zit. bei Dering/Eymold (München 2007), S. 49
6. Glöckle, Hanns: Das waren Zeiten. München im Spiegel der Bildreportagen von einst. 1848 – 1900. Dachau 1983, S. 14
7. Gesellschaft für die Geschichte und Bibliographie des Brauwesens e.V. (Hg.), Jahrbuch 1993, Berlin, S. 63 f. Zit. bei Blume, S. 144
8. Bayerische Staatszeitung, Nov. 1913, Zit. bei Blume, S. 146
9. v. Paczensky/Dünnebier, S. 188
10. Bauer, Reinhard/Piper, Ernst: Kleine Geschichte Münchens. München 2008, S. 286

Vom Wohlgeschmack zum Rausch

1. Thadeusz, Frank: Am Anfang war der Sud. In Spiegel 52/2009, S. 132 f.
2. Zit. bei Röllig, W.: Das Bier im alten Mesopotamien. Berlin 1970, S. 71 f. Zit. bei Blume, S. 28
3. Zit. bei Piendl, Anton: Maßstäbe für den maßvollen Alkoholverzehr. In: Brauwelt 138 (1998) Nr. 20/21, S. 922 f. Zit. bei Fohr, S. 25
4. Schultze, Rudolf: Geschichte des Weins und der Trinkgelage. Berlin 1984, S. 92
5. Übertragung von Junghans, H. A. Zit. bei Blume, S. 97
6. Benker, S. 79
7. Zit. nach Krücke, C.: Deutsche Mäßigkeitsbestrebungen und –vereine im Reformationszeitalter. Arch. Kulturgeschichte 7, 1909. Zit. bei Rosta/Singer, S. 47
8. Blume, S. 95
9. Zit. bei Drexler, S. 89
10. Zit. bei Drexler, S. 101 f. die weiteren Zitate ebenfalls nach Drexler.
11. Guillaume Apollinaire: Der gemordete Dichter, 1902
12. Zit. bei Blume, S. 153
13. Zit. bei Drexler, S. 42
14. Kluge, Heidelore: Die Heilkraft des Bieres. München 2008, S. 22
15. Glöckle, 1990, S. 66 f; die beiden weiteren Zitate stammen a. d. selben Quelle.
16. Wolf, Georg Jakob: Ein Jahrhundert in München, 1800 bis 1900. Leipzig 1919. Zit. bei Glöckle 1990, S. 67
17. Zit. bei v. Paczensky/Dünnebier, S. 188
18. Nach Blume, S. 104 f.
19. Mayr-Oehring, Erika (Hg): Tischgesellschaften. Malerei des 16. – 20. Jahrhunderts. Residenzgalerie Salzburg 2003, S. 124
20. Nach Blume, S. 107

Das Wirtshaus

1. Seehuber, Fritz: Gasthof Höllbräu. Erinnerungen an einen früheren Traditionsgasthof. In: Der Traunsteiner Stadtplatz. Rosenheim 1999, S. 77
2. Zit. bei Drexler, S. 6
3. Burger, Hannes: Wie katholisch ist Bayern? Merian München, Dez. 1982
4. Christ, Lena: Die Rumplhanni. München 2008, S. 71 ff.
5. Weber, Oskar: Im Wirtshaus. In: Der Turmschreiber. Jubiläums-Kalender 1995, Pfaffenhofen 1994, S. 330 f.
6. Benker, S. 206
7. Schlicht, Joseph: Bayerisch Land und bayerisch Volk. München 1875, S. 101 f.
8. Nach Drexler, S. 38
9. Kübler, August: Dachau in verflossenen Jahrhunderten. Dachau 1928
10. Zit. bei Drexler, S. 38
11. Förg, Alfred (Hg.): Schiess-Scheiben. Volkskunst in Jahrhunderten. Rosenheim 1976, S. 10
12. Seehuber, wie Anm. 1, S. 80
13. Seehuber, wie Anm. 1, S. 80 f.
14. Thoma, Ludwig: Der Ruepp. Erstdruck München 1922. Neudruck Berlin 2007, S. 53 ff.
15. Fried, Pankraz (Hg.): Die ländlichen Rechtsquellen aus den pfalz-neuburgischen Ämtern Höchstädt, Neuburg, Monheim und Reichertshofen vom Jahre 1585. Sigmaringen 1983, S. 91
16. Zit. bei Drexler, S. 43
17. Werner, Elyane: Bayerisches Leben – bayerischer Brauch. Bilder und Berichte aus dem 19. Jahrhundert. München 1990, S. 72 f.
18. Roth, S. 35
19. Zit. bei Krafft, Barbara: Die Ruhmeshalle des Gambrinus. In Wagner-Jüde, Adelheid (Hg.). Das Land ist gut, lieblich anzusehen. München 1992, S. 60
20. Queri, Georg: Kraftbayrisch. Wörterbuch der erotischen und skatologischen Redensarten der Altbayern. Neuauflage München 1981, S. 168
21. Zit. bei Ebertshäuser, Heide Caroline: Das bairische Leben. München 1980, S. 110 f.
22. Schlicht, S. 448
23. Bauer, Helmut: Mythos Bayern. München 2004, S. 204

Das Hofbräuhaus
1. Krafft, wie Anm. 19, S. 53
2. Krafft, wie Anm. 19, S. 56 f.
3. Zit. bei Krafft, wie Anm. 19, S. 57 f.
4. Zit. bei Glöckle, Hanns: Seinerzeit. Die Münchner erleben ihre Stadt und entdecken das bayerische Oberland 1840 – 1900. Dachau 1990, S. 33 f.
5. Gekürzter Auszug aus: Franz Haselbeck: Daß alhier 6 Preustetten ... verhanden. Brauwesen und Wirtshauskultur. In: Der Traunsteiner Stadtplatz (Hg. Stadt Traunstein). Rosenheim 1999, S. 64 f.

Der Wirt und die Kellnerin
1. Nach Gebhard, Torsten: Landleben in Bayern in der guten alten Zeit. München 1986, S. 14 f.
2. Zit. bei Drexler, S. 21
3. Schlicht, S. 412
4. Wie Anm. 3
5. Zit. bei Drexler, S. 23
6. Zit. bei Schlicht, S. 97 f.
7. Heres, Hedi: „Kellnerin, schenk ein ...“ In: Wagner-Jüde, Adelheid (Hg.): Das Land ist gut, lieblich anzusehen. München 1992, S. 65
8. Heres, Hedi: „Kellnerin, schenk ein ...“ In: Wagner-Jüde, Adelheid (Hg.): Das Land ist gut, lieblich anzusehen. München 1992, S. 69 f.

Vom Bierkeller zum Biergarten
1. Glöckle 1990, S. 65; aus dieser Quelle auch das nächste Zitat.
2. Glöckle, 1986, S. 76
3. Benkhardt, Wolfgang: Der Zoigl. Bierkult a. d. Oberpfalz. Amb. 2009, S. 20 f.
4. Drexler, S. 19
5. Spengler, Karl: Es geschah in München, München 1962
6. Aiblinger, Simon: Vom echten bayerischen Leben. München 1980, S. 262
7. Eckelt, S. 115

Das Maß aller bayerischen Dinge
1. Schreiber, S. 106 f.
2. Gierl, S. 25 f.
3. Horn, Erna: Bayern tafelt. Vom Essen und Trinken in Altbayern, Franken und Schwaben. München 1980, Augsburg 1994, S. 89 f. Die weiteren 3 Zitate entstammen derselben Quelle, ebenso die Zwischentexte.
4. Dering, Florian/Eymold, Ursula: Das Oktoberfest 1810 – 2010. Offizielle Festschrift der Landeshauptstadt München. München 2010, S. 19 ff. Das Kapitel folgt weitgehend dieser Quelle.
5. Nach Dering/Florian/Eymold Ursula: Bier- und Oktoberfest Museum München. München 2007, S. 96 ff.
6. Dering/Eymold, S. 99 f.
7. Werner, Elyane: Bayerisches Leben – bayer. Brauch. München 1990, S. 182
8. Nach Dering/Eymold, München 2007, S. 138
9. Nach Eckelt, S. 108

Vom Anstoßen und Zutrinken
1. Zit. bei Blume, S. 95
2. Gierl, S. 26
3. Gierl, S. 28

Die Schäffler
1. Nach Till, Wolfgang/Weidner, Thomas: Typisch München. Das Jubiläumsbuch des Münchner Stadtmuseums. München 2008, S. 62 f.
2. Reithmaier, Sabine: Schäfflertanz und Perchtenlauf; Beitrag von Wolfgang Schäl, München 2009, S. 24

Vom Hopfen
1. Tanner, Violette: Das goldene Buch vom Hopfen. Lenzburg 2009, S. 21
2. Dehne, Gunter: Bier u. Hopfen im Bild. Nürnberg 1986. Zit. b. Rätsch, S. 173
3. Rätsch, S. 172
4. Nach Mathäser, S. 35
5. Nach Tanner, S. 19

Von der Heilkraft des Bieres
1. Zit. bei Kluge, Heidelore: Die Heilkraft des Bieres. München 2008, S. 71
2. Zit. nach Fohr, S. 74
3. Zit. bei Kluge, S. 170 und Eckelt, S. 20
4. Zit. bei Mathäser, S. 127
5. Zit. bei Drexler, S. 92; das folgende Zitat nach derselben Quelle.
6. Zit. bei Kluge, S. 170
7. Zit. bei Rätsch, S. 12
8. Zit. bei Fohr, S. 75
9. Zit. bei Fohr, S. 78
10. Zit. bei Rätsch, S. 47
11. Zit. bei Mathäser, S. 126 f.; die weiteren Zitate aus der gleichen Quelle.
12. Zit. bei Kluge, S. 71
13. Zit. bei Fohr, S. 76
14. Zit. bei Fohr, S. 78

200 Jahre Münchner Oktoberfest
1. Veiz, Brigitte: Das Oktoberfest. Masse, Rausch und Ritual. Sozialpsychologische Betrachtungen eines Phänomens. Gießen 2006, S. 168
2. Zit. nach Egger, Simone: Phänomen Wiesntracht. Identitätspraxen einer urbanen Gesellschaft. Dirndl und Lederhosen, München und das Oktoberfest. München 2008, S. 47, SZ September 2004
3. Canetti, Elias: Masse und Macht. Frankfurt/Main, 201031, S. 70
4. Süddeutsche Zeitung – SZ – vom 20.9.2010, S. 1
5. TZ vom 21.9.2010, S. 5
6. Abendzeitung – AZ – vom 20.9.2010, S. 12
7. SZ vom 20.9.2010, S. 1
8. AZ vom 22.9.2010, S. 9
9. Nerdinger, Winfried (Hg.): Romantik und Restauration. Architektur in Bayern zur Zeit Ludwigs I. 1825 – 1848. München 1987, S. 13 ff.
10. Zit. bei Dering, Florian/Eymold, Ursula: Bier und Oktoberfest Museum München. München 2007, S. 56
11. Till, Wolfgang/Weidner, Thomas: Typisch München. Das Jubiläumsbuch des Münchner Stadtmuseums. München 2008, S. 142
12. Lehmbruch, Hans, wie Anm. 9, S. 34
13. Bauer, Richard/Fenzl, Fritz: 175 Jahre Oktoberfest 1810 – 1985. München 1985, S. 11
14. Nöhbauer, Hans F. (Hg.): Die Chronik Bayerns. Dortmund 1987, S. 286
15. Münchner Stadtmuseum: Das Oktoberfest. 175 Jahre Bayerischer Nationalrausch (Ausstellungskatalog). München 1985, S. 19
16. Wie Anm. 13, S. 16
17. Veiz, S. 27
18. Dering, Florian/Eymold, Ursula: Das Oktoberfest 1810 – 2010. München 2010, S. 20
19. Bauer/Fenzl, S. 11
20. Wie Anm. 18, S. 20
21. Wie Anm. 10, S. 21
22. Wie Anm. 15, S. 21
23. Dering/Eymold, S. 30
24. Wie Anm. 18, S. 23
25. Wie Anm. 13, S. 12
26. Wie Anm. 18, S. 25
27. Wie Anm. 18, S. 55
28. Wie Anm. 13, S. 19
29. Wie Anm. 13, S. 18
30. Wie Anm. 13, S. 20
31. Wie Anm. 15, S. 251 (Zit. bei Veiz, S. 31)
32. Nach Anm. 18, S. 78
33. Wie Anm. 18, S. 40
34. Wie Anm. 13, S. 40
35. Möhler, Gerda: Das Münchner Oktoberfest. München – Wien – Zürich 1981, S. 153, (Zit. bei Veiz, S. 34)
36. Wie Anm. 14, S. 303
37. Wie Anm. 14, S. 301
38. Wie Anm. 13, S. 25
39. Wie Anm. 18, S. 44
40. Wie Anm. 13, S. 28
41. Ulrich von Destouches, 1835, zit. bei Dering, wie Anm. 18, S. 46
42. Wie Anm. 1, S. 290 f.
43. Thomas Wolfe 1928, zit. bei Roth, Brigitte, S. 45 f.
44. Herbert Schneider: Die große Menschenschau. Wie Anm. 13, S. 200 f.
45. Fischer, Ernst/Hanitzsch, Dieter/Görl, Wolfgang: Wahnsinnswiesn. München 2009, S. 57
46. Wie Anm. 18, S. 109
47. Wie Anm. 13, S. 49
48 Wie Anm. 18, S. 72
49. Wie Anm. 13, S. 64
50. Wie Anm. 18, S. 108

51. Wie Anm. 45, S. 60
52. Wie Anm. 45, S. 60
53. Wie Anm. 45, S. 56 und 60
54. Wie Anm. 18, S. 13
55. Wie Anm. 18, S. 110
56. Wie Anm. 15, S. 67
57. Wie Anm. 18, S. 13
58. Ried, Georg: Unter der Bavaria. Musikgeschichte(n) vom Münchner Oktoberfest. Frankfurt/Main 2010, S. 120
59. Wie Anm. 58, S. 148
60. Wie Anm. 1, S. 308 ff.
61. Wie Anm. 18, S. 13
62. Zit. wie in Anm. 13, S. 56
63. Armin Hermann: Einstein – Eine Biographie. München 1994, S. 84; zit. bei Veiz, S. 32
64. Wie Anm. 18, S. 113
65. Wie Anm. 18, S. 118
66. Wie Anm. 13, S. 65
67. Nach Dering, wie Anm. 18, S. 148
68. Assél, Astrid/Huber Christian: München und das Bier. München 2009, S. 83
69. Wie Anm. 68, S. 85
70. Wie Anm. 68, S. 99
71. Wie Anm. 68, S. 96
72. Wie Anm. 68, S. 107
73. Wie Anm. 2, S. 39
74. Wie Anm. 45, S. 25
75. Nach Dering, wie Anm. 18, S. 121
76. Abendzeitung – AZ-Beilage vom 17.9.2010
77. Wie Anm. 76
78. Rattelmüller, Paul Ernst (Hg.): Dirndl, Janker, Lederhosen - Künstler entdecken die oberbayerischen Trachten. München 1970, S. 142
79. Münchner Merkur vom 11.9.2010
80. Wie Anm. 79
81. SZ vom 16.8.2001, zit. bei Simone Egger, wie Anm. 2
82. Veiz, Brigitte, wie Anm. 1, S. 169 ff.

Verwendete Literatur (Auswahl)

Adrian, Karl: Von Salzburger Sitt und Brauch. Wien 1924
Assél, Astrid/Huber, Christian: München und das Bier. Auf großer Biertour durch 850 Jahre Braugeschichte. München 2009
Bauer, Helmut/Voit Antonia: Mythos Bayern. Ausstellungskatalog des Münchner Stadtmuseums. München, 2005
Bauer, Reinhard/Piper Ernst (Hg.): Kleine Geschichte Münchens. Mün. 2008
Bauer, Richard/Fenzl, Fritz: 175 Jahre Oktoberfest 1810 – 1985. Mün. 1985
Benker, Gertrud: Der Gasthof. München 1974
Benkhardt, Wolfgang: Der Zoigl. Bierkultur a. d. Oberpfalz. Amberg 2009
Beutel, Albrecht: Martin Luther. München 1991
Blume, Jacob: Bier. Was die Welt im Innersten zusammenhält. Göttingen 2000 (3. Aufl. 2002)
Calis, Ursula/Sailer, Bernhard: Das kleine Buch vom Bayerischen Bier. Rum/Innsbruck 2006
Canetti, Elias: Masse und Macht. Frankfurt am Main 1980
Carstensen, Richard: Anekdoten aus Bayern. Husum 1983
Christ, Lena: Die Rumplhanni. Erstausgabe 1916. München 2008
Dering, Florian/Eymold, Ursula: Bier- und Oktoberfest Museum München. München 2007
Dering, Florian/Eymold, Ursula: Das Oktoberfest 1810 – 2010. Mün. 2010
Drexler, Toni mit Beiträgen von Clemens Böhne, Christina Claus und Josef Forcht: Kellnerin, a Maß! Jexhof-Blätter Nr. 12, Fürstenfeldbruck 1997
Ebertshäuser, Heidi Caroline (Hg.). Das bairische Leben. München 1980
Eckelt, Birgit: Biergeschichte(n) Bayerns fünftes Element. Rosenheim 2000
Egger, Simone: Phänomen Wiesntracht. Identitätspraxen einer urbanen Gesellschaft. Dirndl u. Lederhosen, München u. d. Oktoberfest. München 2008
Erich, Oswald A./Beitl, Richard: Wörterbuch der deutschen Volkskunde. Stuttgart 1974
Fischer, Ernst/Hanitzsch, Dieter/Görl, Wolfgang: Wahnsinnswiesn. Letzte Wahrheiten über das Oktoberfest. München 2009
Förg, Alfred (Hg.): Schiess-Scheiben. Volkskunst in Jahrhunderten. Rosenheim 1976
Fohr, Markus: Besser leben mit Bier. Viel Wissenswertes über den Gerstensaft. Lahnstein 2008
Garant Verlag: Klassische Biere. Der kleine Bierführer. Remingen 2010
Gattinger, Karl: Bier und Landesherrschaft. Das Weißbiermonopol der Wittelsbacher unter Maximilian I. von Bayern. München 2007
Gierl, Irmgard: Raritäten aus Schmellers Bayrischem Wörterbuch. Rosenheim 1974
Glöckle, Hanns: Das waren Zeiten. München im Spiegel der Bildreportagen von einst. 1848 – 1900. Dachau 1983
Glöckle, Hanns: Seinerzeit. Die Münchner erleben ihre Stadt und entdecken das bayerische Oberland 1840 – 1900. Dachau 1990
Haering, Stephan: Abgesang aufs Mettener Bier. Alt- und Jung-Metten 62 (1995/96)
Hansmann, Liselotte/Lenz Kriss-Rettenbeck: Amulett und Talisman. Erscheinungsform und Geschichte. München 1977
Häußler, Theodor: Der Baierwein. Amberg 2001
Horn, Erna: Bayern tafelt. Vom Essen und Trinken in Altbayern, Franken und Schwaben. München 1980, Augsburg 1994
Jonas, Bruno: Gebrauchsanweisung für Bayern. München 2006
Kinder, Hermann/Hilgemann, Werner: dtv-Atlas zur Weltgeschichte. München 1964
Kluge, Heidelore: Die Heilkraft des Bieres. München 2008
Mathäser, Willibald: Flüssiges Brot. Andechs u. s. Klosterbier. München 1996
Nerdinger, Winfried (Hg.): Romantik und Restauration. München 1987
Nöhbauer, Hans F.: Die Chronik Bayerns. Dortmund 1987
v. Paczensky, Gert/Dünnebier, Anna: Kulturgeschichte des Essens und Trinkens. München 1994
Panzer, Marita A./Plößl, Elisabeth: Bavarias Töchter. Frauenportraits aus 5 Jahrhunderten. Regensburg 1997
Rattelmüller, Paul Ernst: Dirndl, Janker, Lederhosen. München 1970
Rattelmüller, Paul Ernst: Die Volkstracht in Bayern. Dachau 1997
Rätsch, Christian: Urbock. Bier jenseits von Hopfen und Malz. Luzern und Aarau 1996
Reichholf, Josef H.: Warum die Menschen sesshaft wurden. Das größte Rätsel unserer Geschichte. Frankfurt/Main 2008
Reithmaier, Sabine: Schäfflertanz und Perchtenlauf. München 2009
Ried, Georg: Unter der Bavaria. Musikgeschichte(n) vom Münchner Oktoberfest. Frankfurt/Main 2009
Rösener, Werner: Bauern im Mittelalter. München 1985
Rowohlt: Vom Ackerbau zum Zahnrad. 7000 Jahre frühe technische Kultur. Stuttgart 1969
Rosta, Judith/Singer, Manfred V.: Über die Kunst des rechten Alkoholgenusses. Eine kleine Kulturgeschichte des Alkohols. Aachen 2008
Scher, Peter/Sinsheimer, Hermann: Das Buch von München. München 1928
Schlicht, Joseph: Bayerisch Land und Bayerisch Volk. München 1875
Schreiber, Hermann: Bayern – anekdotisch. München 1993
Schweiggert, Alfons: Wiesnfieber. 200 Jahre Oktoberfest. Dachau 2010
Siebert, M.: Die bayerische Bierbrauerei. In Bavaria, Landes- und Volkskunde des Königreichs Bayern. Band I. München 1860
Smith, Marden/Steiner, Claudia: Oktoberfest. Trachten, Bier und Achterbahnen. München 2010
Stadt Traunstein (Hg.): Der Traunsteiner Stadtplatz. Rosenheim 1999. Beitrag von Franz Haselbeck
Tanner, Violette: Das goldene Buch vom Hopfen. Lenzburg 2009
Thadeusz, Frank: Am Anfang war der Sud. Der Spiegel 52/2009, S. 132 ff.
Till, Wolfgang/Weidner, Thomas: Typisch München. Das Jubiläumsbuch des Münchner Stadtmuseums. München 2008
Uitz, Erika: Die Frau im Mittelalter. Wien 2003
Veiz, Brigitte: Das Oktoberfest. Masse, Rausch und Ritual. Sozialpsychologische Betrachtungen eines Phänomens. Gießen 2006
Wagner-Jüde, Adelheid (Hrsg.): Das Land ist gut, lieblich anzusehen. Eine Reise durch die Vielfalt Bayerns. München 1992
Weber-Kellermann, Ingeborg: Landleben im 19. Jhrdt. München 1987
Werner, Elyane: Bayerisches Leben – bayerischer Brauch. München 1990

Bildnachweis

Adamiak, Josef, Leipzig 33 l.o., r.o., r.u.
Archiv für Kunst und Geschichte Berlin 108 o., 112 u.
Dr. Beinroth-Werner, Ingrid 219 l.o.
Bildarchiv Preuß, Kulturbesitz Berlin 30 l.o.
Blumental, Foto, Garmisch (Vermittlung K. Jocher) 101 u.l.
Brumm, Walter, Archiv (Nachdruck Verlag Plenk) 192 M.
Burger, Hannes, Paulaner-Salvator-Thomasbräu. 350 Jahre. 76
Di Nola, Alfonso M. (Der Teufel) 66 o., 67, 69
Dr. Elsen, Michael 9 M., 11, 159 u., 162 u., 210 l.o., 211 u.
Eschebach L., Emden 33 l. M.
fotolia 14/15
Freeman, John R. (British Museum London) 38
Fremke, Charlotte (Historia-Photo), Bad Sachsa 114 o.
Graef R. 92 l.o.
Handke, Lolo (Histor. Bildarchiv) Bad Berneck 41 u.
Hansmann, Liselotte/Kriss-Rettenbeck, Lenz, Amulett und Talisman 68 r.
Harding, Robert, London (Picture Library London) 29 u.
Hofbräuhaus Traunstein 6, 8 u., 43, 49 o., 78, 87, 90, 91 u., 92 l. M. und l. u., 94, 99 o., 108 u., 116 M., 124, 125, 126 l., r.o. und u., 152, 154, l.o., 168 o., 183 u., 203, 213 u., 214, 215, 216
Huber (Fotoverlag) Garmisch (Vermittlung K. Jocher) 7 l.u., 95 o.
Jocher, Kaspar, Garmisch 8 o., 101 (Vermittlung), 153 o.M.
Kampf, Artur 37
Kellner (Vermittlung Dr. Elsen) 9 M.
Knauss, Albrecht (Verlag) 88
Kodansha Ltd. Tokio (Museum Kairo) 26, 30 r.o. und u.
Laufen Kgl. Priv. FSG 109 M.
Mummert Hans 21 M. und u., 165
Museo di San Marco, Florenz 59
Nißl Karl, Mühldorf 16 l. und M., 17, 18 o., 22, 44 o., 85, 86, 95 u., 96, 103 u., 110 r., 145, 146 o., 147 l. und r. o., 148 l., 151, 153 o.r., 154 u.l. und r., 155 o. und M., 217 l.u. und M., 218 alle außer l.o., 219 o.r., M.r. und u.
Öffentliche Kunstsammlung Basel (Lucas Cranach d.Ä.) 56
Österr. Nationalbibliothek Wien, Bildarchiv 89
Paletti Grafik Werbeagentur, Illustration und Grafik. www.paletti-grafik.de, (Adventskalender) 16
Plenk, Anton 49 M. und u., 73, 165, aus Brauereimuseum Aldersbach: 19 u., 20, 21 M. und u., 47 u., 55, 74, 110, 126 r.M., 136, 147 r.M. und u., 148 r., 154 o.M. und u. M.l., 162 o. und M., 208 l.M.u. und r., 210 l.u., 211 o., 212
Resch, Anton, Archiv (Nachdruck Verlag Plenk) 9 o. und u., 98, 99 M. und u., 167 o., 196 o., 205 l.
Rheinisches Landesmuseum Bonn 41 o.
Schwabach, Priv. FSG 109 o.
Staatsbibliothek Berlin 112 o.
Stadtarchiv München, Zeitungsabbildung vom 18.10.1848 83
Stadtbibliothek Nürnberg 64
Steiermärkisches Landesmuseum Joanneum Graz 18 M. und u., 19 o., 29 o., 34
Strehler, Heinz, Gammelsdorf 1, 13 u., 16 o., 50 o., 155 u.l. und u. M., 167 u., 217 l.M. und alle r., 218 l.o.,
Unertl, Brauerei Haag 77
Unertl, Brauerei Mühldorf 81, 168 u.
Werner, Paul und Richilde (Z = Zeichnung Paul Werner)
7 o.l. und o.r. und u.r., 10, 11, 12, 13 o., 21 o.,25 u. (Museum Mensch und Natur München), 23, 25 o. (Z), 27 (Z), 28 (Z), 31 (Z), 32 u. (Z), 36. o. (Z), 39, 44 u., 46, 47 o. und M. und u.l., 48, 50 M. und u., 51, 53, 54, 58 u., 60, 61, 62, 63, 65, 68 l., 70, 72, 80, 91 o., 92 r., 97, 100, 101 o., 102, 103 r.o. und M., 105, 106, 107, 109 u., 114 u., 115, 116 o. und u., 117, 118/119, 120, 121, 122, 123, 127, 128, 129, 131, 132, 133, 134, 135, 137, 139, 140, 141, 142, 143, 144, 146 u., 150, 152 o., 153 o.l. und u., 154 r.o., 155 u.r., 156, 157, 158, 159 o. und M., 160/161, 163, 164, 169, 170, 171, 172, 173, 174, 175, 176, 177, 178, 179, 180, 181, 182, 184, 185, 186, 187, 188, 189, 190, 191, 192 o., 193, 194, 195, 196 M. und u., 197, 198, 199, 200, 201, 202, 204, 205 r., 206/207, 208 l.o., 209, 210 r., 213 o., 219 M.l.

In einigen Fällen konnten trotz größter Sorgfalt die Urheber nicht ermittelt werden, wir bitten ggf. um Benachrichtigung.